走向职业化——高职高专"十四五"精品教材

[经济管理类专业基础课系列]

市场营销基础与实务

| 第3版 |

主　编　高凤荣
副主编　于雁翎　肖　红　焦利勤
参　编　丛　超　严　琳　江　帆
　　　　王　璐　沈孟康　路　超

机械工业出版社
CHINA MACHINE PRESS

图书在版编目（CIP）数据

市场营销基础与实务/高凤荣主编 . —3 版 . —北京：机械工业出版社，2021.1
（2025.6 重印）
（走向职业化——高职高专"十四五"精品教材·经济管理类专业基础课系列）

ISBN 978-7-111-67043-8

I. 市… II. 高… III. 市场营销学 - 高等职业教育 - 教材 IV. F713.50

中国版本图书馆 CIP 数据核字（2020）第 247487 号

本书从市场营销活动的实际出发，共分 5 个学习情境，12 个任务，内容涵盖正确认识营销、市场调研分析、目标市场策略研究、市场营销组合的规划与执行、营销方案策划与营销管理。本书在体例设计上，力求新颖，采用学习情境和任务式体例，强调理论与实践的结合。每个学习情境有学习目标、任务导入、案例引导、小案例、小思考、小知识，每个任务均安排了训练与练习，最后设有学习指导、习题与练习、实训应用、部分习题参考答案，内容丰富，便于学生学习。

本书既可作为高职高专管理类、经济类相关专业的教材，也可作为成人教育教学用书，还可作为企业培训营销人员、管理人员的参考用书。

出版发行：机械工业出版社（北京市西城区百万庄大街 22 号 邮政编码：100037）
责任编辑：李晓敏　　　　　　　　　　　　责任校对：李秋荣
印　　刷：北京机工印刷厂有限公司　　　版　　次：2025 年 6 月第 3 版第 10 次印刷
开　　本：170mm×240mm　1/16　　　　 印　　张：19
书　　号：ISBN 978-7-111-67043-8　　　　定　　价：49.00 元

客服电话：(010) 88361066　68326294

版权所有·侵权必究
封底无防伪标均为盗版

Preface 前言

《市场营销基础与实务》自 2007 年出版、2012 年再版以来，已多次重印，被全国许多学校选为教材。为了紧跟高职高专教育的改革步伐，进一步提高教学质量，本书根据高职高专教育发展的需要及广大读者的实际需求进行了第二次修订。本书在第 1 版、第 2 版的基础上更加契合高职高专教育"产学结合、工学结合"的新型人才培养模式的需要，第 2 版打破了第 1 版的内容体系架构，基于高职高专教学改革的成果及实践，以及对营销岗位的分析，遵循营销工作的完整过程进行了任务式的设计。本书在第 2 版的基础上对体系设计中的学习情境、任务、学习目标、任务导入、学习指导、习题与练习、实训应用、部分习题参考答案进行了改进和完善，综合能力训练不断完善，同时更新案例以突出时效性，还增加了一些营销链接和视频二维码。为了配合教材立体化建设，我们为授课教师提供了案例库、电子课件、试题及答案等教辅资料。

针对目前高职高专学生在未来营销工作中面临的岗位能力要求，本书通过对内容的遴选序化，突出针对性、实用性、可操作性，对学生就业具有一定的指导意义。在理论上，本书做到了深入浅出、通俗易懂。本书的特点体现在如下几方面。

1. 体例设计的系统性

本书在体例设计上根据营销的工作过程，设计了 5 个学习情境，共 12 个任务，体现了高职高专教育基于工作过程系统化的理念。

2. 注重理论的通俗性

本书面向的是高等职业技术学院和高等专科学校的学生，重点强调培养高职高专学生的实践能力，在介绍营销理论时主要梳理基本概念和基本原理，基于营销岗位工作要求，使理论部分尽量简明扼要、通俗易懂。

3. 强调实践的操作性

本书每一个任务针对营销的有关职业岗位要求，穿插设计了"小案例""小知识""小思考"等模块，并在相应的内容后面设有"训练与练习"，每一个任务后面有"习题与练习"和"实训应用",本书最后还有综合能力训练。这些内容的设置是基于理论与实践紧密结合的原则,真正体现了以学生为中心的思想,使学生"在参与中学习,在学习中参与",做到"学中练,练中学",以激发学生的学习兴趣和自主学习的积极性,培养学生的实践能力和创新能力。本书体现了知识传授、能力培养、素质教育的融合,有些实训项目还深入到企业中,体现了"产学结合、工学结合"的人才培养模式。

4. 突出案例的生动性

每个学习情境开始,先提出本学习情境内容的"学习目标",使学生明确相关任务的知识点和技能点。在介绍理论知识之前,通过一个典型的"案例引导"和相应的"问题引入"来吸引学生对本任务内容的关注,引发学生思考,让其对市场营销的相关理论有一个具体、形象的认知。

5. 体现知识的新颖性

每个学习情境中穿插了小案例、小知识和小思考等模块,增加了内容的可读性,以激发学生的学习兴趣,使学生加深对理论知识的理解,开拓思维。这些模块对书中的重要观点起到了画龙点睛的作用。

6. 强化内容的拓展性

本书在每个任务结束后的"习题与练习"中增加了一个独特的内容扩展点"营销链接"。"营销链接"的内容涉及近年来市场营销理论的新发展、企业独创性的营销案例和相关学科内容,有助于学生吸收新知识并丰富认知。

7. 突破考核的单一性

本书对考核方式、方法提出了一些要求,力求突破和创新,强调科学、适用、灵活。基本概念、基本知识的掌握通过"训练与练习""习题与练习"完成,基本技能的考核在"实训应用"中完成,考核中结合学生自评、小组互评、教师评价三个方面,对学生进行综合评价,打破过去由教师主导的局面。

本书由顺德职业技术学院、广东工贸职业技术学院、中山职业技术学院、广东新安职业技术学院、广东白云学院合作编写,高凤荣任主编,于雁翎、肖红、焦利勤任副主编。具体编写分工是:高凤荣负责编写任务1;于雁翎负责编写任务3、任务7;肖红负责编写任务9、任务10;焦利勤负责编写任务2、任务5;丛超负责编写任务8;严琳负责编写任务11;江帆负责编写任务6;王璐负责编写任务12;沈孟康负责编写任务4。路超负责收集整理案例、习题。高凤荣负责全书的框架构建、统稿和定稿,并对案例进行更新等。

本书在编写过程中得到了参编学校领导的高度重视和机械工业出版社有关领导的支持和帮助,在此表示衷心的感谢!

本书基于编写团队在探索高职高专课程教学改革中取得的成果进行修订,力求更加完善。但是,限于编者的水平和能力,书中尚有许多不成熟之处,恳请读者不吝赐教。

高凤荣
2020 年 8 月于广东

目录 Contents

前　言

学习情境1　正确认识营销 ·· 1

　　任务 1　树立正确的市场营销观念 ··································· 1
　　学习目标 ·· 1
　　任务导入 ·· 1
　　案例引导 ·· 1
　　1.1　市场营销的含义 ··· 2
　　1.2　市场营销观念的发展 ··· 8
　　1.3　顾客让渡价值与顾客满意 ·· 22
　　学习指导 ·· 27
　　习题与练习 ·· 27
　　实训应用 ·· 29
　　部分习题参考答案 ··· 30

学习情境2　市场调研分析 ·· 31

　　任务 2　学会市场调研的方法 ··· 31
　　学习目标 ·· 31
　　任务导入 ·· 31
　　案例引导 ·· 31
　　2.1　市场营销调研的含义和内容 ·· 32
　　2.2　市场营销调研的分类 ··· 33
　　2.3　市场营销调研的方法 ··· 34
　　2.4　营销调研设计 ··· 37
　　2.5　市场调查报告的撰写 ··· 40
　　学习指导 ·· 42
　　习题与练习 ··· 42

实训应用 …………………………………………………… 45
部分习题参考答案 ………………………………………… 45

任务3　分析市场营销环境 …………………………………… 46
学习目标 …………………………………………………… 46
任务导入 …………………………………………………… 46
案例引导 …………………………………………………… 46
3.1　市场营销环境概述 ………………………………… 47
3.2　市场营销的微观环境分析 ………………………… 50
3.3　市场营销的宏观环境分析 ………………………… 55
3.4　市场营销环境分析方法 …………………………… 62
学习指导 …………………………………………………… 64
习题与练习 ………………………………………………… 64
实训应用 …………………………………………………… 68
部分习题参考答案 ………………………………………… 68

任务4　分析消费者的购买行为 ……………………………… 69
学习目标 …………………………………………………… 69
任务导入 …………………………………………………… 69
案例引导 …………………………………………………… 69
4.1　消费者市场与消费者需求 ………………………… 70
4.2　消费者的购买动机与购买行为 …………………… 72
4.3　影响消费者购买行为的因素 ……………………… 79
4.4　组织市场购买及行为分析 ………………………… 87
学习指导 …………………………………………………… 92
习题与练习 ………………………………………………… 93
实训应用 …………………………………………………… 95
部分习题参考答案 ………………………………………… 96

任务5　分析竞争者，制定市场竞争策略 …………………… 97
学习目标 …………………………………………………… 97
任务导入 …………………………………………………… 97
案例引导 …………………………………………………… 97
5.1　识别和分析市场竞争者 …………………………… 98
5.2　市场竞争策略 ……………………………………… 104

学习指导 …………………………………………………………… 114
习题与练习 ………………………………………………………… 114
实训应用 …………………………………………………………… 117
部分习题参考答案 ………………………………………………… 118

学习情境3　目标市场策略研究 ………………………………………… 119

任务6　目标市场策略的选择与进入 …………………………… 119

学习目标 …………………………………………………………… 119
任务导入 …………………………………………………………… 119
案例引导 …………………………………………………………… 119
6.1　市场细分 ……………………………………………………… 120
6.2　目标市场的选择 ……………………………………………… 127
6.3　市场定位 ……………………………………………………… 131
学习指导 …………………………………………………………… 136
习题与练习 ………………………………………………………… 137
实训应用 …………………………………………………………… 139
部分习题参考答案 ………………………………………………… 141

学习情境4　市场营销组合的规划与执行 ……………………………… 142

任务7　制定产品策略 …………………………………………… 142

学习目标 …………………………………………………………… 142
任务导入 …………………………………………………………… 142
案例引导 …………………………………………………………… 142
7.1　产品概念和产品组合 ………………………………………… 144
7.2　产品市场生命周期 …………………………………………… 148
7.3　品牌与包装策略 ……………………………………………… 153
7.4　新产品开发 …………………………………………………… 164
学习指导 …………………………………………………………… 168
习题与练习 ………………………………………………………… 168
实训应用 …………………………………………………………… 171
部分习题参考答案 ………………………………………………… 172

任务8　制定价格策略 …………………………………………… 173

学习目标 …………………………………………………………… 173
任务导入 …………………………………………………………… 173

案例引导 …………………………………………………… 173
8.1 定价的内涵和依据 ……………………………… 174
8.2 定价目标 ………………………………………… 177
8.3 定价方法 ………………………………………… 179
8.4 定价策略 ………………………………………… 182
学习指导 …………………………………………………… 189
习题与练习 ………………………………………………… 189
实训应用 …………………………………………………… 192
部分习题参考答案 ………………………………………… 193

任务 9 制定分销渠道策略 …………………………… 194
学习目标 …………………………………………………… 194
任务导入 …………………………………………………… 194
案例引导 …………………………………………………… 194
9.1 分销渠道概述 …………………………………… 195
9.2 分销渠道成员分析 ……………………………… 200
9.3 分销渠道策略 …………………………………… 206
9.4 分销渠道系统 …………………………………… 212
学习指导 …………………………………………………… 214
习题与练习 ………………………………………………… 214
实训应用 …………………………………………………… 218
部分习题参考答案 ………………………………………… 218

任务 10 制定促销策略 ……………………………… 219
学习目标 …………………………………………………… 219
任务导入 …………………………………………………… 219
案例引导 …………………………………………………… 219
10.1 促销与促销组合 ……………………………… 220
10.2 人员推销 ……………………………………… 224
10.3 广告 …………………………………………… 229
10.4 营业推广 ……………………………………… 232
10.5 公共关系 ……………………………………… 234
学习指导 …………………………………………………… 237
习题与练习 ………………………………………………… 237
实训应用 …………………………………………………… 241

部分习题参考答案 …………………………………………………… 242

学习情境5　营销方案策划与营销管理 …………………………………… 243

任务 11　策划营销方案 …………………………………………… 243
　　学习目标 …………………………………………………………… 243
　　任务导入 …………………………………………………………… 243
　　案例引导 …………………………………………………………… 243
　　11.1　市场营销策划概述 ………………………………………… 244
　　11.2　市场营销策划书的设计与撰写 …………………………… 254
　　学习指导 …………………………………………………………… 259
　　习题与练习 ………………………………………………………… 259
　　实训应用 …………………………………………………………… 261
　　部分习题参考答案 ………………………………………………… 261

任务 12　营销计划的执行与控制 ………………………………… 262
　　学习目标 …………………………………………………………… 262
　　任务导入 …………………………………………………………… 262
　　案例引导 …………………………………………………………… 262
　　12.1　市场营销计划 ……………………………………………… 264
　　12.2　市场营销组织 ……………………………………………… 268
　　12.3　市场营销实施 ……………………………………………… 273
　　12.4　市场营销控制 ……………………………………………… 275
　　学习指导 …………………………………………………………… 282
　　习题与练习 ………………………………………………………… 282
　　实训应用 …………………………………………………………… 285
　　部分习题参考答案 ………………………………………………… 285

综合能力训练 …………………………………………………………………… 286
　　【综合能力训练一】 ……………………………………………… 286
　　【综合能力训练二】 ……………………………………………… 287
　　【综合能力训练三】 ……………………………………………… 288
　　【综合能力训练四】 ……………………………………………… 289
　　【综合能力训练五】 ……………………………………………… 290

参考文献 ………………………………………………………………………… 291

学习情境 1

正确认识营销

任务1　树立正确的市场营销观念

学习目标

知识的掌握

1. 了解市场营销的含义。
2. 熟悉市场营销的几个核心概念。
3. 正确认识市场营销的观念。
4. 了解市场营销理论的新发展。

技能的提高

1. 能够灵活运用市场营销观念分析、评价企业的现状。
2. 提高对营销重要性的认识。

任务导入

深入一两家企业观察，了解其营销观念，并说明为什么要树立这样的营销观念。

案例引导

大白兔：跨界营销

2018年，"大白兔"与国民护肤品牌美加净合作推出大白兔润唇膏，大白兔润唇膏在一段时间内卖到脱销。

2019年5月23日，大白兔又联合气味图书馆推出大白兔奶糖沐浴乳、身体乳、护手霜等一系列产品，迅速冲上微博热搜，引发大众热议。这次"大白兔"选择合作的气味图书馆也是一个风格独特的品牌，比如这个品牌曾做出凉白开味道的香水。两个品牌相遇，可谓气味相投，做出大白兔奶糖味的沐浴乳、身体乳、护手霜等产品也不足为奇。

作为一个国民老字号，"大白兔"是很多"60后""70后"的童年记忆，岁月的积淀已经让这个品牌家喻户晓。但是随着时间的推移，单一的口味、竞争对手的涌现等诸多因素，让"大白兔"的市场表现大不如从前。在大众的认知里，大白兔似乎已经成了老年人才吃的糖果，年轻一代对于大白兔的记忆封存在了脑海深处。但是封存并不代表遗忘，自带回忆情怀的"大白兔"，天生就是一个优质IP。

这些跨界营销使大白兔以新姿态出现在消费者面前，不是让消费者认识它，而是唤醒他们内心深处的记忆。想象力越丰富，跨界营销越有趣，就越能激发大众的兴奋点，而且新、奇、特产品的推出正符合当下年轻人的心理需求和消费需求。

资料来源：http://www.opp2.com/171546.html，2019年十大爆款营销案例盘点及分析。

【问题引入】
1. 市场营销的核心是什么？
2. 老品牌"大白兔"持有什么样的新营销观念？

1.1 市场营销的含义

1.1.1 市场营销的基本定义

"市场营销"是一个动态发展的概念。近几十年来，西方学者从不同角度给市场营销下了许多不同的定义，可以归纳为如下三类：

（1）市场营销是一种为消费者服务的理论。
（2）市场营销是对社会现象的一种认识。
（3）市场营销是通过销售渠道把生产企业与市场联系起来的过程。

美国市场营销协会（American Marketing Association，AMA）对市场营销的定义是：营销是创造、沟通与传递价值给顾客，以及经营顾客关系以便让组织与其利益相关者受益的一种组织功能与程序。

世界著名营销专家菲利普·科特勒（Philip Kotler）在《营销管理》（原书第10版）中从社会角度对营销的定义是："营销是个人和集体通过创造，提供出售，并同别人自由交换产品和价值，以获得其所需所欲之物的一种社会管理过程。"这个定义包括以下几个要点：

（1）市场营销的最终目标是满足需求和欲望。
（2）市场营销的核心是交换，而交换过程是一个主动、积极寻找机会并满足双方需求和欲望的社会管理过程。
（3）交换过程能否顺利实现取决于营销者创造的产品和价值满足顾客需要的程度和交换过程的管理水平。

从菲利普·科特勒的观点中可以得出这样的解释：市场营销是指在变化的市场环境中，企业或其他组织以满足消费者需要为中心所进行的一系列营销活动，包括市场调研、目标市场选择、产品开发、产品定价、渠道选择、产品促销、产品储存和运输、产品销售、提供服务等一系列与市场有关的企业经营活动。

1.1.2 市场营销系统

市场营销系统是指介入有组织的交换活动场所的一整套相互影响、相互作用的参加者、市场和流程。企业的市场营销系统是指由生产供应商、企业（产品生产者）、销售商（营销中介）、顾客（商品消费者）参与整个市场营销过程的每一个环节的有机组合。它们在相关的市场中按照规定的流程运作，从而产生相互影响的作用。

从市场营销的角度来看，卖方构成了行业，买方构成了市场，行业和市场的关系就是一个简单的市场营销系统，如图1-1所示。

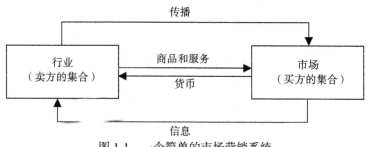

图1-1　一个简单的市场营销系统

> **小知识**
>
> 　　海尔集团总裁张瑞敏指出："促销只是一种手段，但营销是一种真正的战略，营销意味着企业应该'先开市场，后开工厂'。"
> 　　一家医药企业的营销总裁结合国情提出了这样的观点："'营'是营销环境，'销'是销售，营比销更重要。"

1.1.3 市场营销的几个核心概念

市场营销不是简单的推销、广告或销售，而是由一系列的营销活动过程综合而成。从以上市场营销的不同定义可知，市场营销的核心概念包括：需要、欲望和需求，产品、价值和满足，交换、交易，市场和市场营销者等。

1. 需要、欲望和需求

（1）**需要**。人类的需要是市场营销的出发点。需要是指没有得到某些基本满足的一种感受状态。心理学家马斯洛将其分解为五个层次，依其重要性不同，这五个层次分别是：生理需要、安全需要、社交需要、尊重需要和自我实现需要。马斯洛认为：只有当前一个层次的需要被满足之后，人们才会去追求下一个层次的需要。如人们为了生存，有食物、衣服、房屋等生理需要，人们在满足了生存的基本需要后又有更高级的需要，如归属感、尊重和自我价值实现等心理需要。这些需要存在于人类自身的生理结构中，取决于人的条件反射，而非社会和营销者所能创造的。

（2）**欲望**。欲望是指想得到某种东西或想达到某种目的的要求。消费者深层次需要的满足是指对具体满足物的愿望。在不同背景下，消费者欲望的满足方式不同。比如，需要食物时日本人想要寿司，美国人则想要面包或汉堡。又如，一些人开办企业成功后，想成为社会名流，受到社会的尊重，还有些人想住豪宅，想开高档车，想穿名牌服装，这些都是他们的具体欲望。人的需要是有限的，但欲望是无限的。市场营销人员虽然无法创造人的基本需要，但可以采用各种营销手段来创造人们的欲望，并开发及销售特定的服务或产品来满足这些欲望。

（3）**需求**。需求是指对于有能力购买并且愿意购买某个具体产品的欲望。只有具有了购买力，欲望才能转化为需求。例如，很多人想买一辆高档轿车，但只有少数人买得起。对于企业来讲，有支付能力的欲望才能形成现实的需求。因此，市场营销人员的任务不仅是激起消费者的欲望，更重要的是激发消费者购买本企业产品的需求。

将需要、欲望和需求加以区别，其重要意义是：市场营销并不能创造需要；需要是早就存在于市场营销活动出现之前的；市场营销者及社会上的其他因素只能影响人们的欲望并向人们提供满足需要的各种特定产品，通过提供适合消费者的产品、制定适应消费者支付能力的价格并选择适合的销售渠道来影响需求。

> **小思考** 是欲望还是需要
>
> 　　有些电视机生产商很可能认为人们在生活中需要电视机，事实上，人们在生活中真正需要的是信息和娱乐。如果电视机生产商没有认识到这一点，那么，一旦将来在市场上出现一种新的产品，可以更好地给人们提供信息和娱乐，并且价格比电视机便宜，人们就会去买新的产品，而不再过问电视机。在这种情况下，电视机厂商就患了市场营销中的"营销近视症"，最终会在竞争中被淘汰。

2. 产品、价值和满足

（1）**产品**。从广义来说，任何一个"有形体"的事物或一种"无形体"的服务和思想，只要它能够满足一个团体或个人的需求和欲望，就可称为产品。在这里最重要的是，一个产品必须与购买者的欲望相吻合。

值得注意的是，顾客购买他需要的产品，并不是为了拥有它们，而是为了享有它们提供的服务，得到某种利益。因此，产品是顾客获得某种服务的载体。企业知道这一点很重要。市场营销人员不仅是在销售产品，而且是在销售提供给顾客的服务和利益。如果太重视有形产品而忽略了顾客需求，就不能真正把握市场营销的本质，难以把握顾客需求的变化趋势。

> **小案例 1-1　美国通用电气的面包烤箱在日本市场受挫**
>
> 美国通用电气公司在 20 世纪 60 年代将其在欧洲非常畅销的家用面包烤箱推向日本市场，并大做促销广告，结果日本消费者反应非常冷淡。因为在饥饿需要吃东西时，日本人的欲望是寿司而不是面包，而面包烤箱是不能烤大米的。后来，通用电气公司认识到自己所犯的错误，为了满足日本消费者的欲望，通用电气公司发明了大家现在所熟悉的电饭煲，电饭煲也可以像烤箱一样烤面包，却满足了日本消费者的欲望，随之产生了极大的产品需求。现在电饭煲已风靡全球，非常畅销。

（2）**价值和满足**。市场营销学中所称的价值，是指消费者对产品满足各种需要的能力评估，而不是产品本身价值的大小。这里我们首先要理解两个概念：一个是产品选择系列，另一个是需求系列。产品选择系列指的是为了满足某种需求可供选择的各类产品（或服务），而需求系列指的是促使消费者产生某种欲望的各类需求。消费者往往根据自己的价值观念来评估产品选择系列，然后选出一个能极大地满足自己需求系列的产品。在这里，我们必须强调，真正决定产品价值的因素是一种产品或一项服务本身给人们带来的满足，而不是生产成本。例如，李先生到某地去所选用的交通工具可以是自行车、摩托车、汽车或飞机等，这些可供选择的产品构成了产品的选择系列。又假设，李先生要求满足不同的需求，如快速、安全、舒适及节约成本，这些就构成了其需求系列。这样，每种产品有不同能力来满足消费者的不同需求，如自行车省钱，但速度慢、欠安全；汽车速度快，但成本高。李先生要决定一项最能满足其需求的产品，为此，对产品从最能满足其需求到最不能满足其需求进行排列，李先生就能从中选出最接近理想的、对自己而言效用最大的产品。如李先生到某地去选择理想产品的标准是安全、速度快，则他可能选择汽车。每一个可供选择的产品的价值取决于它与理想产品的接近程度，也就是说，现有产品越接近理想产品，则这个产品的价值越大。

> **小案例 1-2　"经营之神"王永庆：提高顾客购买价值的米店小老板**
>
> 王永庆，祖籍是福建省安溪县，从小家庭贫穷，15 岁的王永庆自己在嘉义开了一家小小的米店。米店新开业就碰到了困难。原来，城里的居民都有自己

> 熟识的米店，而那些米店也总是紧紧地拴住这些老主顾。王永庆的米店一天到晚冷冷清清，没有多少人上门。15岁的王永庆只好一家家地走访附近的居民，好不容易才说动一些住户同意试用他的米。为了打开销路，王永庆努力为他的新主顾做好服务工作。他主动为顾客送货上门，还注意收集这些主顾的家庭用米信息：家里有几口人，每天大约要吃多少米。估计哪家买的米快吃完了，他就主动把米送到那户人家。他还免费为顾客提供如掏出陈米、清洗米缸等服务。他的米店开门早，关门晚，比其他米店每天要多营业4个小时以上，随时买随时送。有时顾客半夜里敲门，他也总是热情地把米送到顾客家中。经过王永庆的艰苦努力，他的米店的营业额大大超过了同行店家，生意越做越兴旺。后来，他又开了一家碾米厂，自己买进稻子碾米出售，这样不但利润高，而且米的质量也更有保证。

3. 交换、交易

（1）**交换**。人们有了需求和欲望，企业亦将产品生产出来，还不能解释为市场营销，产品只有通过交换才能使市场营销产生。人们可以通过自给自足方式，或通过偷抢方式，或通过乞求方式来获得所需的产品，但这些都不是市场营销。只有通过等价交换，买卖双方彼此获得所需的产品，才产生市场营销活动。可见，交换是市场营销的核心概念。交换是指通过提供某种东西作为回报而与他人换取所需产品或服务的行为。企业的一切市场营销活动都与交换有关系，都是为了实现企业提供的产品或服务与目标消费者之间的交换。一旦交换不出去，产品就会积压，企业就无法继续生产，企业的一切努力就毫无意义。市场交换一般包含以下五个要素：

1）至少有两个买卖（或交换）者。
2）交换任一方都拥有对方想要的产品或服务（价值）。
3）交换任一方都有沟通及向对方传递产品或服务的能力。
4）交换双方都拥有自由选择的权利。
5）交换双方都觉得值得与对方交易。

以上五个条件满足之后，交换才可能实现。

（2）**交易**。交换并不是一次性活动，而是一个过程。交换双方都要经历一个寻找适合的产品或服务、谈判价格和其他条件，以及达成交换协议的过程，一旦达成协议，交易也就产生了。交易是交换最基本的单位，它对交换双方都有贸易价值。一次交易包括两项内容：一是至少有两个有价值的物；二是有买卖双方同意的条件、协议时间和协议地点等。例如，王小姐买一辆汽车首先要做大量的市场调查，看广告，比较各款汽车的车型和价值，选取自己最喜欢的车型；然后，她还要走访各个汽车销售点，与汽车营销人员讨价还价，在得到自己认为最优的价格后就把汽车买下来,这样买卖双方就完成了交易。整个交换过程包括研究汽车市场信息、看汽车、讨价还价、付款等。

交易基本上有如下两种方式:

1)现金交换,如用钱买车、食物等。

2)非现金交换,如以物易物、补偿性交易等。

4. 市场、市场营销者

(1) **市场**。市场的定义有狭义和广义之分。狭义的市场是指买卖双方进行交易的场所。广义的市场是指那些有特定需要或欲望,而且愿意并能够通过交换来满足这种需要或欲望的全部购买者的总和。

市场包含三个主要因素,即有某种需要的人、为满足这种需要的购买力和购买欲望,用公式表示为

$$市场 = 人口 + 购买力 + 购买欲望$$

市场的这三个因素是相互制约、缺一不可的,只有三者结合起来才能构成现实的市场,才能决定市场的规模和容量。

小案例 1-3　联合利华公司廉价香皂赢得印度市场

联合利华公司发现,在印度乡村居住着高达72.2%的印度人口,并且印度人的头发总量居世界首位,占到全球居民头发总量的28%。在印度的文化环境中,对头发的梳理与保养成为大多数妇女唯一的奢侈,因而联合利华公司根据印度当地的习俗及购买能力,潜心研发出了集洗衣、洗发和洗澡于一体的"博润泽三合一"多功能廉价香皂,从而赢得了印度市场。其做法的依据便是市场公式:市场 = 人口 + 购买力 + 购买欲望。

---

(2) **市场营销者**。市场营销者是指希望从别人那里取得资源并愿意以某种有价之物作为交换的人。市场营销者可以是卖方,也可以是买方。在买卖双方的交换中,如果一方比另一方更主动、更积极地寻求交换,则前者称为**市场营销者**,后者称为潜在顾客。例如,有几个人同时想买正在市场上出售的某种奇缺产品时,每个准备购买的人都尽力使自己被卖主选中,这些购买者就是在进行市场营销活动。而在另一种场合,买卖双方都在积极寻求交换时,我们就把双方都称为市场营销者,并把这种情况称为相互营销。

市场营销的核心概念如图1-2所示。

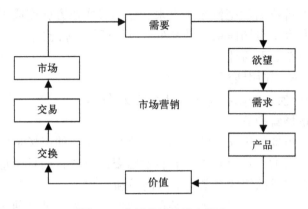

图 1-2　市场营销的核心概念

【训练与练习】

1. 你怎样认识需要、欲望和需求？举例说明。
2. 交易和交换有何区别？举例说明。
3. "市场营销者并不创造消费者的需要，而是影响消费者的欲望。"这句话对吗？说明理由。

1.2　市场营销观念的发展

> **小思考**
>
> 一个企业的营销活动，应以什么作为指导思想？

市场营销观念又称为市场导向、经营观念、营销哲学，是指企业在营销活动中，处理企业、消费者、社会和自然之间关系所依据的指导思想和行为准则。它概括了一个企业的经营态度和思维方式。对一个企业来说，营销观念是企业营销活动的指南，企业营销观念正确与否直接影响着企业营销战略和策略的制定，制约着企业正确处理自身与消费者和社会三者的关系，关系到企业的开拓创新和营销目标的实现，因此，许多市场营销学者把企业的市场营销观念称为企业之"魂"。

1.2.1　市场营销观念的演变

1. 生产观念

生产观念产生于 20 世纪 20 年代之前。当时，西方经济处于一种卖方市场的状态，市场产品供不应求，选择甚少，只要价格合理，消费者就会购买。市场营销的重心在于大量生产，解决供不应求的问题，消费者的需求和欲望并不受重视。生产观念的主要表现是"我生产什么，就卖什么"。消费者喜欢那些随处买得到而且价格低廉的产品。生产经营的重点是努力提高生产效率、增加产量、降低成本、生产出让消费者买得到和买得起的产品。因此，生产观念也称作"生产中心论"。显然，生产观念是一种重生产、轻市场的商业哲学。生产观念是在卖方市场条件下产生的，目前一些第三世界国家仍处在这一阶段。生产观念虽然是卖方市场的产物，但它时常成为某些企业的策略选择。

小案例1-4　清一色的黑色汽车

美国福特汽车公司的创始人亨利·福特说："不管顾客的需要是什么，我们的汽车就是黑色的。"因为在那个时代，福特汽车公司通过采用大量流水生产组织形式，大大提高了福特汽车的生产效率，降低了汽车的生产成本，从而大幅降低了福特汽车的售价，使福特汽车供不应求，清一色的黑色汽车畅销无阻，不必讲究市场需求特点和推销方法。显然，整个市场的需求基本上是被动的，消费者没有多大选择余地。

2. 产品观念

产品观念产生于20世纪20年代末。在生产观念阶段的末期，供不应求的市场现象在西方社会得到了缓和，产品观念应运而生。产品观念认为，只要产品质量好、有特色、价格低廉，就会受到消费者的青睐而不愁销路，产品品种、式样与功能等的创新和销售不太受重视。

产品观念在市场营销上有两个缺陷：

第一，工程师们在设计产品时不知道消费者对其产品价值的衡量标准，结果生产出来的产品很可能低于或不符合消费者的预期价值，从而滞销。

第二，一味追求高质量往往会导致产品质量和功能的过剩。高质量、多功能往往伴随着高成本，而消费者的购买力是有限的，如果产品质量过高，他们就会拒绝承担企业为追求高质量所增加的成本，从而转向购买其他企业的产品。因此，产品观念最容易导致企业管理者患上"营销近视症"，即不适当地把注意力放在产品上，而不是放在市场需要上，在市场营销管理中缺乏远见。例如，铁路管理当局认为乘客需要火车而非运输，却忽略了飞机、公共汽车、轿车的发展带来的挑战；胶卷生产企业只在想方设法提高产品质量，开发新的胶卷与对手竞争，却看不到不需要胶卷的数码技术带来的挑战。

小案例 1-5　质量好的文件夹不怕摔

美国一家办公文件夹制造商曾称，他们公司生产的文件夹应该是受顾客欢迎的，因为它们是世界上质量最好的文件夹。这家公司的总经理说："我们生产的文件夹从四楼掉下来，也不会摔坏。"销售经理却插话说："是呀，但我们的顾客并不打算把文件夹从四楼扔下来！"

3. 推销观念

推销观念（或称销售观念）产生于20世纪30年代到50年代初。20世纪30年代以来，随着科学技术的进步、科学管理理论的普及和在"生产观念"驱动下产生的大规模生产模式的应用，产品产量不断提高，买方市场在西方国家逐渐形成。在激烈的市场竞争中，许多企业的管理思想开始由产品观念转变为销售观念。这些企业认为：要想在竞争中取胜，就必须卖掉自己生产的每一个产品；要想卖掉自己的产品，就必须激起消费者购买自己产品的兴趣和欲望；要想激起这种兴趣和欲望，企业就必须进行大量的推销活动。在推销观念的指导下，企业经营的重点是：注意运用各种推销手段和广告宣传向消费者大力推销产品，以期提高产品的市场占有率，扩大产品销量。

4. 市场营销观念

市场营销观念产生于20世纪50年代中期。第二次世界大战以后，欧美各国的军工工业很快地转向民用工业，使生产的工业品和消费品总量剧增，造成了生产相对过剩，随之导致了激烈的市场竞争。在这一竞争过程中，许多企业开始认识到传统的推销观念已不再适应市场的发展，它们开始重视消费者的需求和欲望，并研究其购买行为。这一观念的转变是市场营销学理论的一次重大变革，企业开始从以生产者为中心转向以消费者为重心，从此结束了以产定销的局面。

市场营销观念认为，实现企业各项目标的关键在于正确确定目标市场的需要和欲望，并且比竞争者更有效地传送目标市场所期望的产品或服务，进而比竞争者更有效地满足目标市场的需要和欲望。也就是说，市场营销观念是以消费者需求为中心的经营思想，重点考虑消费者需要什么，把发现和满足消费者需求作为企业经营活动的核心。从本质上说，市场营销观念是一种以消费者需要和欲望为导向的哲学，是消费者主权论在企业市场营销管理中的体现。

市场营销观念与推销观念是不同的。美国市场营销学家西奥多·莱维特曾就市场营销观念与推销观念的区别做了简要说明：推销观念以产品为中心，考虑的是如何将产品变成现金；市场营销观念考虑的是如何通过研制、传送产品，以及与最终消费产品有关的所有活动，来满足消费者的需求。

推销观念与市场营销观念的区别如图 1-3 所示。

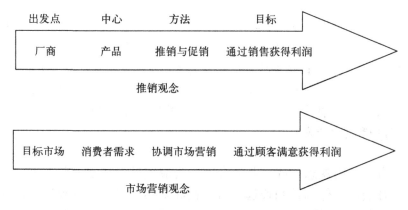

图 1-3　推销观念与市场营销观念的区别

小案例 1-6　推销还是营销

乔治·赫伯特获得由布鲁金斯学会授予的刻有最伟大的推销员的一只金靴子，因为他把一个旧式的砍木头的斧子销售给现任的美国总统。

赫伯特经过精心策划，向总统发出了一封信，信中这样写道："尊敬的布什总统，祝贺您成为美国的新一任总统。我非常热爱您，也很热爱您的家乡。我曾经到过您的家乡，参观过您的庄园，那里美丽的风景给我留下了难忘的印象。但是我发现庄园里的一些树上有很多粗大的枯树枝，我建议您把这些枯树枝砍掉，不要让它们影响庄园里美丽的风景。现在市场上所卖的那些斧子都是轻便型的，不太适合您，正好我有一把祖传的比较大的斧子，非常适合您使用，而我只收您 15 美元，希望它能够帮助您。"布什看到这封信以后，立刻让秘书给赫伯特寄去 15 美元。

5. 社会市场营销观念

社会市场营销观念是 20 世纪 70 年代后期出现的新观念。一方面，20 世纪 70 年代，西方资本主义社会出现资源短缺、环境恶化、人口爆炸式增长、通货膨胀、社会服务被忽视等问题，人们提出质疑：市场营销观念下单纯地追求利润最大化对企业而言是不是一个适当的目标？另一方面，社会市场营销观念是对以保护消费者权益为目的的消费者保护运动的反思，单纯的市场营销观念提高了人们对需求满足的期望，消费者眼下的过度消费是对将来可持续消费的威胁和对子孙后代消费的掠夺，出现了满足眼前利益与长远利益的矛盾，导致了产品过早陈旧，环境污染更加严重，也损害和浪费了一部分物质资源。

> **小知识**
>
> 100多年来世界各地的烟草工业企业越办越兴隆，为吸烟爱好者提供了需求满足，但研究发现，烟草对与吸烟者一起生活和工作的人的危害比对吸烟者本人的危害要大得多；口香糖虽然极大地满足了部分消费者爽口清心的需求，但制造口香糖过程中造成了街道卫生的问题；汉堡、煎炸食品等虽然可口，但缺乏营养，不利于健康；汽车工业的发展，虽然加大了对原油的需求，但加重了空气污染和交通堵塞。

社会市场营销观念强调企业的合理行为应该是在满足消费者需求的同时，还要考虑社会的整体利益和长远利益，在此基础上谋求企业利润目标的实现。企业提供任何产品或服务时，不仅要满足消费者的需求和符合本企业的利益，而且要符合消费者与社会的整体利益和长远利益。

社会市场营销观念的基本考虑如图1-4所示。

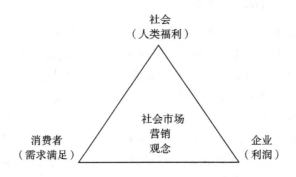

图1-4 社会市场营销观念的基本考虑

> **小案例1-7　"汉堡"的乐与苦**
>
> 汉堡快餐行业提供了美味可口的食品，却受到了批评。原因是它的食品虽然可口却没有营养。餐馆出售的煎炸食品和汉堡脂肪含量都很高。餐馆在出售这些食品时采用方便包装，因而导致了过多的包装废弃物。在满足消费者需求方面，这些餐馆可能损害了消费者的健康，同时污染了环境，忽略了消费者和社会的长远利益。

我们将上面分析的市场营销的五个观念划分为三个阶段：第一、二种为第一阶段，第三种为第二阶段，第四、五种为第三阶段。从新旧观念角度划分又可分为两大类,即旧观念和新观念。旧观念包括生产观念、产品观念、推销观念;新观念包括市场营销观念、社会市场营销观念。新旧观念在营销出发点、营销目的、市场情况、侧重的方法、观念导向、营销策略上都有所不同,见表1-1 五种观念的对比。

表1-1 五种观念的对比

观念	营销出发点	营销目的	市场情况	侧重的方法	观念导向	营销策略
生产观念	产品	通过大批量生产获利	供＜求 卖方市场	坐店等客	生产导向	增加产量 降低成本
产品观念	产品	通过改善产品功能、提高质量获利	供＜求 卖方市场	坐店等客	生产导向	改进产品 提高质量
推销观念	产品	通过加大推销力度获利	供＞求 买方市场	派员销售、广告宣传	生产导向	降低成本 采用多种推销手段
市场营销观念	消费者需求	通过满足需求长期获利	供＞求 竞争激烈	实施整体营销方案	市场导向	注重发现满足消费者需求
社会市场营销观念	消费者需求	通过满足需求长期获利	保持企业与消费者和社会利益的一致	与消费者及有关方面建立良好的关系	市场导向	兼顾企业、消费者、社会利益

小思考 三种不同的营销观念

有三家公司,其经营决策是:A公司生产汽车,致力于扩大汽车生产规模,提升企业管理水平,力图降低成本、扩大销售。B公司生产电子仪器,认为自己的产品不会主动变成现金,如果派出人员大力推销就能取得经营成功。C公司生产汉堡,其宗旨是顾客是上帝,要尽量努力使顾客购买汉堡的每一元钱都能买到十足的价值、质量和满意。

思考:
1. 上述三家公司分别属于哪种营销观念?各种观念具体的内容是什么?
2. 在上述三种营销观念中,哪一种观念最能体现现代营销观念?

1.2.2 市场营销观念的新发展

小思考

科学技术的进步给人类带来了极大的享受,同时也给人类带来了极大的灾难,作为现代企业应奉行什么市场营销观念?

市场营销观念是不断发展的。随着营销思想的发展，一系列营销新观念也不断涌现，其中有代表性的观念有以下几个。

1. 绿色营销

（1）**绿色营销的含义**。所谓绿色营销，是指企业以可持续发展思想为经营理念，以环境保护作为价值观，以消费者的绿色消费为中心和出发点，进行产品开发、试制、采购、生产、运销、服务等的经营过程。这种观念认为，企业在经营过程中，要顺应时代可持续发展战略的要求，注重地球生态环境保护，促进经济与生态环境协调发展，以实现企业利益、消费者利益、社会利益及生态环境利益的协调统一。

传统的社会市场营销观念强调消费者利益、企业利益和社会利益三者有机结合，而绿色营销进一步强调生态环境利益，将生态环境利益的保证看作是前三者利益得以持久保证的关键所在。

（2）**绿色营销的主要内容**。绿色营销的主要内容有以下四个方面。

1）开发绿色产品策略。所谓绿色产品，是指对社会环境的改善有所贡献的产品，或较少损害社会和环境的产品。开发绿色产品必须遵循以下原则：

①节省原料和能源，减少非再生资源的消耗。

②容易回收、分解。

③低污染或者没有污染。

④不对使用者身心健康造成损害。

⑤产品包装符合国家有关规定。

以绿色食品为例，英国、德国绿色食品的需求完全不能自给，英国每年要进口该食品消费总量的80%，德国则高达98%。这表明，绿色食品的市场潜力巨大，市场需求非常广泛。

2）实施绿色品牌战略。企业在实施品牌战略时，要切实抓住绿色产品这一载体，赋予绿色品牌更多的内涵，体现绿色经营管理文化，灌输绿色经营管理观念，丰富品牌承载量，扩展品牌深度，从而实现品牌价值最优化、最大化。绿色品牌战略包括如下内容：一是具有高度责任意识的绿色品牌定位；二是精细而健康的绿色品牌维护；三是科学系统的绿色品牌经营管理；四是长期不懈进行的绿色品牌修正。

3）实施绿色促销策略。绿色促销就是围绕绿色产品而开展的各项促销活动的总称。其核心是通过相关活动，达到树立企业绿色健康形象，丰富企业绿色营销内涵，促进绿色产品推广和消费的目的。这样，企业就可以巩固其绿色产品市场地位，扩大绿色市场容量。

企业开展绿色促销要严格与传统促销活动区分开来。绿色促销要重点开展具体的营销和推广活动，将企业的绿色行动付诸实施。企业可以通过一些媒体宣传自己在绿色领域的所作所为，并积极参与各种公益及环保活动，大力提倡绿色环保产品的推广和使用，带头推动一些有意义的环保事业。

4）绿色渠道策略。企业开展绿色营销，其绿色营销渠道的畅通是关键。企业只有充分保障绿色产品的物流、商流、价值流、信息流在渠道中畅通无阻，才能最终实现绿色消费。在绿色渠道建设中，企业要结合产品特点，充分发挥产品的绿色特质，实现渠道绿化。

①建设属于绿色营销的专用渠道。我们知道，企业在进行绿色营销的过程中，不可能完全排斥非绿色产品。通常一个企业的主导产品是非绿色产品，而绿色产品仅仅是企业众多产品的一部分。这种情况下，企业可能为了节省成本和渠道费用，将绿色产品放入普通渠道进行销售。这样做，表面上看可以节约许多成本费用，但从长远考虑，会使企业的绿色产品价值降低，消耗企业绿色品牌的美誉度和品牌价值，部分绿色品牌或产品因此而退出绿色营销领域。显然，将绿色营销和普通营销的渠道混为一谈的做法是不明智的，也是不可取的。基于此，我们建议企业要进行绿色营销就要单独建设纯绿色营销的专用渠道。

②绿色代表着健康向上，绿色中间商或经销商也要具有良好的绿色本质和气质。首先，绿色经销商或中间商要具有良好的绿色信誉，能够并愿意为绿色事业做贡献；其次，绿色经销商或中间商要能够接受并秉承绿色营销理念，在日常的经营过程中应注意绿色环保的重要性，并通过其绿色经营从中获取相当可观的绿色收益；最后，绿色经销商或中间商在日常经营过程中要愿意接受企业相关的绿色指导，采取正当可行的绿色竞争手段，构建可持续发展的绿色健康竞争秩序。

③作为辅助，企业可以开设一些绿色专营店，确保专营店"纯绿色经营"，这对于建立产品良好的绿色信誉，确保消费者对绿色产品的认知，都将发挥较大作用。

④绿色服务。随着经济的不断发展，服务已经由原来的营销辅助功能转为创造营销价值的主要营销功能。绿色渠道将执行几项功能：一是传播绿色消费观念，减少绿色消费误区；二是真正从专业化的角度解决消费者在绿色消费中出现的问题，指导消费者进行纯绿色消费；三是实现绿色产品价值再造。提供绿色服务，利于企业减少资源浪费、节约物质消耗、减少环保成本、实施资源综合利用，实现绿色产品在绿色服务中的价值最大化。

2. 整合营销

（1）**整合营销的含义**。整合营销（integrated marketing）通常又称为整合营销传播（integrated marketing communication，IMC），它是20世纪90年代以来在美国企业界流行起来的一种新的营销理论，由美国著名营销策略家劳特朋、舒尔兹等人提出。该理论的核心是用4C取代传统的4P。所谓4P就是产品（product）、价格（price）、渠道（place）和促销（promotion）的组合。所谓 4C 就是顾客的需要和欲望（customer wants and needs）、顾客成本（cost to customer）、便利（convenience）和沟通（communication）。4C 的核心是顾客的需要和欲望，整合营销是以顾客为核心重组企业行为和市场行为。整合营销传播的中心思想是通过企业与顾客的沟通获知顾客的需要，确定企业统一的促销策略，协调使用各种不同的传播手段，发挥不同传播工具的优势，从而使企业的促销宣传达到低成本、强冲击力的标准，形成促销高潮。它的基本想法类似于现代战争，围绕基本促销目标，将一切促销工具与活动一体化，打一场总体战。

小案例 1-8　索尼公司第一代晶体管收音机的市场营销组合

产品策略	便携、适用、优质、新颖；不惜代价，坚持自己的品牌进入国外
价格策略	单价 29.95 美元，以 5 000 台为批量作价起点，10 000 台为折扣价格最低点即折扣最高，此后购买量越多价格越高，避免新市场需求不稳定、生产能力不足带来的风险，以提高质量而不以降低售价为主要手段
渠道策略	直接寻找美国企业为经销商，而不通过在美国设有分支机构的日本贸易公司
促销策略	通过熟悉美国市场和法律的代理商重点宣传产品的新技术信息和使用产品会为顾客带来的巨大效益

（2）**整合营销的特点**。整合营销具有以下几个特点。

1）整合营销强调整体性。传统的营销理念，即使提到了营销活动的开展范围，以及企业文化、企业精神对市场营销的影响，基本上也都是把这些管理问题作为市场营销之外的东西来进行讨论的。整合营销则要求公司的所有活动都整合和协调起来，为工作动力和团队精神奠定基础，以使公司沿着计划中的道路向着希望的目标前进。这一要求使得整合营销理念指导下的企业中所有部门都在一起努力为顾客的利益而服务，企业的营销活动成为企业各部门的工作，这就是所谓的营销非功能化。

2）整合营销强调动态性。整合营销理念改变了以往从静态的角度分析市场、研究市场，然后再想方设法去迎合市场的做法。它强调以动态的观念，主动迎接市场的挑战，更加清楚地认识到企业与市场之间互动的关系和影响，不再简单地认为企业一定要依赖并受限于市场自身的发展，而是告诉企业应该更努力地发现潜在市场，创造新的市场。在今天的市场形势下，创造市场也许比适应市场更为重要，创造市场比细分市场和确定目标市场也更为主动。

3. 关系营销

（1）**关系营销的含义**。关系营销又称为顾问式营销，指企业在盈利的基础上，建立、维持和促进与顾客和其他伙伴之间的关系，以实现参与各方的目标，从而形成一种兼顾各方利益的长期关系。关系营销把营销活动看成是一个企业与顾客、供应商、分销商、竞争者、政府机构及其他公众发生互动作用的过程，正确处理企业与这些组织及个人的关系是企业营销的核心，是企业经营成功的关键。

（2）**关系营销的三个层面**。关系营销建立在顾客、关联企业、政府及公众团体三个层面上，它要求企业在进行经营活动时，必须处理好与这三者的关系。

1）建立、保持并加强同顾客的良好关系。顾客是企业生存和发展的基础，企业离开了顾客，其营销活动就成了无源之水、无本之木。市场竞争的实质就是争夺顾客，顾客忠诚的前提是顾客满意，而顾客满意的关键条件是顾客需求的满足。要想同顾客建立并保持良好的关系，首先，必须真正树立以消费者为中心的观念，并将此观念贯穿于企业生产经营的全过程。产品的开发应注重消费者的需要，产品的定价应符合消费者的心理预期，产品的销售应考虑消费者的购买便利和偏好等。其次，切实关心消费者利益，提高消费者的满意程度，提供高附加值的产品和服务。通过产品的品牌、质量、服务等，为顾客创造最大的让渡价值，使他们感觉到物超所值。最后，重视情感在顾客做购物决策时的影响作用。飞速发展的技术使人们沟通的机会减少，但人们迫切希望进行交流，追求高技术与高情感间的平衡。企业在经营中要注意到顾客的这种情感因素，并给予重视。

> **小知识**
>
> 美国《哈佛商业评论》的一份研究报告指出：重复购买的顾客可以为公司带来25%～85%的利润，固定客户数每增长5%，企业利润则增加25%。另外，一位满意的顾客会引发8笔潜在的生意，其中至少成交一笔；一位不满意的顾客会影响25个人的购买欲望。越来越多的企业认识到，发展与顾客长期的友好关系，并把这种关系当作企业宝贵的资产，已成为当今市场营销的重要趋势。

2）与关联企业合作，共同开发市场。这种方式既不利于社会经济的发展，又易使竞争双方两败俱伤。关系营销理论认为：企业之间存在合作的可能，有时通过关联企业的合作，将更有利于实现企业的预期目标。第一，企业合作有利于企业巩固已有的市场地位。当今市场，细分化的趋势越来越明显，诸强各据一方，竞争日趋激烈，任何企业要想长期保持较大的市场份额，其难度越来越大，通过合作可增强企业对市场变动的适应能力。第二，企业合作有利于企业开辟新市场。企业要发展壮大就必须不断地扩大市场容量，而企业要想进入一个新市场，往往会受到许多条件的制约。但若在新市场寻找一个合作伙伴，许多难题将迎刃而解。第三，企业合作有利于多角化经营。企业为了扩大经营规模往往要向新的领域进军，但企业不可能对所有领域里的经营活动都十分熟悉，如果遇到一个十分陌生的领域，企业将要承担很大的风险。若企业通过与关联企业合作，就可能降低这种风险。第四，企业合作还有利于减少无益的竞争。同行业竞争容易导致许多恶果，如企业亏损增大，行业效益下降，这对整个社会经济的发展将产生不良影响，而企业间的合作可使这种不良竞争减少到最低程度。每个企业各有所长，各有所短，发现和利用企业外部的有利条件是决定企业营销成功的重要因素。

3）与政府及公众团体协调一致。企业是社会的一个组成部分，其活动必然要受到政府有关规定的影响和制约，在处理与政府的关系时，企业应该采取积极的态度，自觉遵守国家的法规，协助研究国家所面临的各种问题的解决方法和途径。关系营销理论认为：如果企业能与政府积极地合作，树立共存共荣的思想，那么国家就会制定出对营销活动调节合理化、避免相互矛盾、帮助营销人员创造和分配价值的政策。现代营销的内容十分广泛，相关团体与企业内部员工也是关系营销的一个重要方面。协调好与这些组织的关系，建立与企业员工的良好关系，就能为实现企业目标提供保证。

4. 体验营销

（1）**体验营销的含义**。体验营销是指企业以满足顾客的体验需求为目标，以服务产品为舞台，以有形产品为载体，通过对事件、情境的安排及特定体验过程的设计，让顾客在体验中产生美妙而深刻的印象，并获得最大限度的精神满足的过程。

（2）**体验营销的特点**。体验营销具有以下几个特点。

1）注重满足顾客的体验需求。在体验营销下，与顾客进行积极的沟通对企业来说是十分必要的，并且企业要以此为依据来进行产品的设计。体验是在顾客遇到或经历某种情境之后产生的结果，体验是一种会激发某种感觉、触动心灵及激发灵感的东西，非常缥缈和不确定，所以企业实施体验营销时，必须十分敏锐地捕捉到顾客的心理需求，注重顾客体验的满足。

2）为顾客设计体验场景。营销人员在实施体验营销时，要设计一个特定的情景，在这一情景下创造一种协同效应将顾客的感觉、情感、行为等因素融合在一起，使顾客享受更多的乐趣。另外，企业的营销人员还要考虑社会文化消费因素，思考消费所表达的内在的价值观念、消费文化和生活的意义，通过综合考虑来扩展其外延，并在较广泛的社会文化背景中提升其内涵。在体验营销中，顾客购买产品后的消费体验已经成为决定顾客忠诚度的重要因素。日本大成建设公司采用虚拟现实技术，可以让顾客在住房动工前就对竣工后的住房进行一番体验。顾客只需要戴上一副特制的眼镜，就可以通过三维立体画面，从各个角度全方位观看住房内部与外部的情况。顾客可以了解住房的整体布局和家具陈设效果，还可以了解阳光照射、夜间照明、地板和墙壁的颜色等情况。此外，顾客还可以看到与入住后完全相同的效果，让顾客"先住为快"，产生难以忘怀的体验。

3）体验营销对顾客的认知是理性和感性的结合体。体验营销认为，虽然顾客可能经常做出理性决策，但他们同样也会受感情驱使，因为体验消费常常是"倾向于追求梦幻、感觉和乐趣"，顾客希望得到乐趣、刺激，感受到感情上的触动，以及接受有创意的挑战。其实，这也构成了体验营销的基础，正是在这种基础之上，体验营销才有了施展空间。

4）体验营销要有主题。实施体验营销之前必须根据企业的营销目标设计一个体验主题，然后以主题为导向设计相应的主题场景。主题的设计是围绕顾客的某种体验进行的，是为了满足某个消费群体特殊的心理需求。因此，体验营销要有严格的计划、设计、实施和控制等一系列管理过程，而不只是做到形式上的符合。世界上第一个主题公园迪士尼乐园，就是基于要设计成"人们发现快乐和知识的地方"的构想。

5）注重企业与顾客的互动及顾客的参与。体验是看不见、摸不着的东西，顾客对企业提供的体验的评价、意见和建议，企业很难了解和掌握，所以加强企业与顾客的沟通就显得十分重要。在当今买方市场条件下，顾客处于市场的主导地位，不再受企业的支配，因此企业必须建立与顾客的互动关系，促进两者的相互理解、相互支持，共同发展。在传统营销中，顾客是企业营销活动的"观众"。而在体验营销中，顾客则"反客为主"，成为尽情表演的"演员"。体验是顾客直接参与企业营销活动而产生的切身感受，而参与是体验的前提。

小案例 1-9　宜家的体验营销

提及宜家的沉浸体验营销，你会发现它真的接地气。它将内部布局和服务方式设计得更加自然、和谐，旨在让每个人感觉到宜家就像外出休闲旅行一样，买家具就像逛超市。为了这一切，它在商场中设有咖啡店、快餐店和儿童活动区域等。如果在购物过程中，你有些累了，可以喝一杯咖啡，也可以吃一份正宗的甜点，甚至小憩一会儿。而在产品方面，宜家则主张更为直接的体验。对于抽屉、柜子、床垫等，你想买它们的时候，不妨自己拉开抽屉，打开柜门，躺在床垫上试试，感受一下它们的质量，再决定是否购买。

5. 定制营销

定制营销是指针对目标市场上某个顾客，设计一个具体营销组合的超市场细分化营销模式，被西方营销学者誉为市场营销"20世纪90年代的最新领域"。其核心是将现代化大生产的要求与每个顾客对同一产品的不同需求结合起来，最大限度地满足顾客个别需求并实现企业规模效益。大规模定制营销方式采用柔性生产方式，大规模产销分别满足每个顾客不同需求的产品，不仅可以集中一个子市场或其中一个空当定制产品，进行补缺营销，还可以为特定顾客个体定制产品。它是现代科技进步开创的全新营销模式。美国通用汽车公司可以让顾客坐在计算机前选择颜色、发动机、座位设备、音响设备并能在生产线上按要求组装汽车。日本松下电器公司自行车营销开创了"自选零件代客组装"新业务。大规模定制营销是市场细分化的极限，并依赖现代制造和信息技术，是一种方向性的、长远性的、理想化的营销模式。

小案例1-10　旅行让你更开心

美国西南航空公司在美国航空界只能算是一家中小型公司，其规模在全美航空公司中居末位，航线比较集中，航程也短，其目标顾客大部分为中小公司的出差人员、普通工薪阶层以及其他收入不高的美国公民。但就是这样一家不起眼的小公司，在"全美十佳公司"中几乎年年排名前列，和微软、惠普等国际型大公司齐名。西南航空公司成功的秘诀就是其实现了"轻松愉快的旅行生活"承诺。西南航空公司的空中小姐都必须会讲笑话、故事，并且能够把乘客逗乐，公司董事长身体力行，多次在候机室里扮成兔子模样，逗得乘客开怀大笑。西南航空公司因为有了"游戏"，让乘客感到了快乐和舒适，在美国航空业中实现了"以小胜大"的奇迹。

---

6. 网络营销

（1）**网络营销的含义**。网络营销是指以互联网技术为基础，通过与顾客在网上直接接触和双向互动的沟通，最大限度地满足顾客个性化需求的营销过程。它将实体的商品交换空间转化为虚拟的信息交换空间，其目标是实现市场、订货、购物、支付和运送等各个营销环节在计算机网络上的运行。

（2）**网络营销的特点**。网络营销具有以下几个特点。

1）网络营销具有全新时空优势。网络营销的范围大大突破了传统营销的销售范围和消费群体，也冲破了原定的销售半径，克服了产销的"时间矛盾""空间矛盾"。产品订货会没有了地点和时间的概念，取而代之的是一个网址和客户所希望的任何时间。

2）网络营销能够全方位展示商品、互动信息。在一些经济发达国家，越来越多的消费者乐于通过互联网浏览自己所需要的信息。同时，个性化需求变得越来越明显，消费者可以从网络空间搜索出他们感兴趣的任何东西。并且，企业可以全方位、低成本地展示商品，消费者也能在最大范围内对商品性能、价格进行比较，大大节约了商品搜寻成本。

3）网络营销的直接交易缩短了分销环节。网络营销被称为"直接经济"。生产商和消费者可以通过网络直接进行商品交易，使产需更加直接、面对面和自由化。消费者可以直接对商品款式、价格、功能等提出要求，他们直接参与了生产和流通，减少了市场不确定因素，生产商也更容易掌握市场需求。

4）网络营销是低成本运作模式。网上交易避开了建立有形网点的征地费、动迁费等巨大开支；信息制作、发布、更新、传送的成本低；实现无纸化贸易，减少了商务活动中的材料消耗；配送实物可以通过优化运输，减少费用。对于数字化商品，如视听产品，以及信息、资料查询、联机服务（网上预订服务等）可以直接通过网络传送。

小案例1-11　安居客《丈母娘叫我去买房》成新神曲

现如今，国内的买房人群越来越年轻化，从35～45岁转向25～35岁，适婚人群"90后"成为买房潜力股。但是，日益攀升的房价、涨速"过慢"的薪资、丈母娘的"硬指标"，让年轻人矛盾重重，于是，各种各样的压力也随之而来。基于这样的用户洞察，安居客推广代理商众引传播与阿卡主义人声乐团（A-CAism）创作了神曲《丈母娘叫我去买房》，通过与年轻人进行情感共鸣的方式，让潜在用户在不知不觉中提升对安居客的好感。

资料来源：盘点2017年网络营销成功案例，作者蒋元，http://www.jiangyuanblog.com。

专家预测，21世纪是网络的世纪，网络营销将对企业传统的营销管理产生巨大冲击而成为最主要的营销方式和手段。

除了以上几种营销模式，现在还出现了文化创意营销、知识营销、体育营销、城市营销、会展营销、社群营销、旅游营销、精准营销、病毒营销、新媒体营销、网络互动营销、品牌营销、国际化营销等。

【训练与练习】

1. 收集传统市场营销观念和现代市场营销观念的案例，并比较分析它们的不同之处。
2. 什么是"营销近视症"？如何解决？
3. 用营销的观念分析下面的故事。

把梳子推销给和尚

某公司创业之初,为了选拔真正有效能的人才,要求每位应聘者必须经过一项测试:以比赛的方式推销奇妙聪明梳,并且把它们卖给一个特别指定的人群——和尚。

许多人都打了退堂鼓,但还是有甲、乙、丙三个人勇敢地接受了挑战。一个星期的期限到了,三人回公司汇报各自的销售成果,甲先生仅仅卖出1把梳子,乙先生卖出10把梳子,丙先生居然卖出了1 000把梳子。同样的条件,为什么结果会有这么大的差异呢?公司请他们谈谈各自的销售经过。

甲先生说,他跑了三座寺院,受到了和尚无数次的臭骂和追打,但仍然不屈不挠,终于感动了一个小和尚,使小和尚买了1把梳子。

乙先生去了一座名山古寺,由于山高风大,前来进香的善男信女的头发都吹乱了。乙先生找到住持,说:"蓬头垢面对佛是不敬的,应在每座香案前放把木梳,供善男信女梳头。"住持认为有理。那座庙共有10座香案,于是住持买下10把梳子。

丙先生来到一座颇负盛名、香火极旺的深山宝刹,对方丈说:"凡来进香者,多有一颗虔诚之心,宝刹应有回赠,保佑其平安吉祥,鼓励其多行善事。我有一批梳子,您的书法超群,可刻上'积善梳'三字,然后作为赠品。"方丈听罢大喜,立刻买下1 000把梳子。更令人振奋的是,丙先生的"积善梳"一出,一传十,十传百,朝拜者更多,香火更旺。于是,方丈再次向丙先生订货。这样,丙先生不但一次卖出1 000把梳子,而且获得了长期订货。

1.3 顾客让渡价值与顾客满意

让顾客得到最大限度的满意——顾客的让渡价值

1.3.1 顾客让渡价值

1. 顾客让渡价值的概念

顾客让渡价值是顾客总价值与顾客总成本的差额,即顾客让渡价值 = 顾客总价值 – 顾客总成本。顾客总价值包括产品价值、服务价值、人员价值和形象价值,顾客总成本包括货币成本、时间成本、体力成本和精神成本。顾客让渡价值示意图如图1-5所示。

顾客在购买产品时,总希望把顾客总成本降到最低限度,同时又希望从中获得更多的实际利益,以使自己的需要得到最大限度的满足。因此,为了在竞争中战胜对手,吸引更多的潜在顾客,企业就必须以满足顾客的需要为出发点,或增加顾客所得的利益,或减少顾客消费成本,或两者同时进行,从而向顾客提供比竞争对手具有更多顾客让渡价值的产品。

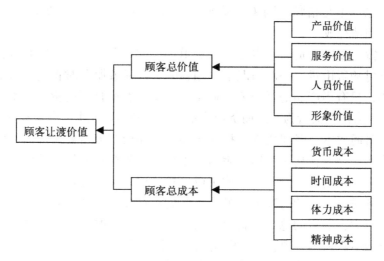

图 1-5　顾客让渡价值示意图

2. 顾客总价值

顾客总价值是指顾客期望从某一企业所给定的产品或服务中获得的所有利益，包括产品价值、服务价值、人员价值和形象价值。

（1）**产品价值**。产品价值是指从顾客所购产品的质量、功能、规格、式样等因素中所产生的价值。产品价值的高低是顾客选择产品时所要考虑的首要因素。

（2）**服务价值**。服务价值是指企业向顾客提供满意服务所产生的价值，即购买后的利益保证和追加，如产品的使用培训、安装、维修以及精神利益——服务态度、情感沟通、心情愉悦，等等。

（3）**人员价值**。人员价值是指顾客对所接触的企业人员——营销人员或管理者的知识、教养、素质、服务态度等方面的评价，以及这些人员对顾客提供的服务和帮助使顾客感受到亲和力。

（4）**形象价值**。形象价值是指顾客对产品品牌形象或企业形象的心理认同，对企业知名度、美誉度的赞赏，感到购买产品或劳务是对自己的品位、地位和人生价值的一种体现。

假设小张想买一辆小轿车，他购买轿车主要用作上下班的交通工具，因此他希望这辆车能提供一定程度的可靠性、耐用性和良好的性能、优质的服务。他比较了 A、B 两种汽车，结果发现 A 汽车的产品价值较高，所提供的服务如礼品、保养等也令人满意，而且 A 汽车的销售人员、公司形象均优于 B 汽车。综合考虑，他认为 A 汽车所提供的顾客总价值较高。

3. 顾客总成本

顾客总成本是指顾客购买产品或服务的支出，包括货币成本、时间成本、体力成本和精神成本。

（1）**货币成本**。货币成本是指以货币表示的产品价格，是顾客购买产品或服务所支付的货币量。一般情况下，顾客购买产品或服务时首先要考虑货币成本的大小，只有当产品的货币成本低于或等于顾客所预期的货币成本时，顾客才会产生现实的购买行为，因而货币成本是构成顾客总成本的主要和基本因素。

（2）**时间成本**。时间成本是指顾客购买产品或服务所要付出的时间。以服务企业为例，顾客在购买餐馆、旅馆、银行等服务行业所提供的服务时，常常需要等候一段时间才能进入正式购买或消费阶段，特别是在营业高峰期更是如此。在服务质量相同的情况下，顾客等候购买该项服务的时间越长，所花费的时间成本越大，购买的总成本就会越大。另外，等候时间越长，越容易引起顾客对企业的不满意感，中途放弃购买的可能性亦会增大。

（3）**体力成本**。体力成本是指顾客购买产品或服务所消耗的体力。消费者购买产品的过程是一个从产生需求、寻找信息、判断选择、决定购买到实施购买，以及购后感受的全过程，在购买过程的各个阶段，均需付出一定的体力。在顾客总价值与其他成本一定的情况下，体力成本越小，顾客为购买产品或服务所支出的总成本就越低，从而顾客让渡价值越大。如网上购物、送货上门，均可节省顾客购买的体力成本。

（4）**精神成本**。精神成本是指顾客购买产品或服务所消耗的精力和心理承受力。如消费者购买到假冒伪劣产品，心理上受到欺骗，就会增加顾客购买的精神成本。

4. 树立"顾客让渡价值"观念的营销启示

企业在制定营销决策时，应综合考虑构成顾客总价值和顾客总成本的各因素的影响，以较低的生产和营销费用为顾客提供让渡价值更高的产品或服务。企业寻求顾客满意，可以通过降低价格或增加服务来提高让渡价值和顾客满意度，这虽然会降低利润，但企业可以通过其他途径来增加利润，如提高生产效率。

小案例 1-12　谁的让渡价值大

一个顾客要在即将到来的夏季前买一台空调机。在苏宁电器商店，有许多品牌的空调机，如海尔、美的、科龙、长虹、海信等。销售员争相为该顾客介绍各自品牌的空调机，但顾客对自己想要的空调机已经有了大致的设想：可靠性高、耐用性好、噪声低且省电。顾客在做了一番了解之后，觉得空调机制造技术基本成熟，各品牌在品质和性能上的差异并不明显。但在比较所提供的服务时，他认为海尔具有突出的优势。因为上次维修海尔洗衣机时，该公司良好的服务使他印象深刻。同时，他感觉到海尔公司的维修人员技术过硬、文明礼貌、责任心强。综合考虑几个方面的价值，这位顾客认为海尔空调机的顾客总价值最高。但是，他会购买海尔空调机吗？不一定。他还要考虑海尔空调机的顾客总成本。如果顾客总成本太高，他还会考虑买其他品牌。在比较了可能发生的顾客总成本后，他了解到，海尔同型号的空调机的货币成本要高出其他品牌5%～10%不等。但考虑到购后维修、时间、精神和体力成本，他认为虽然海尔的货币成本偏高，但其余成本则低一些。综合来看，海尔空调机的顾客总成本还不算太高。于是他决定购买能提供最高让渡价值的海尔空调机。

1.3.2 顾客满意

1. 顾客满意的概念

科特勒认为"满意是一种感觉状态的水平，它来源于对一件产品所设想的绩效或产出与人们的期望所进行的比较"。顾客对产品或服务的期望来源于其以往的经验、他人经验的影响及营销人员或竞争者的信息承诺。

顾客满意水平是指一个人通过对一件产品的可感知的效果（或结果）与他的期望值相比较后所形成的感觉状态，用公式表达为

$$顾客满意水平 = 可感知效果 / 期望值 = \begin{cases} >1 & 高度满意 \\ =1 & 满意 \\ <1 & 不满意 \end{cases}$$

2. 实现顾客满意的三个重要因素

实现顾客满意的三个重要因素如下：

1）顾客对产品的期望。
2）产品的可感知效果。
3）产品的可感知效果与顾客期望的比较。

如果可感知效果低于期望，顾客就会不满意。如果可感知效果与期望相匹配，顾客就满意。如果可感知效果超过期望，顾客就会高度满意、高兴或欣喜。调查显示，一个高度满意的顾客会引起8笔潜在生意，其中至少有一笔成交。所以，公司应努力超越顾客期望，而非仅仅满足顾客。企业要提高顾客的满意度，就应该深入了解顾客（客户）对企业产品、服务、价格、信息沟通的期望是什么，从而提供有针对性的系列服务，让可感知效果与顾客（客户）的期望及绩效相符并略有超出，使顾客（客户）满意，甚至十分满意。

3. 顾客满意度

顾客满意度就是量化了的顾客满意。顾客满意度是指人们对所购买的产品或服务的满意程度，这决定了他们今后继续购买的可能性。满意度的高低取决于购前期待与购后实际体验之间的关系，即

$$顾客满意度 = 购后实际体验 / 购前期待$$

影响顾客满意度的项目如下：

1）品质，包括功能、使用寿命、安全性、经济性等。
2）设计，包括色彩、包装、造型、体积、质感等。
3）数量，包括容量、供求平衡等。
4）时间，包括及时性、随时性等。
5）价格，包括心理价值、最低价位、最低价质比等。
6）服务，包括全面性、适应性、配套性、态度等。
7）品位，包括名牌感、身份感、风格感、个性化、多样化等。

1.3.3 顾客忠诚

1. 顾客忠诚的含义

顾客忠诚是指顾客在满意的基础上，进一步对某品牌或企业做出长期购买的行为，是顾客一种意识和行为的结合。"老顾客是最好的顾客"，高度忠诚的顾客层是企业最宝贵的财富。建立顾客忠诚非常重要，强调顾客对企业做出贡献的帕累托原理认为，企业80%的利润来自20%的顾客（忠诚消费者）。美国的一家策略咨询公司认为，客户保持率上升5%，利润可上升25%~80%。开发一个顾客比维护一个顾客要多花5倍甚至更多的精力和费用。

2. 顾客忠诚所表现的特征

顾客忠诚所表现的特征有以下四点：

1）再次或大量购买同一企业该品牌的产品或服务。
2）主动向亲朋好友和周围的人员推荐该品牌的产品或服务。
3）几乎没有选择其他品牌产品或服务的念头，能抵制其他品牌的促销诱惑。
4）发现该品牌产品或服务的某些缺陷，能以谅解的心情主动向企业反馈信息，求得解决，而且不影响再次购买。

3. 顾客满意与忠诚的关系

"满意"与"忠诚"是两个完全不同的概念，满意度不断增加并不代表顾客对你的忠诚度也在增加。满意本身具有多个层次，声称"满意"的人们，其满意的水平和原因可能是大相径庭的：其中有些顾客会对产品产生高度的满意，如惊喜的感受，并再次购买，从而表现出忠诚行为；而大部分顾客所经历的满

意程度则不足以产生这种效果。因此，顾客满意先于顾客忠诚并且有可能直接引起忠诚，但是，又非必然如此。调查显示，65%～85%表示"满意"的顾客会毫不犹豫地选择竞争对手的产品。

【训练与练习】

1. 搜集你身边让顾客满意度高的产品或企业，并分析顾客满意的表现。
2. 海尔"全程管家365"的成功说明了什么？

海尔"全程管家365"，即全国数万名海尔家电"全程管家"一年365天为用户提供全天候上门服务。海尔"全程管家365"的具体服务内容包括：售前上门设计；售中咨询导购、送货到位；售后安装调试、电话回访、指导使用、征询用户意见并及时反馈到生产开发部门，不断提高产品的设计，另外，根据用户的预约为用户提供上门维护、保养等服务。

3. "顾客永远是对的"体现了什么营销理念？

学习指导

学习完本任务，应重点理解五个问题：（1）市场与市场营销的含义；（2）市场营销的核心概念；（3）市场营销观念的演变过程，五种观念的含义及相互之间的区别与联系；（4）营销观念的新发展；（5）顾客让渡价值及顾客满意的含义。

习题与练习

一、名词解释

市场　市场营销　生产观念　产品观念　推销观念　市场营销观念　社会市场营销观念　绿色营销　整合营销　关系营销　体验营销　定制营销　网络营销　顾客让渡价值　顾客总价值　顾客总成本　顾客满意

二、单项选择题

1. 许多冰箱生产厂家近年来高举"环保""健康"旗帜，纷纷推出无氟冰箱。它们所奉行的市场营销管理哲学是（　）。

   A. 推销观念　　　　　　　　B. 生产观念
   C. 市场营销观念　　　　　　D. 社会市场营销观念

2. 某企业持有的营销观念最容易导致出现"营销近视症"——只看得到自己的产品质量优良，而看不到市场需求的动态变化。这种营销观念是（　）。

   A. 生产观念　　　　　　　　B. 产品观念
   C. 推销观念　　　　　　　　D. 市场营销观念

3. 在社会市场营销观念中，所强调的利益应是（　）。
A. 企业利益　　　　　　　　　　B. 消费者利益
C. 社会利益　　　　　　　　　　D. 企业、消费者与社会的整体利益
4. 顾客的让渡价值是指（　）。
A. 顾客满意度　　　　　　　　　B. 顾客总价值
C. 顾客总成本　　　　　　　　　D. 顾客总价值与顾客总成本的差额
5. 市场营销的出发点是（　）。
A. 市场需求　　　B. 顾客　　　C. 企业　　　D. 产品

三、判断题

1. 第二次世界大战后，在美国新的市场形势下形成了一种全新的经营哲学，这就是产品观念。（　）
2. 市场上的大部分人不喜欢某产品，甚至宁愿付出一定代价来躲避该产品。这种需求是无需求。（　）
3. 市场营销观念坚持以生产者为中心。（　）
4. 市场营销的含义随着社会环境的变动不断演进。（　）
5. 市场营销就是推销。（　）
6. 顾客价值最大化只有一种方法，那就是降低顾客成本。（　）
7. 顾客价值是指顾客从企业所给定的产品和服务中得到的所有利益。（　）
8. 顾客成本是顾客购买产品或服务的支出。（　）
9. 顾客让渡价值是指顾客价值与顾客成本之间的差额部分。（　）
10. 顾客满意水平是预期期望与最终绩效差异的比较。（　）

四、简答题

1. 市场营销观念与推销观念有何区别？
2. 现代营销观念与传统营销观念的根本区别是什么？
3. 现代营销观念体系包括哪些观念？
4. 如何理解"满足消费者需求"？
5. 绿色营销的内容有哪些？
6. 整合营销的特点是什么？
7. 关系营销的三个层面是什么？
8. 如何设计体验营销？
9. 简述顾客让渡价值的内容，以及如何提高顾客对某一产品的让渡价值。
10. 我国国有企业大多数处在营销观念的哪个阶段？为什么？

五、案例分析

星巴克的营销观念

星巴克1971年在西雅图成立，成立之初主要出售高质量的咖啡豆和咖啡器材。霍华德·舒尔茨于1982年加入星巴克。有一次，他在意大利出差期间，参观了米兰一些著名的意式咖啡馆，这些咖啡馆的生意之兴隆、文化底蕴之丰富给舒尔茨留下了深刻的印象，他也从中发现了一个将"咖啡馆文化"带到美国市场的机会，即在休闲的咖啡馆氛围中提供现场制作的美味咖啡。1987年，霍华德·舒尔茨收购星巴克，从此带领公司迎来了业务和品牌价值的指数级增长时代，2019年星巴克的品牌价值达到458.84亿美元。星巴克致力于推出为顾客创造和传递价值的大量新产品和服务，有时是与拥有专门技术的其他企业携手推出的。例如，香甜冰滑的星冰乐在星巴克咖啡店里受到热烈欢迎，星巴克便与百事可乐联手，将这种饮料装瓶在超市出售。星巴克还与占边公司（Jim Beam）合作，开发并推广星巴克咖啡酒。为了方便顾客，营销者想到了印制星巴克卡这个点子，让顾客能够更便捷地购买拿铁或者espresso咖啡。星巴克还收购了泰舒茶（Tazo Tea），使顾客能够有更丰富的饮品选择。现在，顾客可以到当地星巴克购买音乐CD，上网或者申请星巴克Duetto威士卡。帮助发展中国家的小咖啡种植园等社会责任也是星巴克优先考虑的问题。星巴克的一名高级管理人员说："公司的社会责任会为其增加价值。"

【分析讨论】

1. 星巴克的营销观念有哪些？
2. 你认为星巴克成功的要点是什么？
3. 树立"公司的社会责任会为其增加价值"这种营销观念，对企业有什么意义？

六、营销链接

三个业务员：寻找市场

实训应用

（一）实训项目

市场营销观念的理解与案例分析。

（二）实训目标

通过实训要求学生收集大量的案例资料，通过对案例资料的分析，认识营销观念对企业发展的重要性及营销观念的新发展、现代营销观念与传统营销观念的区别、现代营销观念在企业中的应用。

（三）实训指导

1. 案例收集可以采用两种方式：一种是在近期的报纸、杂志或相关网站上查阅案例；另一种是通过各种途径访问有关的企业管理人员，收集案例资料。

2. 案例应形成文字资料，可以是成功的案例，也可以是失败的案例。

3. 除案例本身外，学生还要对案例进行分析，写出书面分析意见。

4. 教师除对学生收集的案例进行评阅外，还可以组织交流，选择某些较好的案例要求学生进行讲评。

（四）实训组织

1. 全班分为两大组，第一大组学生在近期的报纸、杂志或相关网站上查阅案例；第二大组学生开展访问收集案例资料。

2. 第一大组和第二大组分别以5或6人一组分成几个小组，每小组选出一名组长，采取组长负责制查阅资料或走访企业。各小组在查阅资料或走访企业前做好登记，以免重复。

3. 教师要跟踪访问进行指导，学校应为访问活动提供方便，并在访问前对学生在访问过程中可能发生的问题进行教育。

4. 每位学生应写出案例分析，在班内进行交流展示。

（五）实训考核

每位学生填写好实训报告，首先进行自评，然后进行小组互评和教师评价。

部分习题参考答案

二、单项选择题

1. D 2. B 3. D 4. D 5. A

三、判断题

1. × 2. × 3. × 4. √ 5. × 6. × 7. √ 8. √ 9. √ 10. ×

Learning context 学习情境2

市场调研分析

任务2　学会市场调研的方法

📄 学习目标

知识的掌握

1. 了解市场营销调研的概念和形式。
2. 掌握市场营销调研的方法。

技能的提高

能够确立"调研课题"、制订"调研计划"、设计"调查问卷"、实地开展"市场调查"、统计"调查问卷"、上网收集"二手资料"。

📄 任务导入

运用市场营销调研的一些方法调研一家企业，学会设计调查问卷并进行数据整理分析，完成一份调研报告。

📄 案例引导

"润妍"为何退出中国市场

润妍是宝洁旗下一款洗发水品牌，也是宝洁利用中国本土植物资源研发的唯一的系列产品。"润妍"曾委派专人到北京、大连、杭州、上海、广州等地选择目标消费者，和他们一起生活48小时，进行"蛔虫"式调查。调查结果表明，使用专门的润发露可以减少头发断裂指数，而国内大多数消费者还没有认识到专门润发步骤的必要性。宝洁推出润妍的目的：一方面是借黑发概念打造一个属于自己的新品牌，另一方面是把润发概念迅速普及。根据消费者的普遍需求，宝洁的日本技术中心随即研制出了冲洗型和免洗型两款"润妍"润发产品。产品研制出来后并没有马上投入市场，而是继续邀请消费者做使用测试，并根据消费者的要求，再进行产品改进。宝洁公司专门设立了模拟货架，将不同品牌的产品特别是竞争品牌的洗发水和润发露放在一起,反复请消费者观看,然后调查消费者喜欢和讨厌的包装,据此进行包装等设计的改进。宝洁公司先请专业的广告公司拍摄了一组长达 6 分钟的系列广告,再组织消费者来观看,请消费者选择他们认为最好的 3 组画面,最后采纳绝大多数消费者的意见,将神秘女性、头发芭蕾等画面进行再组合,成了"润妍"的宣传广告。此外,广告片的音乐组合为现代的旋律配以中国传统的乐器如古筝、琵琶等。然而,这一经过 3 年调研和测试最终推向市场的产品并没有获得预期的销量。2002 年 4 月,润妍全面停产,并退出中国市场。

虽然做了详尽的调查研究,但宝洁的润妍洗发水上市后并没有达到预期的销量,最终退出了市场。企业营销的成败与是否进行了科学的营销调研有重要的关系,但是目标人群的选择、消费者需求的把握、购买诱因的捕捉也是至关重要的因素。

资料来源:王月辉,杜向荣,冯艳.市场营销学[M].北京:北京理工大学出版社,2017.

【问题引入】
1. 润妍失败的原因是什么?
2. 我们应该从中得到哪些启示呢?

2.1 市场营销调研的含义和内容

2.1.1 市场营销调研的含义

市场营销调研是指为了特定的市场营销决策,在一定的市场营销条件下,运用科学的方法,系统地、客观地辨别、收集、分析和传递有关市场营销信息的过程。

2.1.2 市场营销调研的内容

从一般意义上讲,市场营销调研的内容可以归纳为以下 6 个方面。

(1)**市场需求情况的调研**。市场需求情况的调研是市场营销调研的核心部分。市场需求情况的调研包括:消费者数量、消费者结构的发展变化,消费者收入水平和购买力的状况以及购买力的投向,消费者的消费习惯,等等。对企业来说还应调查本企业服务对象的数量,消费者的购买动机,消费者的心理特点,消费者的购买过程,消费者的行为类型,等等。

(2)**生产与市场供应的调研**。生产与市场供应的调研有利于企业掌握总体发展情况,了解企业在市场中的地位,对制定战略目标有益。此项调研主要包括:社会发展水平及技术水平,国内外发展的趋势与动向,新产品开发的发展方向,国家进出口的产品及其数量,等等。

(3)**销售状况的调研**。此项调研主要包括:本企业市场销售量与同行业企业的市场销售量；本企业与同行业企业的潜在销售量；企业的市场占有率与市场覆盖率；企业产品销售量的饱和点；市场上的待开发销售量和开发趋势等。

（4）**市场竞争状况的调研**。此项调研主要包括：竞争者的经营管理水平；竞争者的营销组合策略；竞争者商品的特点、技术标准；市场上同种类商品的供应数量；生产厂家与经营者的数量。

（5）**宏观环境的调研**。此项调研主要包括：经济环境，如人口数量与结构、国民收入水平、消费结构的调研；政治法律环境，如政府颁布的各项法律与政策的调研；技术环境，如技术发展的趋势及行业新技术、新工艺、新材料的发展、应用及推广情况的调研。此外，消费者保护运动、生态环境保护运动对企业营销活动的影响，也成为宏观环境调研的重要内容。

（6）**企业营销组合的调研**。企业营销组合的调研内容包括以下几个方面。

1）产品的调研。产品调研的内容包括：产品设计的调研；产品系列、产品组合的调研；产品生命周期的调研；老产品改进的调研；新产品开发的调研；如何做好销售技术服务的调研。

2）价格的调研。价格调研的内容包括：市场供求情况、变化趋势的调研；影响价格变化各种因素的调研；产品需求价格弹性的调研；替代产品价格的调研；新产品定价策略的调研。

3）促销的调研。促销调研的主要内容是企业的各种促销手段、促销政策的可行性。一般企业较为重视的促销调研是广告和人员推销的调研。

4）销售渠道的调研。销售渠道调研的内容包括：应如何选择中间商的调研；如何既满足交货期的需要又降低销售费用的调研。

企业不可能同时进行全面的调研，针对企业存在的不同问题，可以重点调研一个或几个方面。但是，由于市场调研是企业大量的经常性的工作，因而企业应该注重日常信息的收集，随时整理情报资料，一旦有用时，便可得心应手。

> **小思考** **到何处收集相关资料**
>
> 若要收集某种新产品推向市场几个月后的销售量及其增长情况的资料，应从哪里得到调查信息？

2.2 市场营销调研的分类

根据调研目标的不同，市场营销调研大致可分为以下四种。

（1）**探索性调研**。探索性调研是指企业对需要调研的问题尚不清楚，无法确定应调查哪些内容，因此只能收集一些有关资料分析其症结所在，再做进一步调研。其所要回答的问题主要是"是什么"。

（2）**描述性调研**。描述性调研是指通过调研如实地记录并描述诸如某种产品的市场潜量、顾客态度和偏好等方面的数据资料。其所要回答的问题主要是"何时"或"如何"。

（3）**因果分析调研**。因果分析调研是指为了弄清原因与结果之间的相互关系的调研，如研究降价5%能否使销售额上升5%。其所要回答的问题主要是"为什么"。

（4）**预测性调研**。预测性调研就是企业为了推断和测量市场的未来变化趋势而进行的调研。

以上阐述的各种类型的市场营销调研，在调研实施中也可以相互结合运用。此外，市场营销调研也可以以调研内容、调研方法、调研地区来分类。

【训练与练习】

思考：海尔的实例说明了什么？如何体现调研的重要性？

案例分析　　　　　　　　海尔的产品创新

海尔集团总裁张瑞敏在一个有关科教兴国的研讨会上，就产品创新问题面对中外专家侃侃而谈。他用打靶来比喻创新与市场的关系。他说，20世纪四五十年代的市场是美国人的天下，那时瞄准市场就如同射击中的打固定靶，市场是固定的，只要把成本降下来就行。到了20世纪60年代，日本开始崛起，把市场细分，让企业选择和适应。对企业来说，新的营销就如同打移动靶，产品必须跟着变化着的市场转。现在即将进入知识经济时代，瞄准市场就如同打飞靶，需要有超前性，有提前量，必须不断创新才可能有生命力。所以企业的技术人员必须明白，设计的价值就是为市场服务，市场的难题就是设计的课题。关起门来搞创新，创新就失去了方向，因此创新的第一要求就是和市场结合。

海尔集团开发大地瓜洗衣机的故事许多人并不陌生。农民在购买了海尔洗衣机后抱怨这种机器洗地瓜洗不干净。海尔在得知此事后没有嘲笑农民，而是从中受到启发，研制出了新产品——大地瓜洗衣机。虽然这种洗衣机的销售量并不大，但它验证了海尔的创新理念，即市场的难题就是创新的课题。海尔此举也给了人们这样一个信号：市场的需求是至高无上的。

资料来源：王一娟，等. 面向市场创新[N]. 经济参考报，1999-08-23.

2.3　市场营销调研的方法

市场营销调研的方法根据信息来源的不同，可以分为案头调研法和实地调研法两种类型。

2.3.1 案头调研法

案头调研法是一种间接调查方法。案头调研资料包括企业内部资料和企业外部资料。企业内部资料主要是企业内部的市场营销信息系统所经常收集的资料；企业外部资料是企业外部的单位所持有或提供的资料。

1. 内部资料来源

内部资料来源有两类：第一类，营销调研部门汇编的资料，是指企业调研部门或个人应把每个调研课题所掌握的全部资料仔细地做好索引并归入档案。此外，它还包括收到的报纸杂志和其他文献的剪报等。第二类，信息系统提供的统计资料，如客户订货单、销售额及销售分布、销售损益表、库存情况、产品成本等。从这些对生产、销售、成本以及分布地区的分析中，可以检验各种因素的变化情况。

2. 外部资料来源

外部资料是指公共机构提供已出版和未出版的资料。外部资料的主要来源有国家统计机关公布的统计资料、行业协会发布的行业资料、图书馆里保存的大量商情资料、出版机构提供的书籍、文献、报纸杂志、银行的咨询报告、专业组织的调查报告、研究机构的调查报告等。

> **小知识**
>
> 案头调研又叫间接调研或桌面调研，因为它包括收集已经公布了的信息。"桌面"可能在某个图书馆，但是越来越多的是一台连接互联网的个人计算机。

2.3.2 实地调研法

实地调研法具体分为询问调查法、观察调查法、实验调查法、网络调查法四种类型。

1. 询问调查法

询问调查法是指通过询问的方式向被调查者了解并收集市场情况和信息资料的一种调查方法。利用这种方法不仅可以了解消费者的消费需求、消费心理、消费习惯等情况，而且还可以对产品质量、价格、性能、技术服务等方面进行了解，以此为基础对市场进行分析。

询问调查法根据调查人员同被调查者接触方式的不同可分为面谈调查法、电话调查法、邮寄调查法、留置调查法等。

（1）**面谈调查法**。面谈调查法是指调查人员通过面对面地询问和观察被调查者以获取信息资料的方法。它通常采用个人面谈、小组面谈和集体面谈等多种形式。其优点是：方便、灵活、调查问卷回收率高，有利于沟通，能控制问题的次序，能获得较多的资料。其缺点是：成本高、时间长、拒访率高，调查的范围有限，被调查者容易受调查人员的影响。

（2）**电话调查法**。电话调查法是指通过电话向被调查者询问有关问题以获得信息资料的方法。其优点是：获取信息资料的速度最快、费用低，容易控制，调查范围较广，被调查者不受调查者在场的心理压力，自由回答问题。其缺点是：无法展示产品，了解问题不够深入，访问时间不能过长，不能调查较复杂的问题，被调查者只限于能通电话的地方。

（3）**邮寄调查法**。邮寄调查法是用邮寄的方法将设计好的调查问卷寄给事先选好的被调查者，要求被调查者根据调查问卷填写后再寄回企业，从而收集信息资料的一种调查方法。其优点是：调查成本低，调查范围广泛，被调查者可以充分地回答问题。其缺点是：回收率偏低，花费时间较长，由于没有调查人员的指导，被调查者在回答问题时容易出现偏题。

（4）**留置调查法**。留置调查法是指将事先设计好的调查问卷当面交给被调查者，说明填写的要求并留下调查问卷，请被调查者自行填写，再由调查人员定期收回的一种获取信息资料的调查方法。其优点是：由于调查人员当面送交调查问卷，并说明填写要求和方法，能减少误差，提高回收率，被调查者有充分的时间回答问题，能较准确回答。其缺点是：调查的范围有限，费用高，占用被调查者的时间多。

2. 观察调查法

观察调查法是由调查人员直接或通过仪器在现场观察被调查者的行为并记录其行为痕迹来取得第一手资料的调查方法。利用这种方法进行调查，调查人员和被调查者没有直接的接触，调查人员只是通过观察被调查者的行为态度和表现来了解情况。其优点是：简便易行、比较灵活，被调查者行为表现自然，可以比较客观地、真实地收集第一手资料。其缺点是：费用支出大，不能了解被调查者的内在因素，受时间、空间的限制，只适用于小范围的调查。

观察调查法有以下几种形式。

（1）**顾客动作观察法**。如某空调生产厂家的调查人员，亲自观看用户选购空调的情况，观察吸引用户注意的主要是哪些要素，以便改进产品和服务。

（2）**店铺观察法**。通过在销售现场或参加展销会、陈列会、订货会，观察商品购销情况、同行业同类产品的销售情况，以获得所需资料。

（3）**实际痕迹测量法**。实际痕迹测量法即通过一定的途径来观察某事物留下的痕迹和行为。如在不同媒体上刊登广告，在广告上留下读者便于反馈的表格或问题，企业可以从读者反馈中了解哪种媒体的效果最好。

3. 实验调查法

实验调查法是从影响调查问题的若干因素中，选择一两个因素，将它们置于一定的条件下进行小规模实验，然后对实验结果做出分析，研究是否值得大规模推广的一种调查方法。如在影响销售量的几个因素中，企业可以根据需要选择包装和价格两个因素进行实验，也可以选择促销活动和广告宣传等。实验调查法较适用于商品在改变品种、包装、设计、价格、商标、广告等时的效果测定以及新产品的试销。其优点是：获得的资料客观、具体，能直接、真实地反映情况，方法科学。其缺点是：花费的时间比较长，费用高，容易出现可变因素，难以准确分析。

4. 网络调查法

近几年网络调查法非常普遍，是指市场调查者将需要调查的问题制作成问卷，然后通过 E-mail 或微信小程序传给被调查者，由被调查者自己填答好后发出的调查形式。其优点是：组织简单、费用低廉、客观性好、不受时空和地域限制、速度快。其缺点是：网民的代表性存在不准确性、网络的安全性不容忽视、受访对象难以限制。

【训练与练习】

若以本班学生为对象，调查大学生日常消费情况，可采用哪些调查方法？

2.4 营销调研设计

2.4.1 市场调查的程序

企业实施市场调查将花费大量的人、财、物及时间，调查的结论及建议要针对企业的实际需要，充分发挥其作用，因此在调查过程中要建立一套系统科学的程序。一般来说，市场调查程序分为三个阶段，即市场调查的企划阶段、市场调查的资料收集阶段和市场调查的资料整理、分析阶段。

1. 市场调查的企划阶段

市场调查的企划阶段是市场调查的准备开始工作，这一阶段的内容主要包括确定调查目标、确定调查方法、估算调查费用、编写调查建议书等。

2. 市场调查的资料收集阶段

拟定的调查企业建议书经企业主管审批后，就进入调查资料的收集实施阶段，这个阶段的主要任务是组织调查人员按照调查方案的要求和工作计划的安排，通过案头调查和实地调查系统地收集各种资料数据。

3. 市场调查的资料整理、分析阶段

市场调查的资料整理、分析阶段是调查全过程的最后一个环节，也是市场调查能否充分发挥作用的关键。它包括资料的整理、分析研究以及市场调查报告的撰写。

2.4.2 市场调查问卷设计

问卷是指调查者根据调查目的与要求，设计出由一系列问题、备选答案及说明等组成的向被调查者收集资料的一种工具。问卷能把采集信息的程式化问题进一步简洁明了化，它是市场调研中经常用到的方式。问卷的设计技术和问卷的访问技术，一直是调研人员必须掌握的基本技能。

1. 市场调查问卷内容与结构

市场调查问卷的呈现形式有调查问卷和调查表两种。调查表通常由三部分内容构成，即被调查者项目、调查项目和调查者项目。市场调查问卷从结构上可分为表头、表体和表脚三个部分。其中要有一段开头语，说明调查的目的和意义，以激励被调查者合作；表体是调查表的正文；表脚部分包括填表说明和必要的注释等。例如，某公司对热水器拥有量及购买者意向的调查表（见表2-1）。

表2-1 某公司对热水器拥有量及购买意向的调查表

本公司以科学方法挑选，您是被选中的代表之一。因此，需要听取您的意见，耽误您几分钟，谢谢合作。

被调查者项目	姓名：　　　　　　　住址： 邮政编码：　　　　　居住面积：　　　平方米　　　联系电话：	
调查项目	你家中是否有热水器：1. 有①　　2. 无	
	有热水器者填写Ⅰ至Ⅳ栏	无热水器者填写一至四栏
	Ⅰ. 购买时间 1. 2013年以前 2. 2013～2015年 3. 2016～2017年	一、未购买原因 1. 收入低 2. 怕不安全 3. 住房条件不好 4. 其他
	Ⅱ. 您家中的热水器是： 1. 电热水器 2. 燃气热水器	二、若您打算要购买，请选择在何时购买： 1. 2018年底前 2. 2018～2019年 3. 2020年后
	Ⅲ. 您家中的热水器是： 1. 牌子_____ 2. 产地_____	三、如您要购买，您喜欢： 1. 电热水器 2. 燃气热水器
	Ⅳ. 在使用过程中，您发现这种牌子的热水器最大的缺点是： 1. 比较耗电（气）　2. 不太安全 3. 易出故障　　　　4. 操作不方便 5. 出水量太小　　　6. 其他	四、如果不能同时满足您，您最先考虑选择哪一种？ 1. 省电（气）的 2. 出水量大的 3. 不易出故障的 4. 操作方便的 5. 其他

调查者：
项目调查时间：　　　年　　　月　　　日
①包括亲友赠送，但不填Ⅰ栏，只填写Ⅱ～Ⅳ栏。
填表说明：在适合的答案中，以"○"圈住该答案号码。必要时，请填写相应的情况或意见。

> **小知识** 某在线课程调查问卷
>
> 您好,这是一份关于在线课程(慕课)的调查问卷,希望能占用您两分钟时间填一下,非常感谢!
>
> 1. 你有没有上过慕课(在线课程)?
> 有□   没有□
> 2. 你愿意尝试慕课在线学习吗?
> 是□   否□
> 3. 你平常在哪个平台上课?
> 中国大学 MOOC□   优课联盟 UOOC□   学堂在线□   好大学在线□
> 网易云课程□   腾讯课堂□   其他_____
> 4. 你比较喜欢哪类慕课?
> 理工□   文学□   艺术□   软件课□   其他_____
> 5. 在慕课学习过程里最困扰你的是什么?
> 无法及时与老师同学互动□   没有持续学习的动力□
> 不适应此学习模式(如闯关模式等)□   其他_____
> 6. 你觉得一节慕课时长为多少比较合适?
> 10 分钟内□   10~20 分钟□   30~60 分钟□   1 小时以上□
>
> 填写说明:对选中的答案,在该答案后的方框内打"√",必要时,请填写相应的情况和意见。
>
> 调查员: 调查时间: 年   月   日

2. 市场调查问卷设计步骤

市场调查问卷的设计是一项技术性很强的工作。设计调查问卷的工作大体有下列几个步骤。

1)根据调研目的拟定调研的内容提纲,列出调研所需收集的资料,并征求专家和实际业务人员的意见。

2)汇总意见后,根据调查对象的特点和调查提纲的要求,确定调查问卷的类型及问题的类型,开列调查项目清单,编写提问的问题和答案,并明确各种指标的含义和统计方法。

3)按照问题的内容、类型、难易程度,安排调查项目次序;按照调查表结构各部分的要求,按上述拟好的提问的问题与答案、填表说明等依次列入表中,设计成一张调查表(初稿)。

4)将初步设计出来的调查问卷,在小范围内做初步测试;根据初步测试的结果，对调查问卷做必要的修改；最后拟定正式的调查问卷。

【训练与练习】

一家休闲服装企业要了解目前在市场上最为流行的休闲服装款式，应收集哪些信息？请你拟定一个简单的问卷提纲。

2.5 市场调查报告的撰写

市场调查报告是整个市场调查过程的重要组成部分，是评价整个工作好坏的标准。因此市场调查报告一定要具有完整性、准确性、明确性、简明性。

2.5.1 市场调查报告的含义

市场调查报告是市场调查人员以书面形式，反映市场调查内容及工作过程，并提供调查结论和建议的报告。市场调查报告是市场调查研究成果的集中体现，其撰写的好坏将直接影响到整个市场调查研究工作的成果质量。一份好的市场调查报告，对企业的市场经营活动具有有效的导向作用，能为企业的决策提供客观依据。

2.5.2 市场调查报告的一般格式

从严格意义上说，市场调查报告没有固定不变的格式。不同的市场调查报告，主要依据调查的目的、内容、结果以及主要用途来决定。但一般来说，各种市场调查报告在结构上都包括标题、导言、主体和结尾几个部分。

1. 标题

市场调查报告的标题即市场调查的题目。标题必须准确揭示调查报告的主题思想，而且要简单明了、高度概括、题文相符。例如，《××市居民住宅消费需求调查报告》《关于化妆品市场调查报告》《××产品滞销的调查报告》等，这些标题都很简明，能吸引人。

2. 导言

导言是市场调查报告的开头部分，一般说明市场调查的目的和意义，介绍市场调查工作的基本概况，包括市场调查的时间、地点、内容和对象以及采用的调查方法、方式。这是比较常见的写法。也有调查报告在导言中，先写调查的结论是什么，或直接提出问题等，这种写法能增强读者阅读报告的兴趣。

3. 主体

主体是市场调查报告中的主要内容，是表现调查报告主题的重要部分。这一部分的写作直接决定调查报告的质量高低和作用大小。主体部分要客观、全面地阐述市场调查所获得的材料、数据，用它们来说明有关问题，得出有关结论；对有些问题、现象要做深入分析、评论等。总之，主体要善于运用材料来表现调查的主题。

4. 结尾

结尾主要是形成市场调查的基本结论，也就是对市场调查的结果做一个小结。有的调查报告还要提出对策措施，供有关决策者参考。

有的市场调查报告还有附录。附录的内容一般是有关调查的统计图表、材料出处、参考文献等。

2.5.3 市场调查报告的基本要求

1. 市场调查报告力求客观真实、实事求是

市场调查报告必须符合客观实际，引用的材料、数据必须是真实可靠的。要反对弄虚作假，或迎合上级的意图，挑他们喜欢的材料撰写。总之，要用事实来说话。

2. 市场调查报告要做到调查资料和观点相统一

市场调查报告中所有观点、结论都是以大量的调查资料为依据的。在撰写过程中，要善于用资料说明观点，用观点概括资料，二者相互统一，切忌调查资料与观点相分离。

3. 市场调查报告要突出市场调查的目的

撰写市场调查报告，必须目的明确，有的放矢，任何市场调查都是为了解决某一问题，或者为了说明某一问题。市场调查报告必须围绕市场调查上述目的来进行论述。

4. 市场调查报告的语言要简明、准确、易懂

市场调查报告是给人看的，无论是厂长、经理，还是其他一般的读者，他们大多不喜欢冗长、乏味、呆板的语言，也不精通调查的专业术语。因此，撰写市场调查报告时，语言表达要力求简单、准确、通俗易懂。

市场调查报告写作的一般程序是：确定标题，拟定写作提纲，选择调查资料，撰写调查报告初稿，最后修改定稿。

2.5.4 市场调查报告的基本组成

市场调查报告一般包括以下内容：

1）调查目的。
2）调查对象及其一般情况。
3）调查内容。
4）调查方式（一般可选择问卷法、访谈法、观察法、资料法等）。
5）调查时间。
6）调查结果。

7）调查体会（可以是对调查结果的分析，也可以是找出结果的原因及应对办法等）。

【训练与练习】

以"大学生网络购物的购买习惯"为调查课题，制订调查方案，设计调查问卷，撰写调查报告。

学习指导

学生可以通过课堂教学、线上资源学习营销调研的方法、内容，然后在老师的指导下针对某一调查内容确立调研课题，制订调查方案，设计调查问卷，实地开展市场调查并撰写一份调查报告，以增强调研的实战能力。

习题与练习

一、名词解释

市场营销调研　案头调研法　实地调研法

二、判断题

1. 市场调查是一种以市场为对象，用科学方法多方面地收集、整理、分析有关信息资料，为企业的预测和决策提供依据的活动。（　）

2. 市场调查的内容主要包括宏观环境、市场需求、购买动机和购买行为、竞争状况以及本企业营销状况等。（　）

3. 因果关系调查是着力于详细调查所研究对象的现实状况，收集整理有关事实后，再对其特征做出客观表述的调查。（　）

4. 制订调查方案这一步，需要确定调查项目、调查对象、调查时间、调查方法、调查步骤以及调查经费预算等。（　）

5. 观察调查法通过观察事态的现象、原因、动机、计划，利于获得比较直观和可靠的事实材料。（　）

6. 实验调查法科学、客观性强，能在较短的时间内得出比较可靠的结果。（　）

三、多项选择题

1. 市场调查的意义在于（　）。

A. 正确认识外部客观营销环境各因素的消长变化

B. 正确评价企业主观营销活动中营销组合各要素的成败得失

C. 提高人们经营决策的科学性，克服盲目性

D. 做到主动地、清醒地安排未来的市场营销活动，减少决策风险

2. 收集资料的实地调查法从调查技术上分，主要有（ ）等。

A. 询问调查法　　　　　B. 现场观察法　　　　　C. 实验调查法

D. 间接调查法　　　　　E. 典型调查法

3. 收集信息资料的询问法的基本形式有（ ）。

A. 面谈调查法　　　　　　　　B. 问卷调查法

C. 书面调查法　　　　　　　　D. 电话调查法

4. 设计调查问卷时要求做到（ ）。

A. 突出重点　　B. 形式简明　　C. 措辞恳切　　D. 规范编码

四、简答题

1. 举例谈一谈信息在企业营销活动中的作用。
2. 简述访问调查法的形式及其各自的特点。

五、案例分析

速溶咖啡上市之初

速溶咖啡刚刚生产出来时，生产厂商认为它适合人们追求便利、节省时间的需要，同时由于它的生产成本远低于传统咖啡，因而价格也低，故断定它投放市场后必定会大受欢迎，并带来丰厚的盈利。于是他们不惜花费巨资，利用各种宣传工具大做广告。

然而事与愿违，速溶咖啡的销量出乎意料地少。尽管传统咖啡的广告宣传相对少得多，但它还是牢牢地占据了差不多整个市场。显然，生产厂商对速溶咖啡的广告宣传肯定在某一点上出毛病了。

生产厂商请来消费心理学家研究原因。消费心理学家采用了问卷调查法，对消费者进行调查。问卷首先询问消费者是否使用速溶咖啡，其次问那些回答"否"的人为什么不喜欢。结果，大部分人都回答："我们不喜欢这种咖啡的味道。"

这个结果使生产厂商深感奇怪，因为生产厂商知道，速溶咖啡与传统咖啡在味道上并无区别。毫无疑问，被调查者讲的并不是真正的理由。看来，一定有某种连当事人也不十分清楚的原因影响了速溶咖啡的形象。

于是，消费心理学家设计了如下两张购物表，并把它们拿给妇女们看，让她们按自己的想象描述两位"主妇"的个性特征。

购物表一		购物表二	
数量	物品	数量	物品
5 kg	朗福德烘焙粉	5 kg	朗福德烘焙粉
2 片	沃德面包	2 片	沃德面包
1 kg	胡萝卜	1 kg	胡萝卜
0.454 kg	雀巢速溶咖啡	0.454 kg	麦斯威尔新鲜咖啡
0.681 kg	牛排	0.681 kg	牛排
10 kg	狄尔桃	10 kg	狄尔桃
227 kg	土豆	227 kg	土豆

这两张购物表区别不大，表中绝大部分项目都相同，只有一项在表一中是速溶咖啡，在表二中是新鲜咖啡。但接受测试的妇女们对两位假想中的"主妇"的个性特征描述就有很大差异了。她们把那位买速溶咖啡的主妇描述成一个懒惰、喜欢凑合、不怎么考虑家庭的妻子，而把那位买新鲜咖啡的主妇描述成一个勤快能干、喜欢做事、热爱家庭的妻子。

这才是隐藏在表层理由下面，连当事人自己也弄不明白的速溶咖啡不受欢迎的真正理由！这项调查结果使咖啡厂商大吃一惊，原来他们在广告中宣传的速溶咖啡的优点——便利、省时，给人们留下的印象是消极的而非积极的。由此咖啡厂商意识到，速溶咖啡需要一个受人们欢迎的新形象。

于是，咖啡厂商避开原来易在人们心目中形成消极形象的主题——便利、省时，转而着重强调速溶咖啡具有新鲜咖啡的味道和芳香。他们在杂志的整页广告中，在一杯咖啡后面放上一大堆棕色的咖啡豆，在速溶咖啡包装上写上"百分之百的纯咖啡"。不久，消极形象逐渐被克服，人们在不知不觉中开始接受速溶咖啡真正有价值的特点——有效、及时等。后来，速溶咖啡成了西方国家销量最大的一种咖啡。

资料来源：王月辉，杜向荣，冯艳. 市场营销学[M]. 北京：北京理工大学出版社，2017.

【分析讨论】

1. 为何采用问卷调查和购物表调查得到了完全不同的结果？
2. 本案例涉及了哪些调查内容？

六、营销链接

查找下列网站进行自主学习：

1. http://www.emkt.com.cn 中国营销传播网
2. http://www.ecm.com.cn 中国市场学会
3. https://www.wjx.cn 问卷星
4. https://www.pinwenwu.cn 拼任务
5. https://wj.qq.com 腾讯问卷

实训应用

（一）实训项目
现场观察一条步行商业街。

（二）实训目的
观察一条步行商业街，掌握观察什么、怎样观察、观察要注意哪些问题。

（三）实训指导
教师负责提前列出学生要观察的内容的提纲：
1. 步行街上5千米范围内的居民都属于什么类型？
2. 周围的办公楼和各种公司属于什么类型？
3. 现在步行街有多少不同种类的商店？
4. 销售的主要商品是哪几类？怎么看出来的？
5. 步行街上的各种商店和周围居民与各种机构的关系是什么？
6. 你认为步行街的市场定位是什么？
7. 步行街内哪几种商品的销售情况不妙，原因是什么？
8. 你是如何判断的？你印象最深的事物是什么？它给你什么启发？
9. 如果让你在步行街上经营一个很小的店铺，你打算如何做？原因与证据是什么？

（四）实训组织
实训主讲教师和一位实训辅助教师用一天的时间带学生到学校就近的步行街。

（五）实训考核
每名学生根据观察的情况撰写实训报告并回答所列出的问题。

部分习题参考答案

二、判断题
1. √ 2. √ 3. × 4. √ 5. × 6. ×

三、多项选择题
1. ABCD 2. ABC 3. ACD 4. ABCD

学习情境2 Learning context

任务3 分析市场营销环境

📚 学习目标

知识的掌握

1. 了解企业市场营销环境分析的必要性和方法。
2. 熟悉微观环境和宏观环境的主要内容及变化趋势。
3. 掌握并分析企业对市场营销环境变化的对策。

技能的提高

通过掌握内外部市场营销环境的有关概念及其构成,学生能初步分析一个企业所面临的特定的内外部市场营销环境因素,并根据环境的变化制定相应的对策。

📚 任务导入

应用SWOT分析法分析某一企业面临的营销环境。

📚 案例引导

睡衣风波

1997年,美国和加拿大围绕"古巴睡衣"问题发生了一场纷争,而夹在两者之间的是一家百货业的跨国公司——沃尔玛公司。当时,两方争执的激烈程度从报纸新闻的标题上可见一斑——"将古巴睡衣从加拿大货架撤下:沃尔玛公司引起纷争""古巴问题:沃尔玛公司因撤下睡衣而陷入困境""睡衣赌局:加拿大与美国赌外交""沃尔玛公司将古巴睡衣放回货架"。这一争端是由美国对古巴的禁运引起的。美国禁止其公司与古巴进行贸易往来,但设在加拿大的美国公司是否也应执行禁运呢?当时,沃尔玛加拿大分公司采购了一批古巴生产的睡衣,美国总部的官员意识到此批睡衣的原产地是古巴后,便发出指令要求撤下所有古巴生产的睡衣。因为美国"赫尔姆斯-伯顿法"禁止美国公司及其在国外的子公司与古巴通商。加拿大因美国法律对其主权的侵犯而恼怒,他们认为加拿大人有权决定是否购买古巴生产的睡衣。这样,沃尔玛公司便成了加、美对外政策冲突的牺牲品。沃尔玛加拿大分公司如果继续销售那些睡衣,则会因违反美国法律而被处以100万美元的罚款,并且还可能会因此而被判刑。但是,如果按其母公司的指示将加拿大商店中的睡衣撤回,按照加拿大法律,会被处以120万美元的罚款。

【问题引入】

1. 造成沃尔玛公司困难处境的原因是什么?
2. 结合案例说明政治环境与法律环境之间的关系。

3.1 市场营销环境概述

3.1.1 市场营销环境的内涵

市场营销环境是指与企业营销活动有潜在关系的所有外部力量和相关因素的集合,它是影响企业生存和发展的各种外部条件的总和。

3.1.2 市场营销环境的分类

市场营销环境包括微观环境和宏观环境。

微观环境指与企业紧密相连,直接影响企业营销能力的各种参与者,包括影响营销管理决策的企业自身、供应商、营销中介机构、顾客、竞争者以及公众等。

宏观环境指影响微观环境的一系列巨大的社会力量,主要包括人口、经济、政治法律、科学技术、社会文化及自然等因素。

微观环境直接影响与制约企业的营销活动,多半与企业具有或多或少的经济联系,也称直接营销环境,又称作业环境。宏观环境一般以微观环境为媒介去影响和制约企业的营销活动,在特定场合,也可直接影响企业的营销活动。宏观环境被称作间接营销环境。宏观环境因素与微观环境因素共同构成多因素、多层次、多变的企业市场营销环境的综合体,如图3-1所示。

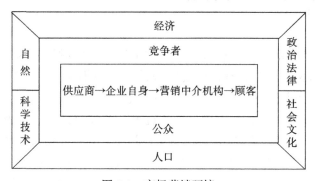

图3-1 市场营销环境

营销环境按其对企业营销活动的影响，也可分为威胁环境与机会环境，前者指对企业市场营销不利的各项因素的总和，后者指对企业市场营销有利的各项因素的总和。营销环境按其对企业营销活动影响时间的长短，还可分为企业的长期环境与短期环境，前者对企业市场营销的影响持续时间较长或相当长，后者对企业市场营销的影响则比较短暂。

> **小思考**
>
> 列举一些你身边与企业市场营销环境有关的事实。思考一下：在你的学校附近开一家食品店，要考虑哪些影响因素？

3.1.3 营销环境的特征

1. 客观性

一般说来，营销部门无法摆脱和控制营销环境，特别是宏观环境，企业难以按自身的要求和意愿随意改变它。如企业不能改变人口因素、政治法律因素、社会文化因素等，但企业可以主动适应环境的变化和要求，制定并不断调整市场营销策略。事物发展与环境变化的关系是，适者生存，不适者淘汰，就企业与环境的关系而言，也完全适用。有的企业善于适应环境就能生存和发展，有的企业不能适应环境的变化，就难免被淘汰。

2. 差异性

不同的国家或地区之间，宏观环境存在着广泛的差异，不同的企业，微观环境也千差万别。正因市场营销环境的差异，企业为适应不同的环境及其变化，必须采用各有特点和针对性的营销策略。环境的差异性也表现为同一环境的变化对不同企业的影响不同。例如，中国加入世界贸易组织，意味着大多数中国企业进入国际市场，进行"国际性较量"，而这一经济环境的变化，对不同行业所造成的冲击并不相同。企业应根据环境变化的趋势和行业的特点，采取相应的营销策略。

3. 多变性

市场营销环境是一个动态系统。构成市场营销环境的诸因素都受众多因素的影响，每一环境因素都随着社会经济的发展而不断变化。20世纪60年代，中国处于短缺经济状态，短缺几乎成为社会经济的常态。改革开放40年后，中国已遭遇"过剩"经济，不论这种"过剩"的性质如何，仅就卖方市场向买方市场转变而言，市场营销环境已产生了重大变化。市场营销环境的变化，既会给企业提供机会，也会给企业带来威胁，虽然企业难以准确无误地预见未来环境的变化，但可以通过设立预警系统（warning system），追踪不断变化的环境，及时调整营销策略。

4. 相关性

市场营销环境诸因素间相互影响、相互制约，某一因素的变化，会带动其他因素的相互变化，形成新的市场营销环境。例如，竞争者是企业重要的微观环境因素之一，而宏观环境中的政治法律因素或经济政策的变动，均能影响一个行业竞争者加入的多少，从而形成不同的竞争格局。又如，市场需求不仅受消费者收入水平、爱好以及社会文化等方面因素的影响，政治法律因素的变化，往往也会产生决定性的影响。再如，各个环境因素之间有时存在矛盾，某些地方消费者有购买家电的需求，但当地电力供应不正常，这无疑成为扩展家电市场的制约因素。

3.1.4 市场营销环境分析的意义

现代市场营销学认为，企业营销活动成败的关键在于企业能否适应不断变化着的市场营销环境。由于生产力水平的不断提高和科学技术的进步，当代企业外部环境的变化速度远远超过企业内部因素变化的速度。例如，我国改革开放以来，市场营销环境已经发生了很大的变化：从国家产业政策看，产业结构的调整对企业的市场营销活动带来了决定性的影响；从消费者的消费看，我国消费者的消费倾向已从过去追求物质的数量化为主向追求物质的质量及个性化转变，也就是说，消费者的消费心理正趋于成熟。这些无疑对企业的营销行为产生最直接的影响。因此，企业的营销活动必须适应环境的变化，不断地调整和修正自己的营销策略，"适者生存"既是自然界演化的法则，也是企业营销活动的法则，如果企业不能很好地适应外界环境的变化，则很可能在竞争中失败，从而被市场所淘汰。

当然，强调企业对所处环境的反应和适应，并不意味着企业对于环境无能为力或束手无策，只能消极地、被动地改变自己以适应环境，而应从积极主动的角度出发，能动地去适应营销环境。也就是说，企业既可以以各种不同的方式增强适应环境的能力，避免来自营销环境的威胁，也可以在变化的环境中寻找自己的新机会，并可能在一定的条件下转变环境因素；或者运用自己的经营资源去影响和改变营销环境并为企业创造一个更有利的活动空间，然后再使营销活动与营销环境得到有效的适应。总之，加强市场营销环境的分析和研究，才能使企业制订正确的经营计划和营销策略；才能生产适销对路的商品，满足消费者，指导消费；才能使企业增强活力，在竞争中处于有利地位，不断地提高经济效益。

【训练与练习】

思考：什么是市场营销环境？如果你想创业，经营一家果汁店要考虑哪些外部环境？

3.2 市场营销的微观环境分析

企业的微观营销环境是指对企业服务其顾客的能力构成直接影响的各种力量，包括企业中的其他部门、供应商、营销中介机构、顾客、竞争者和公众，如图 3-2 所示。营销活动能否成功，除营销部门本身的因素外，还要受这些因素的直接影响。

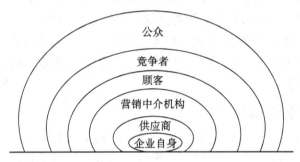

图 3-2　企业的微观营销环境

3.2.1 企业自身

企业是组织生产和经营的经济单位，是一个复杂的整体，内部由各职能机构组成，包括研发、采购、制造、会计、营销、财务等部门，它们各自独立完成自己的工作，但又与其他部门发生联系，反映了企业的整体性、系统性、相关性。

通常，企业自身的部门如图 3-3 所示。

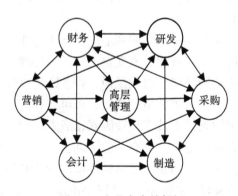

图 3-3　企业自身的部门

3.2.2 供应商

供应商是向企业及其竞争者提供生产经营所需资源的企业或个人，包括提供原材料、零配件、设备、能源、劳务及其他用品等。企业生产经营活动必须考察供应商：首先，考察供应商的质。一方面，需要考察供应商的信誉，是否有诚信，如供货是否及时等；另一方面，需要考察供应商的供货质量，质量是否有保证，能否满足生产需要。其次，注意供应商的量。一方面，企业必须使自己的供应商多样化；另一方面，根据不同供应商所供货物在营销活动中的重要性，企业对为数较多的供货人可进行等级归类，以便合理协调，抓住重点，兼顾一般。

3.2.3 营销中介机构

营销中介机构主要指为企业营销活动提供各种服务的企业或部门的总称，包括中间商、实体分配机构、营销服务机构和财务中介机构。这些都是市场营销不可缺少的环节，大多数企业的营销活动，都必须通过它们的协助才能顺利进行。随着市场经济的不断发展，社会分工越来越细，这些中介机构的影响和作用也就越来越大。因此，企业在市场营销过程中，必须重视中介机构对企业营销活动的影响，并处理好同它们的合作关系。

1. 中间商

中间商是指把产品从生产者流向消费者的中间环节或渠道，一般包括代理中间商和买卖中间商。代理中间商有代理商、经纪人和生产商代表，他们专门介绍客户或与客户磋商交易合同，但并不拥有商品所有权；买卖中间商又称经销商，如批发商、零售商，他们购买商品，拥有商品的所有权，然后再售出商品。

2. 实体分配机构

实体分配机构是指帮助企业进行产品保管、储存及运输的专业企业，包括仓储公司、汽车运输公司等机构。实体分配的要素包括包装、运输、仓储、装卸、搬运、库存控制和订单处理七个方面，其基本功能是调节生产与消费之间的矛盾，弥合产销时空上的背离，提供商品的时间效用和空间效用，以利于适时、适地和适量地把商品供应给消费者。

3. 营销服务机构

营销服务机构是协助厂商推出并促销其产品到恰当的市场的机构，如营销研究公司、广告公司、传播公司等。企业可自设营销服务机构，也可委托外部营销服务机构代理有关业务，并定期评估其绩效，促进其提高创造力、质量和服务水平。

4. 财务中介机构

财务中介机构是协助厂商融资或分担货物购销储运风险的机构，如银行、保险公司等。财务中介机构不直接从事商业活动，但对工商企业的经营发展至关重要。在市场经济中，企业与金融机构关系密切，企业间的财务往来要通过银行结算，企业财产和货物要通过保险公司取得风险保障，而贷款利率与保险费率的变动也会直接影响企业成本，信贷来源受到限制更会使企业处于困境。

3.2.4 顾客

顾客就是企业的目标市场，是企业服务的对象，也是营销活动的出发点和归宿。企业的一切营销活动都应以满足顾客的需要为中心。因此，顾客是企业最重要的环境因素。

顾客可以从不同角度以不同的标准进行划分，按购买动机和类别可分为五种类型，如图 3-4 所示。

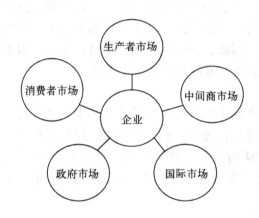

图 3-4　市场类型

1. 消费者市场

消费者市场是指为满足个人或家庭需要而购买商品和服务的市场。

2. 生产者市场

生产者市场是指为赚取利润或达到其他目的而购买商品和服务来生产其他产品和服务的市场。

3. 中间商市场

中间商市场是指为利润而购买商品和服务以转售的市场。

4. 政府市场

政府市场是指为提供公共服务或将商品与服务转给需要的人而购买商品和服务的政府与非营利机构。

5. 国际市场

国际市场指国外买主，包括国外的消费者、生产者、中间商和政府等。

上述各类市场都有其独特的顾客，他们不同的变化着的需求，要求企业以不同方式提供相应的产品和服务，从而影响企业营销决策的制定和服务能力的形成。

> **小知识** "指南针地毯"的成功
>
> 在阿拉伯国家，虔诚的穆斯林每日祈祷，无论居家或旅行，祈祷者在固定时间要跪拜于地毯上，且要面向圣城麦加。基于此，比利时地毯厂厂商范得维格，巧妙地将扁平的"指南针"嵌入祈祷用的小地毯上，该"指南针"指的不是正南正北，而是始终指向麦加城。穆斯林们只要有了这样的地毯，无论走到哪里，只要把地毯往地上一铺，便可准确找到麦加城所在的方向。这种地毯一上市，立即成了抢手货。

3.2.5 竞争者

竞争是商品经济的必然现象，在商品经济条件下，任何企业都不可能独占市场，都会面对形形色色的竞争对手。在竞争性的市场上，除来自本行业的竞争外，还有来自代用品生产者、潜在加入者、原材料供应者和购买者等多种力量的。从消费需求的角度划分，企业的竞争者包括愿望竞争者、平行竞争者、产品形式竞争者和品牌竞争者。企业要想成功，必须在满足消费者需要和欲望方面比竞争对手做得更好。企业的营销系统总是被一群竞争者包围和影响着，必须加强对竞争者的研究，了解对本企业形成威胁的主要竞争对手及其策略，力量对比如何，知己知彼，扬长避短，才能在顾客心目中强有力地确定公司所提供产品的地位，以获取战略优势。

> **小知识**
>
> 波特五力模型（Michael Porter's five forces model）又称波特竞争力模型，如图3-5所示，由哈佛大学商学院教授迈克尔·波特（Michael Porter）于20世纪80年代初提出，对企业战略的制定产生全球性的深远影响。它用于竞争战略的分析，可以有效地分析客户的竞争环境。
>
> 五种力量分别是：供应商的议价能力、购买者的议价能力、潜在竞争者进入的能力、替代品（或服务）的替代能力、同行业内现有竞争者的竞争能力。通过对五种力量的分析，企业可以了解所处行业的竞争态势，明确各种力量对企业营销活动的影响。任何一家企业，无论是在国内市场还是在国际市场上开展营销活动，都必须在综合考虑五种力量对自身影响的基础上，制定有针对性的营销战略与策略。

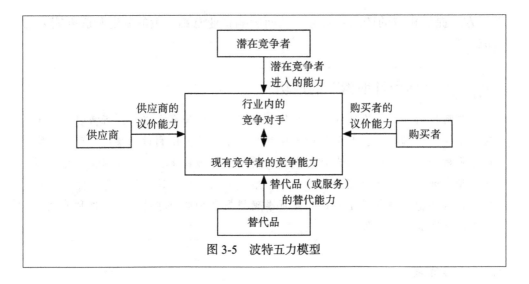

图 3-5 波特五力模型

3.2.6 公众

公众指对企业实现营销目标的能力有实际或潜在利害关系和影响力的团体或个人。企业面对的广大公众的态度，会协助或妨碍企业营销活动的正常开展。所有的企业都必须采取积极措施，树立良好的企业形象，力求保持和主要公众之间的良好关系。企业所面临的公众主要有七种，如图 3-6 所示。

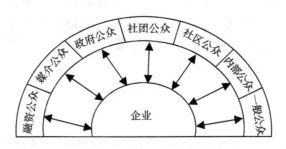

图 3-6 企业微观环境中的公众

现在，越来越多的企业通过设立专门处理公共关系和负责公共宣传的部门，来负责与有关的社会公众团体保持最密切的联系，筹划相应的公共关系处理与协调方案，并负责执行。总之，企业需要通过不断发展与各种社会公众团体的关系，协调好与它们的利益关系，以求得或保持一个最有利的营销环境。因此，公共关系管理已成为企业营销管理的一项重要内容。

【训练与练习】

以你熟悉的企业为例，列出企业自身、供应商、营销中介机构、顾客、竞争者和公众等企业相关环境因素的特征。

3.3 市场营销的宏观环境分析

企业的宏观营销环境指对企业营销活动造成市场机会和环境威胁的主要社会力量，包括人口、经济、自然、政治法律、科学技术、社会文化等因素（见图 3-7）。企业及其微观环境的参与者，无不处于宏观环境之中，宏观环境及其发展趋势给企业提供了机会，同时也造成了威胁。

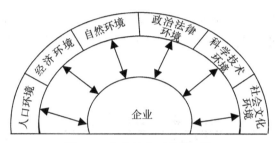

图 3-7 企业的宏观营销环境

3.3.1 人口环境

人口是构成市场的第一位因素，是最基本的消费者。市场是由有购买欲望同时又有支付能力的人构成的，人口的多少直接影响市场的潜在容量。从影响消费需求的角度出发，对人口因素可做如下分析。

1. 人口总量

一个国家或地区的总人口数量是衡量市场潜在容量的重要因素。众多的人口及人口的进一步增长，给企业带来了市场机会，也带来了威胁。一方面，按人口数量可大略推算出市场规模。我国人口数量超过欧洲和北美洲人口数量的总和。随着社会主义市场经济的发展，人民收入不断提高，中国已被视作世界最大的潜在市场。另一方面，人口的迅速增长，也会给企业营销带来不利的影响，比如人口的增长快于经济的增长，人们的购买力不但不会增长反而会下降，这意味着市场萎缩，生活贫困，从而使市场吸引力降低。

2. 人口结构

人口结构主要包括人口的年龄结构、性别结构、家庭结构、社会结构和民族结构等。

（1）**年龄结构**。由于消费者年龄的差别，对于商品和服务也就产生不同的需求。例如，儿童对玩具及糖果感兴趣，青少年对书籍、流行音乐、游戏机感兴趣，成年人对生活用品及耐用品感兴趣，老年人对保健品、医药品感兴趣等，这样也就形成了具有年龄特色的市场，如婴儿市场、儿童市场、青少年市场、成人市场、老年人市场等。

（2）**性别结构**。人口的性别不同，其市场需求也有明显的差异，而且购买习惯与行为方式也有所不同。近年来，世界各国妇女就业人数增加，给市场带来了重大影响。一是妇女就业，家庭收入增加为市场提供新的容量；二是妇女就业者增多，促使代替家务劳动的家用电器商品的需求量显著增加；三是双职工家庭增加，市场上任何能节省消费者时间的产品和服务都有很大的吸引力。企业了解了性别的差异，就可以针对不同性别的不同需求，开发新的产品投放市场，达到营销目标。

（3）**家庭结构**。家庭是商品采购的基本单位，一个国家和地区家庭单位的多少以及家庭平均人员的多少，可以直接影响对某些消费品的需求。

小资料

2019 年我国人口数及构成　　　　　　　　　　单位：万人

年份	年末总人口	按性别分				按城乡分			
		男		女		城镇		乡村	
		人口数	比重（%）	人口数	比重（%）	人口数	比重（%）	人口数	比重（%）
2019	140 005	71 527	51.09	68 478	48.91	84 843	60.60	55 162	39.40

资料来源：国家统计局。

小思考

家庭结构的变化趋势对市场需求产生什么影响？在我国，"四代同堂"现象已不多见，"三位一体"的小家庭则很普遍，并逐步由城市向乡镇发展。家庭数量的剧增会引起哪些商品需求的迅速增长？

（4）**社会结构**。我国农村人口众多，2019 年我国乡村人口占 39.40%，这说明农村市场有着巨大的发展潜力，同时，目前城市市场竞争激烈，农村市场相对薄弱，这一社会结构的客观因素决定了企业在国内市场中，应当将农民作为主要营销对象，注意农村市场的开拓。

（5）**民族结构**。我国是一个拥有 56 个民族的多民族国家，民族不同，其在生活习性、文化传统、风俗习惯等物质和文化生活上各具特点，反映到市场信息上，就是各民族的市场需求存在着巨大差异。因此，企业营销者要注意民族市场的营销，重视开发适合各民族特性、受欢迎的商品。

3. 地理分布

地理分布是指人口在不同地区的密集程度。人口在地区上的分布，关系到市场需求的异同。居住在不同地区的人群，由于地理环境、气候条件、自然资源、风俗习惯的不同，消费需求的内容和数量也存在差异。人口的城市化和区域性转移，会引起社会消费结构的变化。

3.3.2 经济环境

经济环境一般指影响企业市场营销方式与规模的经济因素，主要包括收入因素、消费者的储蓄和信贷、消费结构、经济发展状况等。

1. 收入因素

市场消费需求指人们有支付能力的需求。仅仅有消费欲望，没有绝对消费力，并不能创造市场；只有既有消费欲望，又有购买力，才具有现实意义。因为只有既想买又买得起，才能产生购买行为。

在研究收入对消费需求的影响时，常应用以下概念。

（1）**人均国内生产总值**。它一般指价值形态的人均 GDP。它是一个国家或地区，所有常住单位在一定时期内（如一年），按人口平均所生产的全部货物和服务的价值，超过同期投入的全部非固定资产货物和服务价值的差额。国家的 GDP 总额反映了全国市场的总容量、总规模，人均 GDP 则从总体上影响和决定了消费结构与消费水平。

（2）**个人可支配收入**。它指从个人收入中，减除缴纳税收和其他经常性转移支出后所余下的实际收入，即能够用以作为个人消费或储蓄的数额，构成实际的购买力。

（3）**可任意支配收入**。在个人可支配收入中，有相当一部分要用来维持个人或家庭的生活以及支付必不可少的费用。只有在可支配收入中减去这部分维持生活的必需支出，才是个人可任意支配收入，这是影响消费需求变化的最活跃的因素。

2. 消费者的储蓄与信贷

（1）**储蓄**。储蓄是指城乡居民将可任意支配收入的一部分储存待用。储蓄的形式，可以是银行存款，可以是购买债券，也可以是手持现金。较高储蓄率会推迟现实的消费支出，加大潜在的购买力。我国人均存款在增加，尽管银行的储蓄率在下降但还是居世界前列，国内市场潜量规模甚大。

（2）**信贷**。信贷是指金融或商业机构向有一定支付能力的消费者融通资金的行为。其主要形式有短期赊销、分期付款、消费贷款等。消费信贷使消费者可用贷款先取得商品使用权，再按约定期限归还贷款。消费信贷的规模与期限在一定程度上影响着某一时限内现实购买力的大小，也影响着提供信贷的商品的销售量。例如，购买住宅、汽车及其他昂贵消费品，消费信贷可提前实现这些商品的销售。

3. 消费结构

这里的消费结构主要指消费者支出模式和支出结构。收入在很大程度上影响着消费者支出模式与支出结构。随着消费者收入的变化，支出模式与支出结构也会发生相应的变化。研究表明，消费者支出模式与支出结构，不仅与消费者收入有关，而且受以下因素影响。

（1）家庭生命周期所处的阶段。
（2）家庭所在地址与消费品生产、供应状况。
（3）城市化水平。
（4）商品化水平。
（5）劳务社会化水平。
（6）食物价格指数与消费品价格指数变动是否一致。

中国近几年推进住房、医疗、教育等改革，个人在这些方面的支出增加，无疑影响恩格尔系数的变化。

> **小资料**
>
> 　　1853～1880 年，德国统计学家恩斯特·恩格尔（Ernst Engel）曾对比利时不同收入水平的家庭进行调查，并于 1895 年发表了《比利时工人家庭的日常支出：过去和现在》一文，分析收入增加影响消费支出构成的情况，指出收入的分配适应收入阶层为一定比率，此比率依照收入的增加而变化。在将支出项目按食物、衣服、房租、燃料、教育、卫生、娱乐等费用分类后，发现收入增加时各项支出比率的变化情况为：食物费用所占比率趋于减少，教育、卫生与娱乐支出比率迅速上升。这便是恩格尔定律。食物费用占总支出的比例，称为恩格尔系数。一般认为，恩格尔系数越大，生活水平越低；反之，恩格尔系数越小，生活水平越高。
>
> 　　2010 年，中国的恩格尔系数达到 39.76%，2019 年中国的恩格尔系数为 28.2%，连续 8 年下降。

4. 经济发展状况

企业的市场营销活动受一个国家或地区经济发展状况的制约，在经济全球化的条件下，国际经济形势也是企业营销活动的重要影响因素。

（1）**经济发展阶段**。经济发展阶段的高低直接影响企业市场营销活动。经济发展阶段高的国家和地区，着重投资大型、精密的、自动化程度高的、性能好的生产设备；在重视产品基本功能的同时，比较强调款式、性能及特色；大量进行广告宣传及营业推广活动，非价格竞争较占优势；分销途径复杂且广泛，制造商、批发商与零售商的职能逐渐独立，连锁商店的网点增加。美国学者罗斯托（W. W. Rostow）的经济成长阶段理论把世界各国的经济发展归纳为五个阶段：传统经济社会阶段、经济起飞前的准备阶段、经济起飞阶段、迈向经济成熟阶段、大量消费阶段。

凡属前三个阶段的国家称为发展中国家，而处于后两个阶段的国家称为发达国家。

（2）**经济形势**。就国际经济形势来说，2008年全球爆发金融危机，2020年初新型冠状病毒席卷全球，这些都影响了全世界的经济，也给中国经济带来若干负面影响。就国内经济形势来讲，经济的高速发展，极大地增强了中国的综合国力，显著地改善了人民的生活。同时，国内经济还存在一些问题，如经济发展不平衡，产业结构不尽合理，就业问题压力很大等。所有这些国际、国内经济形势，国家、地区乃至全球的经济繁荣与衰退，对企业市场营销都有重要的影响。问题还在于，国际或国内经济形势都是复杂多变的，机遇与挑战并存，企业必须认真研究，力求正确认识与判断，相应制订营销战略和计划。

3.3.3 自然环境

自然环境主要指营销者所需要或受营销活动所影响的自然资源。营销活动受自然环境的影响，也对自然环境的变化负有责任。物质环境的发展变化会给企业造成一些"环境威胁"和"市场营销机会"，所以，营销管理者当前应注意自然环境面临的难题和趋势，如资源短缺、环境污染严重、能源成本上升等，从长期的观点来看，自然环境应包括资源状况、生态环境和环境保护等方面，许多国家对自然资源管理的干预也日益加强。人类只有一个地球，自然环境的破坏往往是不可弥补的，企业营销战略中实行生态营销、绿色营销等，都是维护全社会的长期福利所必然要求的。绿色市场营销观念已成为21世纪市场营销的新主流。

3.3.4 政治法律环境

1. 政治环境

政治环境指企业市场营销的外部政治形势给市场营销活动带来的或可能带来的影响，它一般分为国内政治环境和国际政治环境两部分。在国内，安定团结的政治局面，不仅有利于经济发展和人民收入的增加，而且影响群众心理状况，促使市场需求的变化。党和政府的方针、政策，规定了国民经济的发展方向和速度，也直接关系到社会购买力的提高和市场消费需求的增长变化。对国际政治环境的分析，应了解"政治权力"与"政治冲突"对企业营销活动的影响。政治权力影响市场营销，往往表现为由政府机构通过采取某种措施约束外来企业，如进口限制、外汇控制、劳工限制、绿色壁垒等。政治冲突指国际上的重大事件与突发性事件，这类事件在和平与发展为主流的时代从未绝迹，对企业的市场营销工作影响或大或小，有时带来机会，有时带来威胁。

2. 法律环境

法律环境指国家或地方政府颁布的各项法规、法令和条例等。法律环境对市场消费需求的形成和实现，具有一定的调节作用。企业研究并熟悉法律环境，既保证自身严格依法管理和经营，也可运用法律手段保障自身的权益。

各个国家的社会制度不同、经济发展阶段和国情不同，体现统治阶层意志的法制也不同，从事国际市场营销的企业，必须熟悉有关国家的法律制度和有关的国际法规、国际惯例等。

> **小知识**
>
> 　　为了健全法制，适应经济发展的需要，我国陆续制定和颁布了一些经济法律法规，这些法律法规对我国企业的市场营销活动有着非常重要的影响，包括《中华人民共和国产品质量法》《中华人民共和国食品安全法》《中华人民共和国商标法》《中华人民共和国价格法》《中华人民共和国广告法》《中华人民共和国反不正当竞争法》《中华人民共和国消费者权益保护法》《中华人民共和国专利法》，等等。

3.3.5　科学技术环境

科学技术是第一生产力，科技的发展对经济发展有巨大的影响，不仅直接影响企业内部的生产和经营，还与其他环境因素互相依赖、互相作用，给企业营销活动带来有利与不利的影响。例如，一种新技术的应用，可以为企业创造一个明星产品，产生巨大的经济效益，也可能迫使企业的一种成功的传统产品不得不退出市场。新技术的应用会引起企业市场营销策略的变化，也会引起企业经营管理的变化，还会改变零售商业业态结构和消费者购物习惯。

> **小资料**
>
> 　　华为发布的2019年年度报告显示，2019年华为持续投入技术创新与研究，研发费用达1 317亿元人民币，占全年销售收入的15.3%，近十年投入研发费用总计超过6 000亿元人民币。
>
> 　　资料来源：https://www.360kuai.com/pc/9ddfc1f93cdce1367?cota=3&kuai_so=1&sign=360_57c3bbd1&refer_scene=so_1，华为2019年研发费用达1 317亿，占全年销售收入的15.3%。

3.3.6　社会文化环境

社会文化主要指一个社会的民族特征、价值观念、生活方式、风俗习惯、宗教信仰、伦理道德、教育水平、语言文字等的总和。主体文化是指占据支配地位，起凝聚整个国家和民族的作用，由千百年的历史所形成的文化，包括价值观、人生观等；次级文化是在主体文化支配下所形成的文化分支，包括种族、地域、宗教等。文化对所有营销参与者的影响是多层次、全方位、渗透性的。

它不仅影响企业营销组合,而且影响消费心理、消费习惯等,这些影响多半是通过间接的、潜移默化的方式来进行的。这里主要分析以下几方面。

1. 教育水平

教育程度不仅影响劳动者的收入水平,而且影响消费者对商品的鉴别力,影响消费者心理、购买的理性程度和消费结构,从而影响企业营销策略的制定和实施。

2. 宗教信仰

宗教是历史的产物,是构成文化因素的重要方面。不同的宗教信仰有不同的文化倾向和戒律,从而影响人们认识事物的方式、价值观念和行为准则,也影响人们的消费行为,带来特殊的市场需求,与企业的营销活动有密切的关系。了解和尊重消费者的宗教信仰,对企业营销活动具有重要意义。

小案例 3-1　出口鞋遭查禁

1984 年,我国出口某阿拉伯国家的塑料底鞋,曾遭到当地政府出动大批军警查禁销毁,原因是鞋底的花纹酷似当地文字"真主"一词。所以企业到外地或外国开辟新的市场时,必须对当地的文化环境认真地进行调查研究,以免触犯禁忌。

---

3. 价值观念

价值观念指人们对社会生活中各种事物的态度和看法。不同的文化背景下,价值观念差异很大,影响着消费需求和购买行为。对于不同的价值观念,营销管理者应研究并采取不同的营销策略。

4. 消费习俗

消费习俗指历代传递下来的一种消费方式,是风俗习惯的一项重要内容。消费习俗在饮食、服饰、居住、婚丧、节日、人情往来等方面都表现出独特的心理特征和行为方式。

5. 消费流行

社会文化多方面的影响,使消费者产生共同的审美观念、生活方式和情趣爱好,从而导致社会需求的一致性,这就是消费流行。消费流行在服饰、家电以及某些保健品方面,表现最为突出。消费流行在时间上有一定的稳定性,但有长有短,有的可能几年,有的则可能是几个月;在空间上还有一定的地域性,同一时间内,不同地区流行的商品品种、款式、型号、颜色可能不尽相同。

【训练与练习】

环保问题已逐渐成为举世瞩目的焦点问题,而自然环境对企业市场营销的影响也不容忽视。请简述目前自然环境发展的趋势。在这些趋势下，你认为国内企业所面临的市场机会有哪些？

3.4 市场营销环境分析方法

3.4.1 SWOT 分析法

SWOT 分析法是一种企业内部分析法，也称动态分析法，是 20 世纪 80 年代初美国旧金山大学的管理学教授韦里克提出的，其核心是对企业自身条件与外部环境进行综合分析从而明确企业可以利用的市场机会与可能面临的威胁，并将这些机会与威胁同企业的优劣势相结合，形成企业不同的战略措施。SWOT 分析法包括分析企业的优势（strength）、劣势（weakness）、机会（opportunity）和威胁（threat），如图 3-8 所示。

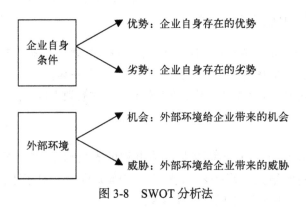

图 3-8 SWOT 分析法

3.4.2 SWOT 分析法的步骤

SWOT 分析法的步骤如下。

（1）罗列企业的优势和劣势，可能的机会与威胁。

（2）优势、劣势与机会、威胁相结合，形成 SO、WO、ST、WT 策略。

1）SO 策略：依靠内部优势，利用外部机会。

2）WO 策略：利用外部机会，弥补内部劣势。

3）ST 策略：利用内部优势，规避外部威胁。

4）WT 策略：减少内部劣势，规避外部威胁。

（3）对 SO、WO、ST、WT 策略进行甄别和选择，确定企业目前应该采取的具体战略与策略。

小资料

企业内外部环境分析的关键要素

	潜在外部威胁	潜在外部机会
宏观环境	市场增长较慢 竞争压力增大 政府政策不利 新的竞争者进入行业 替代品销售额正在上升 用户讨价还价能力增强 用户偏好逐步转变 通货膨胀递增和其他	纵向一体化 市场增长迅速 可以增加互补产品 能争取到新的客户群 有进入新市场的可能 有能力进入更好的企业集团 在同行业中竞争业绩优良 扩展产品线满足用户需要及其他
	潜在内部优势	潜在内部劣势
微观环境	产权技术：具有规模经济 成本优势：公认的行业领先者 竞争优势：良好的财务资源 特殊能力：高素质的管理人员 产品创新：买方的良好印象	竞争劣势：销售水平低于同行业其他企业 战略方向不明、管理不善，相对于竞争对手成本高 竞争地位恶化：战略实施的历史记录不佳 产品线范围太窄：不明原因的利润率下降 设备老化、资金拮据：技术开发滞后

【训练与练习】

思考：结合通用电气公司自动洗碗机在市场上遭冷遇的原因，谈谈对企业营销的启示。

案例分析　　　　通用电气公司的洗碗机遇冷

自动洗碗机是一种先进的家庭厨房用品。当电冰箱、洗衣机大量进入寻常百姓家，这些家用电器市场饱和后，制造商揣摩消费者心理，推出自动洗碗机，意在减轻人们的家务劳动负担，适应现代人的快节奏。然而，当美国通用电气公司率先将自动洗碗机投向市场时，等待他们的并不是蜂拥而至的消费者，而是门前冷落鞍马稀的局面，这真是出人意料。

而后，公司的营销策划专家寄希望于广告媒体，实施心理上的轮番"轰炸"，认为消费者总会认识到自动洗碗机的价值的。于是通用电气公司在各种报纸、杂志、广播和电视上反复广而告之——洗碗机洗碗比用手洗更卫生，因为高温水可以杀死细菌。通用电气公司甚至认为细菌越小，消费者产生的恐惧就越大。他们就创造性地用电视画面放大细菌的丑恶现象，使消费者产生恐惧。通用电气公司还宣传自动洗碗机清洗餐具的能力，在电视广告里示范表演了清洗因烘烤食品而被弄得一塌糊涂的盘子的过程。通用电气公司努力后的结果如何呢？"高招"用尽，市场依旧，消费者对自动洗碗机仍是敬而远之。从商业渠道反馈来的信息极为不妙，新上市的自动洗碗机很有可能在其试销期内夭折。

自动洗碗机的设计构思和生产质量都是无可挑剔的，但为什么一上市就遭此冷遇呢？消费者究竟是怎样想的呢？

第一，传统价值观念作祟，消费者对新东西的偏见，技术上的无知，加上消费者的风险和消费能力的差距，使自动洗碗机难以成为畅销产品。例如，持传统观念的消费者认为，男人和十几岁的孩子都能洗碗，自动洗碗机在家庭中几乎没有什么用处，即使使用它也不见得比手工洗得好。家庭主妇则认为，自动洗碗机这种华而不实的"玩意儿"有损"勤劳能干的家庭主妇"的形象。在现实生活中，大多数家庭是三四口人，吃一顿饭不过洗七八个碗和盘子而已，你让他花上千美元买台耗电数百瓦时的自动洗碗机去省那点举手之劳，消费者怎么算怎么划不来。

第二，有些追赶潮流的消费者倒是愿意买自动洗碗机以换取生活方便，但自动洗碗机洗碗事先要做许多准备工作，这样费时费事又增添了不少麻烦，到最后还不如手工洗碗快。有的家庭厨房窄小，安装困难也使消费者望"机"兴叹！还有一些消费者虽然欣赏自动洗碗机，但认为它的价值低。

第三，自动洗碗机单一的功能、复杂的结构、较多的耗电量和较低的价值也是它不能市场化、大众化的原因之一。

学习指导

通过课堂教学资源、线上资源学习本任务的内容，学生能够运用网络和实地调查法，收集影响某企业市场营销环境的微观、宏观要素；能够应用SWOT分析法分析微观环境和宏观环境的主要内容及变化趋势，根据环境的变化制定相应的对策。

习题与练习

一、名词解释

市场营销环境　微观营销环境　宏观营销环境　营销机会　营销威胁

二、判断题

1. 市场营销环境可分为宏观环境和微观环境两部分。（　）
2. 微观环境与宏观环境是一种并列关系，微观环境并不受制于宏观环境，它们各自独立地对企业的营销活动发挥着作用。（　）
3. 企业可以按自身的意愿和要求随意改变市场环境。（　）
4. 国际市场营销政治环境，一般分为政治权力和政治冲突两部分。（　）
5. 随着经济的发展，人们的文化生活日益丰富，这对书刊、报纸等文化产品行业来说是一种市场机会。（　）
6. 消费需求变化中最活跃的因素是个人可支配收入。（　）
7. 恩格尔系数越高，人们的生活水平越高；反之，恩格尔系数越小，人们的生

活水平越低。( )

8. 文化对市场营销的影响多半是通过直接的方式来进行的。( )

三、单项选择题

1. 消费者个人收入中扣除税款和非税性负担之后所得的余额叫作（ ）。
   A. 个人全部收入   B. 个人可支配收入
   C. 个人可任意支配收入   D. 人均国民收入

2. 企业面临环境威胁时，可通过各种方式限制或扭转不利因素的发展，这就是（ ）策略。
   A. 转移   B. 减轻   C. 对抗   D. 竞争

3. 市场营销环境是影响企业营销活动的（ ）的因素和力量，包括宏观环境和微观环境。
   A. 可改变   B. 不可控制   C. 可控制   D. 不可捉摸

四、多项选择题

1. 以下属于市场营销宏观环境范畴的有（ ）。
   A. 经济环境   B. 竞争者   C. 政治环境
   D. 经销商   E. 社会文化环境等

2. 一个国家的亚文化群主要有（ ）。
   A. 语言亚文化群   B. 宗教文化群
   C. 民族文化群   D. 兴趣文化群
   E. 地域文化群

3. 下列商品或服务的购买对我国城市居民来说，属于个人可任意支配收入项目的开支的有（ ）。
   A. 蔬菜   B. 水电   C. 远程旅游
   D. 美容   E. 打保龄球

4. 影响购买力水平的因素主要有（ ）。
   A. 消费者收入   B. 消费者支出
   C. 消费者信贷   D. 居民储蓄   E. 币值

5. 科学技术环境对企业市场营销的影响主要有（ ）。
   A. 缩短新产品开发周期，加速产品更新换代
   B. 通过信息系统准确地运用供求规律来制定和修订价格策略
   C. 各种直接营销方式的出现和实体分配方式的变化
   D. 引起经济结构的变化
   E. 广告媒体多样化

五、简答题

1. 市场营销政治环境主要包括哪些内容？
2. 分析企业经济环境应从哪些方面入手？
3. 企业文化环境主要包括哪些内容？
4. 企业面临环境威胁的对策如何？

六、案例分析

京东商城 SWOT 分析

（一）优势（strengths）

1. 作为电商企业，京东商城的网站访问量、点击率均在电子商城类企业中排在前列，销量能够占据市场份额的 30%。

2. 作为直接面对消费者的商家，京东省去了中间供应商这一环节，形成了生产商—京东—消费者这条产销链，减少了中间环节利润的榨取，使得消费者能以较低的价格买到自己心仪的产品。

3. 京东以网站作为自己的销售平台，不需要店面的租赁、装修费用，同时也不需要雇用大量的销售人员，从而省去了一大笔工资支出。

4. 统一采购，采购量大，能够形成采购的规模效应，降低采购的成本。

5. 服务优势。京东送货速度快，基本上第二天就能送达，满足了消费者购物的既得感。此外，京东送货人员的素质较高，这也无形中树立起了京东的良好形象。

6. 依托于自身强大物流系统的售后优势。京东的售后在退换货方面效率明显高于其他电商企业。

（二）劣势（weakness）

1. 无法实现消费者体验商品的要求。京东作为一家电商企业，这一点或许是其难以实现的。购物对于一些消费者而言，已经超出了购买商品这个范畴，他们所享受的是购物的氛围，以及购物给他们带来的愉悦感，显然这是没有实体店的京东很难做到的。

2. 京东缺少增值服务。一个企业的核心竞争力往往体现在其增值服务上，单纯的商品买卖并不能给企业带来很大的利润，服务才是能给企业带来最大利润的地方。以做火锅的"海底捞"为例，它真正赚钱的地方并不是它卖火锅卖得有多好，而是它在卖火锅的过程中为顾客提供的一系列服务，一系列的服务让顾客心甘情愿地掏钱。而京东目前能带来额外利润的增值服务还不多。

3. 购物时交流不方便。相比淘宝，京东的售前交流确实做得不尽如人意，淘宝的阿里旺旺给买家和卖家提供了一个很好的交流平台，减少了购买时的纠纷。而京东没有提供一个很好的售前咨询的环境，顾客买东西时只能凭自己对货物的认识来购买。

4. 京东利润偏低或者是没有利润。京东这几年的财报显示它一直在亏损，虽然可以理解为这是企业的前期发展所必然要经历的一个阶段，但持续这样下去当投资者觉得在京东身上进行投资无法取得相应回报时，京东的冬天或许就到了。

（三）机会（opportunities）

1. 当前中国网络购物市场的蓬勃发展。我国目前正处于电子商务发展的黄金时期，每年的销售额都能实现很大的增长，作为电商领军企业之一的京东，在其中肯定能获得较大的机遇。

2. 物流技术及ERP等现代化管理软件的发展。技术的发展往往是企业前进的动力，物流技术的发展使得货物的快速及时运输成为现实，从而推动网络购物的飞速发展。ERP等管理软件的投入使用，使得京东能够对企业的资源进行更好的管理，从而缩减成本，提高利润。

3. 电子商务企业之间的合作增加。目前出现了电子商务联盟，联盟的出现使得企业能够交换各自所需的资源，从而强化自身的竞争优势。

（四）威胁（threats）

1. 传统的实体企业进入电子商务领域。例如苏宁易购，它的存在给京东带来了很大的威胁，论采购的成本低廉，京东肯定比不过苏宁，而且供应商对苏宁的重视程度必然是要高过京东的，京东的成本优势对于苏宁易购这种电商来说就不复存在了。品牌上的劣势也是京东的硬伤，苏宁这种有实体店支撑的大品牌显然是让消费者更加放心的，并且苏宁还能提供线下产品的体验，售后等也更加有保障。

2. 资金链的紧张。如前面所说，京东自身基本上是没有造血能力的，它一直在靠投资者输血在生存，这么多年来一轮又一轮的融资使京东的资金链已经出现断裂的风险。京东大力建设其物流网络，这里面投入的资本是短时间内无法收回的。投资商给京东的压力迫使其不得不进行IPO。

3. 电子商务的法律尚不健全。网上交易是错综复杂的，我国的法律在这方面还不够完善，有很多方面没有给出明确的界定，交易双方的利益无法完全得到法律的保护。

4. 竞争激烈。虽然京东目前的销售额在所有电商中居第二位，但这并不意味着它就没有竞争的压力，亚马逊、天猫商城、当当网、苏宁易购、唯品会等都是京东强有力的竞争者，它们中某些平台所具有的优势还是京东所不具备的。平台之间价格的竞争只会进一步降低京东的利润，这对京东来说无异于雪上加霜。

思考： 根据京东商城的SWOT分析，结合实际说明案例中涉及了京东商城哪些内部环境与外部环境因素，并制定营销战略。

资料来源：https://eduai.baidu.com/list?query=SWOT%E5%88%86%E6%9E%90%E6%A1%88%E4%BE%8B，引用时有修改。

七、营销链接

中兴事件背后的中国"芯片"之痛

实训应用

(一) 实训项目

营销环境分析。

(二) 实训目标

体验与认知市场营销环境对企业营销活动的影响。

(三) 实训内容

1. 仔细地阅读营销链接资料,并通过各种途径进一步收集相关资料。
2. 分析本案例中中兴公司面临怎样的环境。

(四) 实训指导

在开始内容学习前,由教师下达分组任务,班干部负责组织分组,教师做好过程的监控,可采取在本任务学习过程中,以每次课前抽查个别小组成员汇报进度的形式监管过程。

(五) 实训组织

1. 人员:3~5人组成小组,每组选举确定一位小组长,以小组为单位训练。
2. 时间:与任务教学同步。
3. 每组选派代表以 PPT 的形式在班级发表小组意见。

(六) 实训考核

1. 全班所有小组集中讨论发言,最后确定哪一组的分析最好,并由教师进行讲评判分。
2. 每位小组长负责本小组成员的分工,并对小组成员的表现给予文字评价和评分。
3. 每名学生的得分由小组分析成绩与组长评价得分综合而成。

部分习题参考答案

二、判断题

1. √ 2. × 3. √ 4. × 5. √ 6. × 7. × 8. ×

三、单项选择题

1. B 2. C 3. B

四、多项选择题

1. ACE 2. ABCDE 3. CDE 4. ABCDE 5. ABCE

学习情境2 | Learning context

任务4　分析消费者的购买行为

学习目标

知识的掌握

1. 了解消费者市场的含义与特点，掌握消费者的需求与消费者需求的特点。
2. 熟悉消费者购买动机的类型和消费者购买行为模式。
3. 熟悉影响消费者购买行为的具体因素。
4. 掌握消费者购买的一般过程。
5. 了解组织市场的类型、组织市场的特点及组织市场购买的决策过程。
6. 熟悉组织市场购买行为的基本类型及其影响因素。

技能的提高

1. 培养了解影响消费者购买行为的能力。
2. 培养在销售中引导消费者购买决策的能力，学会制订让顾客满意的行动方案。

任务导入

请你以一次购买商品的经历为例，分析购买行为的决策过程，并指出影响你购买的因素有哪些。

案例引导

从"月光族"看购买行为

30岁的李明发现自己与22岁的王强已经有"代沟"了。李明作为一名刚刚结婚的普通白领，正在为第一套房子还贷，准备攒钱买车，喜欢在商场打折时购物；而收入只有他一半的王强，却非ESPRIT和JACK&JONES等品牌不买，脚上是800元以上的NIKE鞋，换了五六部手机。王强花在网络和电视上的时间较多，他不拒绝广告，爱看偶像剧和大片，排斥一切文艺片和历史剧、政治剧。他和父母同住，但经济上独立，每逢假期便安排出游计划。他虽有好几张银行卡，但属于"月光一族"。尽管老是缺钱，但他并没有太强的储蓄意识。

资料来源：https://eduai.baidu.com/view/e780faa03b3567ec112d8ac3．

【问题引入】

为什么李明和王强的购买行为会有如此大的差异？

4.1 消费者市场与消费者需求

4.1.1 消费者市场

1. 消费者市场的含义

按顾客购买目的或用途的不同，可将市场营销中的"市场"分为组织市场和消费者市场两大类。组织市场指以某种组织为购买单位的购买者所构成的市场，其购买目的是生产、销售、维持组织运作或履行组织职能。消费者市场是个人或家庭为了生活消费而购买产品和服务所构成的市场。生活消费是产品和服务流通的终点，因而消费者市场也称为最终产品市场。对消费者市场的研究是对整个市场研究的基础和核心。

2. 消费者市场的特点

消费者市场复杂、多变，与其他市场相比，它具有以下特点。

（1）商品需求弹性大。从交易的商品来看，它是供人们最终消费的产品，购买者为个人或家庭，因而更多地受到消费者个人因素（如文化修养、欣赏习惯、收入水平等方面）的影响。另外，产品的品种和种类越来越复杂，产品的生命周期不断缩短；商品的专业技术性不强，替代品较多，因而商品的需求弹性较大。

（2）绝大多数商品通过中间商销售。从交易的规模和方式看，消费品市场购买者众多，市场分散，成交频繁，但交易数量小。因此，绝大部分商品都是通过中间商销售，以方便消费者购买。

（3）消费者的购买行为具有很大程度的可诱导性。从购买行为看，消费品市场的购买者大多缺乏相应的商品知识和市场知识，其购买行为属于非专业性购买，他们对商品的选择受广告宣传的影响较大，易冲动。所以生产和经营部门应注意做好商品的宣传广告，指导消费，一方面当好消费者的参谋，另一方面应有效地引导消费者的购买行为。

（4）购买力的流动性强。从市场动态看，由于消费者的需求复杂，供求矛盾频繁，加之随着城乡交往、地区性的往来日益频繁，旅游事业得以发展，国际交往增多，人口的流动性越来越大，购买力的流动性也随之加强。因此，企业要密切注视市场动态，提供适销对路的产品，同时要注意增设购物网点和在交通枢纽地区创设规模较大的购物中心，以适应流动购买力的需求。

4.1.2 消费者需求的概念

消费者需求是指消费者对有能力购买的某个具体产品所产生的欲望。例如，很多人都想拥有一辆宝马汽车，但是真正有能力购买的人很少。营销人员不仅要预测有多少人需要本公司的产品，更为重要的是，应该了解有多少人真正愿意并且有能力购买。

马斯洛的需求层次论对理解消费者需求有很大的参考价值。马斯洛认为，人类的需求可按层次排列，先满足最低层次的需求，然后再满足高层次的需求。他将这些需求按其重要程度，由低到高排列，分别为生理需求、安全需求、社会需求、尊重需求和自我实现需求。

生理需求：维持个体生存和人类繁衍而产生的需求，如对食物、氧气、水、睡眠等的需求。

安全需求：在生理及心理方面免受伤害，获得保护、照顾和安全感的需求，如要求人身的健康，安全、有序的环境，稳定的职业和有保障的生活等。

社会需求：希望给予或接受他人的友谊、关怀和爱护，得到某些群体的承认、接纳和重视的需求。如乐于结识朋友，交流情感，表达和接受爱情，融入某些社会团体并参加他们的活动等。

尊重需求：希望获得荣誉，受到尊重和尊敬，博得好评，得到一定的社会地位的需求。

自我实现需求：希望充分发挥自己的潜能，实现自己的理想和抱负的需求。自我实现需要是人类最高级的需求，它涉及求知、审美、创造、成就等内容。

> **小知识** 需求层次论在营销中的应用
>
> 1. 需求层次论通常被用作市场细分的理论依据，任何一种细分都是与消费者的需求相联系的。
> 2. 需求层次论用作产品的市场定位，立足于没有完全得到满足的需求。
> 3. 需求层次论用于产品的推销，一项产品对每一级需求都具有实际的吸引力。

人的需求心理是怎样产生的呢？心理学上的"刺激-行为"模式，即"刺激—需要—动机—行为"模式，对人的需求的产生及其在行为过程中的作用做了解释。

4.1.3 消费者需求的特点

1. 差异性和多样性

不同的消费者在生活习惯、收入水平、文化程度、年龄等方面都存在一定的差异，从而使他们对产品和服务的偏好也各不相同。即使对同一需求、同一产品，同一情境下不同的消费者或同一消费者在不同情境下，也会有不同的具体偏好，这就是消费者需求的多样性。例如，在"五一"小长假或"十一"黄金周，为了消遣闲暇时光，有人出去旅游，有人在家休息，有人和亲朋好友小聚。

2. 变化性和发展性

消费者的需求会随其所处的环境变化而变化。随着科技的不断进步、社会生产力水平的提高，消费者的个人可支配收入也随之提高。他们所消费的商品正发生这样的变化：由一般消费品转向高档消费品，由质量一般的商品转向质量较高的商品，需求呈现出从低级到高级的发展趋势。

根据这一特点，营销人员可在充分了解消费者内心活动的基础上，利用广告、新媒体等传播手段来引导消费者需求向健康的方向发展。

3. 关联性和替代性

所谓关联性是指消费者对一种商品的需求会随着他们对另一些相关商品的需求而产生，比如DVD影碟机和DVD光碟。替代性是指消费者对一种商品需求的增加或减少会导致其对另一种商品需求的减少或增加，例如面粉和大米。研究消费者需求的关联性和替代性特点，对企业选择目标市场，确定产品研发战略有重要意义。

【训练与练习】

1. 消费者的需求有什么特点？

2. 发现消费者需求很重要，以某产品为例，思考怎样才能发现消费者的需求，以及如何才能让消费者购买该产品。

4.2 消费者的购买动机与购买行为

4.2.1 消费者的购买动机

1. 购买动机的概念

动机是指引起和维持个体活动并使之朝一定目标和方向进行的内在心理活动，是引起行为发生、造成行为结果的原因。动机属于心理学的范畴，它是个体内在的、主动的力量。当个体产生某种需要而又未能被满足时，其内心便会产生一种不安和紧张，这种不安和紧张随即成为一种内在驱动力，促使个体采取某种行动。这种心理现象被称为动机。

消费者的购买动机，指的是由需要引起并推动人们实施购买行为的驱动力。

人的行为是由动机引起的，但是同样的动机可能会产生不同的行为，而同样的行为又可能是由不同的动机所引起的。例如，同样出于排解精神压力的动机，有些人会选择听音乐，有些人会选择体育运动，有些人可能选择在家休息。另外，对于时下逐渐增加的购车族来说，动机也各不相同，有人为了彰显显赫的身份和地位，有人为了交通的方便，有人则为了追求时尚。

在现实生活中，消费者一种行为的产生可能蕴含着多种动机，营销人员必须把握其中能够激发购买行为的主导性动机。

2. 消费者购买动机的类型

正如消费者的需要具有多样性的特点一样，消费者的购买动机也是复杂多样的。对于消费者的购买动机，不同角度有不同的分类。

（1）按动机指向的欲购商品分类。按动机所指向的欲购商品的某方面，即商品某方面的特性引起、满足了消费者的需求。按此标准分类，可将购买动机分为以下六种主要类型。

1）求实型动机。具有这种动机的消费者在选购商品或服务时，往往非常看重商品或服务的实用性、功能和质量，讲求经久耐用、经济实惠，而不太注重商品外观、包装、品牌等。这类消费者在选购商品时受广告影响的可能性很小。一般来说，人们在选购基本生活资料时，对商品的实用性要求较高，而选购享受型生活资料时，对商品实用性的要求则较低。

2）求新型动机。这种购买动机以注重商品的新颖、奇特、时尚为主要目的。具有这种动机的消费者在购买商品时，特别重视商品的外观、造型、式样、色彩等，追求新奇、时尚和与众不同，对过时、陈旧的商品不感兴趣。具有这种购买动机的人大多思想先进、富于幻想，一般以都市年轻消费一族居多。他们易受广告宣传和社会环境的影响，是流行服饰、新潮家具以及各种新产品的主要购买者。

3）求美型动机。具有这种购买动机的消费者往往注重商品的欣赏价值和艺术价值，追求商品的美感带来的心理享受。他们在选购商品时特别重视商品对人体的美化作用，对环境的装饰作用，对其身份的表现作用，以及对人的精神生活的陶冶作用。因此，他们格外重视商品的造型、色彩、款式的艺术欣赏价值，而对商品的实用性和价格不太关心。具有这种购买动机的典型代表是青年人、知识分子以及文艺工作者。他们是高级化妆品、首饰、工艺美术品和家庭高档用品的主要购买者。

4）求廉型动机。在这种购买动机驱使下的消费者较注重商品的价格，希望以较少的代价获得较多的物质利益。具有这类购买动机的消费者对价格变化的反应格外敏感，喜欢选购处理价、优惠价、特价、折价的商品。具有这类购买动机的消费者通常以经济收入较低的人居多。

5）求名型动机。这是一种以追求名牌商品或仰慕某种传统商品的名望为主要特征的购买动机。这类消费者特别重视商品的商标、品牌，喜欢购买名牌商品。这种动机在旅游市场的消费者中比较突出。大多数旅游者都喜欢在游览观光、欣赏美丽风景的同时，购买一些可以反映当地风土人情的商品。

6）求储型动机。这是以占有一定数量的紧俏商品为主要目的的购买动机。当市场上某种商品出现供不应求或者限量购买的情况时，这类消费者会尽可能多地购买这种商品以供将来消费。商品价格的变化也是导致这一动机产生的原因。

（2）按动机的心理形式分类。按动机的心理形式，可将人的购买动机分为以下三种类型。

1）感情型动机。感情型动机指的是消费者对产品或生产、销售该产品的企业因情感体验而引起的购买动机。不同消费者对于某种情感体验会形成不同的购买动机，例如，身在异国他乡的游子见到家乡风味的酒楼，思乡之情油然而生，很容易就选择在该酒楼消费。

感情型动机具有突发性和易变性的特点，根据突发和易变的程度不同，感情型动机又可分为情绪动机和情感动机两种，前者比后者的突发性和易变性更大，后者比前者更深沉和持久。根据这两种感情型动机的不同特点，营销人员可有的放矢地开展营销活动。

2）理智型动机。理智型动机是消费者对产品有了清醒的客观认识，经过理性的思考、分析比较后产生的购买动机，即所谓"不怕不识货，就怕货比货"，经过"货比三家"而产生的购买动机即理智型动机。该种购买动机具有客观性、严密性和可控制性的特点。所谓客观性，指的是购买动机所指向的产品的性能、作用等经得起科学性的检测和分析，消费者的购买动机几乎不含主观偏好因素；严密性指的是购买动机对产品的选择决断推理严密；可控制性指的是这种购买动机受晓之以理的控制，如宣传某种产品的坏处和好处，只要有理有据、以理服人，就能控制人们的购买动机。

3）偏好型动机。偏好型动机指的是消费者由于对特定的产品或生产销售者特殊的信任和偏好而形成的购买动机，如吸烟成瘾者对于香烟的偏爱，或对某种牌子的香烟有特殊的偏爱。偏好型动机的主要特点是排他性，即不可替代性，不被营销宣传所左右。对此，促销人员重在发现偏好型动机的购买群体及其偏好何物，因为很难替换其偏好或说服、引导其增加新的购买动机。

小案例 4-1　赚钱故事：美国推出情感鞋

高浦勒斯公司是美国著名的制鞋巨头，产品畅销北美，年销售额达 60 亿美元,辉煌的销售业绩与公司不断开发新产品的努力分不开。在开发新鞋方面,公司除了在产品价格、质量上下功夫,还特别注重注入情感。决策人员认为,在经济富足的美国,人们对鞋的要求不仅仅是"廉价""高质量",而且追求表现情感上的满足。公司唯有使鞋像演员一样具有不同的个性,不断以鲜明独特的形象去参加市场舞台的演出,才能促进销售。

按照这种思路,公司开发设计出能激发人们购买欲望并引起感情共鸣的鞋子,如"优雅型""野性型""沉稳型""轻盈型""老练型""年轻型"等新品种,并费尽心机地给鞋子起了稀奇古怪的名字,如"笑""泪""袋鼠""愤怒""爱情""摇摆舞"等,引人深思,呼应心理。这种将鞋注入情感的点子,给高浦勒斯公司带来了持续的销售高潮和极为可观的利润。

资料来源:http://www.795.com.cn/wz/61535.html。

4.2.2 消费者的购买行为

消费者购买行为是指消费者为满足需要和欲望而寻找、选择、购买、使用、评价及处置产品、服务时介入的过程活动。

1. 消费者购买决策过程

(1)购买决策过程的参与者。消费者的消费虽然是以家庭为单位,但参与购买决策的人通常并不一定是家庭全体成员,很多时候往往是家庭的某个成员或某几个成员,在多个家庭成员组成购买决策层时,不同成员分别扮演着不同的角色。

发起者:首先提出或有意向购买某一产品或服务的人。

影响者:其看法或建议对最终决策具有一定影响的人。

决策者:在是否买、为何买、如何买、何处买等方面有决策权的人。

购买者:实际执行采购的人。

使用者:实际使用和消费产品或服务的人。

了解每一位参与者在购买决策中扮演的角色,并针对其角色地位与特性,采取有针对性的营销策略,就能较好地实现营销目标。

(2)消费者购买决策的分析方法。在了解了消费者在购买过程中所扮演的角色之后,还要对消费者的行为模式进行分析,这就要用到通常所说的"5W1H"法,即消费者为了满足自己的需求所购买的产品是什么(what),消费者的购买行为一般发生在什么时候(when),消费者在什么地方购买该产品或服务(where),消费者为什么购买该产品(why),该购买行为的发起者、影响者、决策者、购买者和最终使用者是谁(who),以及消费者一般通过什么方式来实现自己的购买行为(how)。企业在营销实践活动中,可以依据该方法来制定相应的营销策略。

（3）消费者购买决策过程的主要步骤。消费者购买决策过程是消费者购买动机转化为购买活动的过程。不同消费者的购买决策过程有特殊性，也有一般性，因此，营销人员应了解消费者怎样真正做出购买决策，识别购买决策的类型以及购买过程中的步骤。消费者的购买决策过程由认识需要、搜集信息、分析选择、决定购买和购后评价五个阶段构成，如图 4-1 所示。

图 4-1　消费者购买决策过程

1）认识需要阶段。在认识需要阶段，消费者由于受到某种刺激而产生了某种需要。消费者受到的刺激通常来源于两个方面：一是来自消费者自身的生理及心理缺乏状态，比如当人们感到饥渴的时候，这种内在刺激会引发个体产生进食、喝水的需要。二是来自外部环境的刺激，比如商品美丽的包装、新颖的款式会引起消费者强烈的购买欲望。消费者在内外刺激的共同作用下，会产生对某种产品的需要，这一过程被称为认识需要阶段。

2）搜集信息阶段。消费者认识到某种需要并确立了满足需要的购买目标以后，就开始搜集各种有关信息资料，以便寻找到能满足其需要的最合适的商品或服务。消费者搜集信息的途径主要有媒体播出的广告、亲朋好友提供的信息、逛商场获得的直接信息等。一般来说，消费者搜集信息是为了了解三个问题：第一，用什么标准衡量自己即将购买的商品？第二，选择什么品牌的商品？第三，用上述标准评价入选品牌的商品，结论如何？

消费者搜集信息的速度主要受以下因素的影响：对所需商品需要的迫切程度；对该商品的了解程度；消费者的购买经验和所购商品的特性；选错信息时所承担风险的大小；信息资料取得的难易程度等。在这一阶段，营销人员可以充分利用各种促销活动加深消费者对商品的印象和记忆，引导并促进消费者购买。

3）分析选择阶段。在搜集到足够的商品信息后，消费者要根据个人购买能力、兴趣爱好、商品的效用满足程度等对所有可供选择的商品或服务的优缺点进行分析和评价，淘汰那些不被信任的类型和品牌的商品，进一步缩小选择范围。然后对所确认的品牌进行质量、价格方面的比较研究，以选择性能和满足感最好的商品。在这个阶段，营销人员仍需要继续开展试销、赠与等活动宣传其商品，以帮助消费者解除各种购买疑虑，强化其购买欲望。

4）决定购买阶段。经过分析选择，了解到商品信息后，消费者便进入了决定购买阶段。消费者的购买行为通常有三种性质：第一，试购，即初次购买或购买新产品时往往少量购买，其目的是通过直接使用来获得实践经验，以证实商品是否货真价实。第二，重复购买。对于以前买过的使用效果比较好的商品，消费者往往会重复购买，这种重复购买行为会使消费者对该品牌产生一定的偏好。第三，连带购买。某些商品之间具有一定的关联性，消费者购买时常常会产生连带购买。例如，打印机和喷墨产品、影碟机和影碟之间的关系就会让消费者产生连带购买行为。

消费者决定购买并非实际购买。在实际购买中，消费者往往会受到许多因素的影响而在最后一刻改变主意。因此，在这个阶段，营销人员可以利用优质的售后服务作为承诺来坚定消费者的购买决心。

5）购后评价阶段。消费者买回商品，经过使用以后，都会根据使用情况进行评价，以验证购买决策的正确与否，并会影响到其以后的购买行为。在这一阶段主要有以下两种情况。

第一种情况，消费者对所购商品感到满意。如果所购商品完全符合消费者的意愿，甚至比消费者预想的还要好，消费者就有可能再次购买。满意的消费者是最好的广告，因此，营销人员应该提高顾客的满意度，在宣传产品时不能过分夸大产品的优点，事实上，那些有保留地宣传产品优点的企业，更能使消费者产生高于期望的满意感，并树立起良好的产品形象和企业形象。

第二种情况，消费者对所购商品感到不满意。不满意的消费者会出现截然不同的反应，他们内心会产生不平衡感，他们有可能通过放弃、退货、向公司投诉、找律师或向能帮购买者得到满足的其他组织（如厂商、政府机关或某些维护消费者利益的社会团体）投诉来降低这种不平衡感。无论其采取哪种方式，企业都会因为未能满足消费者而有所损失。

营销人员应该采取一些相关措施来降低消费者购买后的不满意程度。积极与消费者进行购买后的沟通、提供良好的沟通渠道、及时处理消费者的投诉并迅速做出补偿，将有利于减少消费者购买后的不满意感。

2. 消费者购买行为的特点

尽管消费者购买动机有感情型、理智型和偏好型之分，但消费者购买行为的总体特征是具有情感性，在相当多的情形下他们往往言行不一，在消费者购买前的最后一刻，营销人员的努力可以成功地改变他们已经做出的决定。一般来说，消费者的购买行为具有以下特点。

（1）**购买的非营利性和利益一致性**。消费者购买产品不是为了转卖，而是为了获得某种使用价值，所以消费者购买是最终购买。消费者的购买是为了满足自身生活消费的需要，因而是非营利性的。另外，在消费者市场上，购买的受益者和购买的执行者可能会不一致，但在利益上是一致的，所以营销人员可以从培养受益者的利益偏好来影响执行者。

（2）**购买的非专家性及伸缩性**。消费者通常缺乏准确认识产品所必需的专业知识，尤其是对某些技术密集、操作复杂的产品，消费者通常不能从客观的角度，即不能用理性的性能指标来评价不同品牌产品间的差异。在大多数情况下，消费者购买决策在很大程度上取决于个人情感，较易受厂家、商家广告宣传的影响，这也被称为消费者的可诱导性和非理性。

3. 消费者购买行为的基本类型

消费者购买决策过程通常随其购买行为类型的不同而变化。较为复杂的和花钱多的决策往往凝结着购买者的反复权衡和众人的参与决策。亨利·阿塞尔（Henry Assael）根据购买者的参与程度和产品品牌间的差异程度，区分出了四种购买类型，如表4-1所示。

表 4-1 购买行为的四种类型

品牌差异	介入程度	
	高度介入	低度介入
品牌间差异大	复杂的购买行为	寻求多样化的购买行为
品牌间差异小	减少失调感的购买行为	习惯性的购买行为

（1）**复杂的购买行为**。复杂的购买行为指的是消费者在购买差异性大、价格昂贵、不经常买、具有风险而又富有意义的商品时所发生的购买行为。这种购买行为的主要特点是：品牌差异明显，购买者非常投入。一般而言，消费者在购买比较复杂昂贵的高档消费品时，需要经过一个学习了解的过程，即建立概念、形成看法、做出选择。对此，营销人员应该采取有效措施帮助消费者了解产品性能及其相对重要性、产品的优势及其给购买者可能带来的利益，从而影响购买者的最终选择。

（2）**减少失调感的购买行为**。减少失调感的购买行为又叫和谐性购买行为，指的是消费者在购买差异性不大、价格昂贵、不经常买、具有风险而又富有意义的商品时所发生的购买行为。这种购买行为的特点是：品牌差异不明显，购买者不愿意花更多的时间去收集不同品牌的各种信息并进行比较，而是只关心价格的优惠和购买的便利等，从产生购买动机到决定购买的时间比较短，非常投入。有些高档消费品价格昂贵，品牌质量不易鉴别，消费者的购买有一定风险但又富有意义因而促使他决定购买。然而，购买产品后，消费者也会因为注意到一些购买之前未曾注意到的缺点或者听到其他品牌的优点而使心理产生不协调感，此时，消费者为了追求心理平衡，这才注意收集与自己所购品牌相关的信息，以证明自己的购买选择是正确的。

在这种情况下，营销人员应该主动与顾客沟通，主动为顾客介绍产品知识、协助顾客选购产品，开设咨询和售后服务，以提高顾客购后满意度。

（3）**习惯性的购买行为**。习惯性的购买行为指的是消费者在购买差异性很小、价格低廉、经常购买而不甚在意的商品时所发生的购买行为。习惯性的购买行为的特点是：品牌差异不大，购买行为极其简单，一般只购买那些比较熟悉的产品，消费者不需要花时间进行选择，也不需要经过收集信息、评价产品特点等复杂过程，也不一定进行购后评价。因此，营销人员可以采用价格优惠、高频率的广告宣传以及独特的包装等方式鼓励消费者购买其产品。

（4）**寻求多样化的购买行为**。寻求多样化的购买行为指的是消费者在购买差异明显的品牌时却不愿花较长的时间来选择和判断，而是通过经常变换品牌以求多样化的购买行为。寻求多样化的购买行为的特点是：品牌差异明显，但消费者往往不屑细挑；消费者经常变换所购品牌，但又不是因为对产品不满意，而是为了追求多样化。针对这种购买行为，营销人员可以采取销售促进和占据有利货架位置等方法，鼓励消费者购买。

【训练与练习】

结合实际分析对比"80后"和"00后"的消费者购买某一商品的过程，以及该购买行为有何区别。

4.3 影响消费者购买行为的因素

面对同样的市场营销刺激因素，不同的购买者会表现出不同的行为。这是因为消费者生活在纷繁复杂的社会之中，其购买行为受到诸多因素的影响。要精确地把握消费者购买行为，有效地开展市场营销活动，必须分析影响消费者购买行为的有关因素。影响消费者购买行为的因素主要有文化因素、社会因素、个人因素、心理因素，其中文化因素、社会因素属于外在因素，而个人因素、心理因素属于内在因素，如图 4-2 所示。

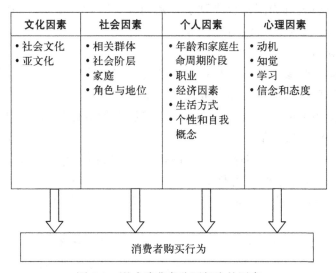

图 4-2　影响消费者购买行为的因素

4.3.1 文化因素

文化因素对消费者行为具有重要的作用，主要体现在社会文化和亚文化两方面。

1. 社会文化

文化是人类从生活实践中建立起来的价值观念、伦理道德、风俗习惯、文化禁忌、语言文字、宗教信仰、音乐艺术、思维方式、礼仪规范、行为举止等人类社会物质财富与精神财富的总和。

文化是人类欲望和行为最基本的决定因素，低级动物的行为主要受其本能的控制，而人类行为主要是通过学习得来的，儿童在成长过程中主要通过其家庭和其他主要机构的社会化学到了一套基本的价值、知觉、偏好等行为的整体概念，如中国儿童普遍被教育要成为重视家庭、诚实、敬老和孝顺的人。

2. 亚文化

亚文化也称"副文化""小群体文化"，指任何群体中在某些方面与当时主导性文化的价值体系不同，另有其独特的性质，尚未经全社会认同的文化。亚文化包括民族亚文化、宗教亚文化、种族亚文化和地理亚文化。每一种文化中都包含着能为其成员提供更为具体的认同感和社会化的、较小的亚文化群体，如民族群体、宗教群体、种族群体和地理区域群体等。它与其他群体相区别并以特定的认同感和社会影响力将其成员联系在一起，使这一群体持有特定的价值观念、生活方式与行为方式。营销人员在设计营销方案时不能忽视亚文化在各细分市场的作用。

4.3.2 社会因素

消费者的购买行为同样也受到了一系列社会因素的影响，如消费者相关群体、社会阶层、家庭、角色与地位等。

1. 相关群体

相关群体又叫参照群体，是指对人的看法和行为有着直接或间接影响的那些群体，分为直接相关群体和间接相关群体。

（1）直接相关群体。对一个人有着直接影响的群体称为直接相关群体，又称直接参照群体或成员群体。

成员群体包括主要群体和次要群体。主要群体指的是成员之间能频繁接触并相互影响的非正式群体，如家庭、朋友、邻居与同事。次要群体指的是相互影响较少但一般都较为正式的群体，如宗教组织、职业协会和贸易协会等。

（2）间接相关群体。对一个人有着间接影响的群体称为间接相关群体，又称间接参照群体，即该人不属于群体中的成员，但受该群体的影响。

间接相关群体包括崇拜性群体和隔离群体两种。凡是个人希望加入的群体，被称为崇拜性群体。隔离群体又被称为厌恶群体，指的是被某人厌恶的那种群体。

营销人员总是试图识别他们目标顾客的相关群体，以便采取相应的营销措施。

小知识

相关群体对消费者的影响至少表现在以下三个方面。
第一，相关群体使个人受到新的行为和生活方式的影响。
第二，相关群体影响个人的态度和自我概念，因为人们通常希望迎合群体。
第三，相关群体还产生某种趋于一致的压力，它会影响个人的实际产品选择和品牌选择。

2. 社会阶层

社会阶层是社会学家根据职业、收入来源、教育水平、价值观和居住区域对人们进行的一种社会分类，是按层次排列的、具有同质性和持久性的社会群体。社会阶层具有以下特点。

（1）同一阶层的成员具有类似的价值观、兴趣和行为，在消费行为上相互影响并趋于一致。

（2）人们以自己所处的社会阶层来判断各自在社会中占有的高低地位。

（3）一个人的社会阶层归属不是仅由某一变量决定，而是受职业、收入、教育、价值观和居住区域等多种因素的制约。

（4）人们能够在一生中改变自己的社会阶层归属，既可以迈向高阶层，也可以跌至低阶层，这种升降变化的程度随着所处社会层次的森严程度的不同而不同。

小知识

中国社会科学院数十位社会学学者深入中国社会，潜心调查研究，依据科学的分析方法，通过大量翔实的调查数据，对当代中国社会阶层进行了分析，划分出"十大阶层"，分别是：国家与社会管理者阶层，经理人员阶层，私营企业主阶层，专业技术人员阶层，办事人员阶层，个体工商户阶层，商业服务人员阶层，产业服务人员阶层，农业劳动者阶层，城市无业、失业和半失业人员阶层。

3. 家庭

家庭是社会上最重要的消费者购买组织。家庭成员之间的频繁互动使其对个体行为的影响广泛而深远。影响方式不仅是直接的，而且是潜意识的。个体的价值观、信念、态度和言谈举止无不打上家庭的烙印。不仅如此，家庭还是一个购买决策单位，家庭购买决策既制约和影响家庭成员的购买行为，反过来家庭成员又对家庭购买决策施加影响。

营销人员应仔细研究夫妻及子女在各种商品和服务的采购中所起的不同作用和相互之间的影响。一般典型的家庭购买类型如下。

（1）丈夫支配型，如购买人身保险、汽车、电视机等。

（2）妻子支配型，如购买洗衣机、地毯、家具、厨房用品等。

（3）共同支配型，如购买度假、住宅、户外娱乐等。

4. 角色与地位

个体的角色身份随着所处环境的不同而改变，在不同的环境中扮演着不同的社会角色，塑造不同的自我，具有不同的行为，但是在特定的时间内特定的角色身份将占主导地位。一个人的角色和地位变化了，其消费的商品自然相应地随之变化，这是营销人员应考虑到的。

4.3.3　个人因素

购买者决策也受其个人特征的影响，特别是年龄和家庭生命周期阶段、职业、经济因素、生活方式、个性和自我概念的影响。

1. 年龄和家庭生命周期阶段

家庭生命周期指一个以家长为代表的家庭生活的全过程，按年龄、婚姻、子女等状况，家庭生命周期可分为七个阶段，如表 4-2 所示。

2. 职业

一个人的职业会影响到他的消费模式。比如，蓝领工人的食物支出占收入比重较大，而经理、医生、律师等专业人员则将收入的较大部分用于在外用餐、购置衣服和接受各种服务。

3. 经济因素

一个人的经济因素会严重影响其选择产品的行为。人们的经济因素包括：可花费的收入（收入水平、稳定性和花费的时间）、储蓄和资产（包括流动资产比例）、债务、借款能力、花费与储蓄的态度等。对于一个比较理性的消费者来说，经济因素对其购买行为影响更大。他们不但会考虑自己的购买力，而且会分析产品功能和价格是否统一，即所谓的性价比。

对营销某些敏感型产品的人员来说，应该注意目标顾客收入的变化和国家宏观经济指标的发展趋势。如果出现经济衰退，营销人员就可以采取步骤，对产品重新设计，重新定位和定价，以便继续吸引目标顾客。

表 4-2 家庭生命周期阶段

序号	家庭生命周期阶段	特征	购买和行为模式
1	单身阶段	年轻的单身者	没有经济负担；时尚和娱乐导向
2	新婚期	年轻、无子女	购买频率高，对耐用品购买力强。购买的产品包括汽车、家庭用具、耐用家具等，喜欢度假
3	满巢期一	年轻夫妻、有六岁以下的子女	家庭用品采购的高峰期，流动资产少，不满足于现有经济状况，储蓄部分钱，喜欢购买新产品和广告产品
4	满巢期二	年轻夫妻、有六岁和六岁以上的子女	经济状况较好，对广告不敏感。喜欢购买大包装商品和多种商品集中购买，如学习用品、各式食品等
5	满巢期三	年纪较大的夫妻，有能自理的子女	经济状况较好，子女已有工作，对广告不敏感，耐用品购买力强，如新颖别致的家具、旅游等
6	空巢期	身边没有孩子的老年夫妻	完全拥有自己的住宅，经济状况较好，愿意施舍和捐赠，对新产品无兴趣。趋向于购买保健、旅游等产品
7	孤独期	单身老人独居	已经退休，需要与其他退休群体相仿的医疗用品，收入锐减，特别需要得到关注、情感和安全

4. 生活方式

来自相同的亚文化群体和社会阶层，甚至来自相同职业的人们，也可能具有不同的生活方式。生活方式是指一个人在世界上用自己的活动、兴趣和看法表现出来的生活模式。营销人员要研究自己的产品和品牌与具有不同生活方式的各群体之间的相互关系。

5. 个性和自我概念

每个人都有影响其购买行为的独特个性。所谓个性是指个体在一定社会环境和教育水平的影响下形成的比较固定的特性，一般包括气质、性格和兴趣等。一个人的个性通常可用自信、控制欲、自主、顺从、交际、保守和适应等性格特征来加以描绘。

调查发现，某些个性类型与产品或品牌选择之间关系密切。例如，许多计算机制造商发现许多目标顾客具有成就型导向。对于这类顾客，营销人员应该为他们设计代表成功生活方式的更为鲜明的品牌。

自我是个体对自身一切的看法、认识和感受的总和。每个人都会逐步形成关于自身的看法，如是丑是美、是胖是瘦、是能力一般还是能力出众等。自我概念回答的是"我是谁"和"我是什么样的人"这类问题，它是个体自身体验和外部环境综合性作用的结果。一般认为，消费者将选择那些与自我概念相一致的产品与服务，避免选择与自我概念相抵触的产品和服务。正是在这个意义上，研究消费者的自我概念对企业营销特别重要。

消费者是多种类型的"自我"概念的集合体。例如，实际的自我概念，指消费者实际上如何看待自己；理想的自我概念，指消费者希望如何看待自己；社会的自我概念，指消费者感受别人如何看待自己。

4.3.4 心理因素

一个人的购买选择受四种主要心理因素的影响，即动机、知觉、学习、信念和态度。

1. 动机

动机是一种升华到足够强度来驱动人们采取行动的需要。动机本质上是一种需要，它能够及时引导人们去探索满足需要的目标，一旦需要被满足，原有的动机消失，会产生新的动机。最流行的动机理论有以下三种。

（1）**弗洛伊德的动机理论**。弗洛伊德假定：形成人们行为的真正心理因素大多是无意识的。因此，根据弗洛伊德理论，一个人不可能完全清楚他们自己的（行动）动机。

营销者不仅要注意发现消费者表明的需要，还必须注意探寻消费者没有表明的潜在需要，了解消费者的其他动机。

小案例 4-2　速溶咖啡购买动机研究

20世纪四五十年代，速溶咖啡在占领市场时走过一段坎坷的道路，美国加利福尼亚大学心理学家海尔对这一问题进行了研究。研究得出了这样的结论：美国妇女不购买速溶咖啡的动机是她们认为做家务是主妇的天职，想逃避家务是应该受到谴责的，而速溶咖啡宣传强调的是省时省事，让人觉得它给懒人提供了帮助，所以一般的家庭主妇不愿也不敢去购买速溶咖啡。通过这种动机研究，营销人员了解到速溶咖啡受阻的原因。

（2）**马斯洛的需求层次论**。马斯洛把人类的需求按层次由低到高排列为：生理需求、安全需求、社会需求、尊重需求和自我实现需求。这种排列顺序，实际上也是满足需求的先后顺序，即只有先满足了低层次的需求之后，才产生满足高层次需求的动机。因此，营销人员应研究不同群体的需求层次，了解其当前的需求层次和需要购买的商品种类及其发展趋势。

（3）**赫茨伯格的动机理论**。赫茨伯格提出了动机"双因素理论"，这个理论区别了两种不同因素，即不满意因素（引起不满意的因素）和满意因素（引起满意的因素）。例如，假如一个租车者发现所租的车未附有保险单，也许就是一个不满意因素。然而，即使有了保险单，也还不能断定它就是满意因素或激励因素。因为保险单并非真正满意的本质因素，而租车便利和高灵活性也许是满意因素,这能增加租车者对它的兴趣。

2. 知觉

知觉是个人选择、组织并解释信息投入,以便创造一个有意义的个人世界图像的过程。知觉不但取决于物质的特征,而且还依赖于刺激物同周围环境的关系以及个人的状况。

为何人们对同样的情况会产生不同的知觉呢?事实上,我们通过五种感官:视觉、听觉、嗅觉、触觉和味觉,来感知刺激事物,但每个人感知、组织和解释这种信息的方法各不相同。人们之所以会对同一刺激物产生不同的知觉,这是因为人们经历的知觉过程大致包括三种:选择性注意、选择性扭曲和选择性保留。

(1)**选择性注意**。选择性注意指的是人们在日常生活中面对众多刺激物而倾向于对其中一种或几种刺激物的注意。一个人不可能对面前出现的所有刺激物都加以注意,其中多半被筛选掉,心理实验表明,与当时需要有关、与众不同或反复出现等类型的外界刺激物,更容易引起人们注意。

选择性注意意味着营销人员应当竭尽全力吸引消费者对其产品的注意力。然而,对于与其产品市场无关的多数消费者来说,他们的营销信息就会被忽视。即使是目标市场上的消费者,也可能忽视其信息,除非它的信息在众多的刺激物中相当突出。那些规模较大的、在大多数广告使用黑白两色的场合使用彩色的广告,或者使人们能产生新奇感,或者能进行对照比较,这样更能引起人们的注意。

(2)**选择性扭曲**。选择性扭曲又称选择性曲解,指的是人们根据自己的经验或成见对信息加以扭曲性理解,使之合乎自己意思的注意倾向。现实中这种现象到处可见:人们倾向于用自己的观点解释信息,而此时却很少向偏见挑战。古人所言"爱屋及乌"即属于这种心理。某一品牌的商品如果在消费者心目中已经有了良好的信誉,一般不会轻易失去好感,即使其质量比不上另一同类新产品,人们也觉得前者可靠而不轻易认可后者。如果一个人偏好丰田而非日产,他就有可能忽视其听到的关于丰田的缺点,找其他原因购买丰田汽车。鉴于选择性扭曲在消费者购买心理中普遍存在,企业及其营销人员应当注重培育品牌的信誉。

(3)**选择性保留**。选择性保留又叫选择性记忆,指的是人们记牢符合自己信念的东西的心理。人们会忘记他们所知道的许多信息,但他们倾向于保留那些能够支持其态度和信念的信息。选择性保留这种心理导致消费者购买行为的偏好,一个人很可能记住他喜欢的品牌的优点,而忘记竞争对手同类产品的优点。

> **小案例 4-3　冰淇淋试验**
>
> 心理学的教授曾做过一个冰淇淋试验：把 7 盎司⊖的冰淇淋 A 装在 5 盎司的杯子里，看上去都溢出来了；把 8 盎司的冰淇淋 B 装在 10 盎司的杯子里，看上去还没有装满。你愿意为哪一份冰淇淋付出更多的钱呢？实验表明，平均来讲，人们愿意花更多的钱来购买冰淇淋 A，而不是冰淇淋 B。

3. 学习

学习是指通过形成经验引起个人行为改变的过程。人们要行动就得学习，人类的行为大多来源于学习。一个人的学习是通过驱动力、刺激物、诱因、响应和强化的相互作用而产生的。根据学习理论的启示，营销人员可以将产品的相关信息融入消费者每天的学习内容之中，主要可利用三种手段使之建立对本企业产品的需求：一是把产品与强烈的驱动力联系起来；二是采用刺激性诱因；三是通过重复等手段对产品信息加以强化，等等。

4. 信念和态度

通过实践和学习，人们获得了自己的信念和态度，它们又转过来影响人们的购买行为。

信念是指一个人对某些事物所持有的描绘性思想。一个人可能认为苹果是可信赖的品牌，而另一个人认为华为更好。公司非常关注人们在头脑中对其产品和服务所持有的信念，这些信念树立起产品和品牌的形象。人们根据自己的信念做出行动，如果一些信念是错误的，并阻碍了购买行为，制造商就要发起一场促销活动去纠正这些错误信念。

态度是指一个人对某些事物或观念长期持有的好与坏的认识上的评价、情感上的感受和行动倾向。人们几乎对所有事物都持有态度，例如，宗教、政治、衣着、音乐、食物等。态度促使人们对某一事物产生好感或恶感、亲近或疏远的心情。

态度能使人们对相似的事物产生相当一致的行为。人们没有必要对每一事物都以新的方式做出解释和反应，态度可以节省精力和脑力，正因为如此，态度是难以变更的。一个人的态度呈现为稳定一致的模式，要改变一种态度就需要在其他态度方面做重大调整。所以，企业最好使其产品与既有态度相一致，而不要去试图改变态度。当然，如果改变一种态度所消耗的昂贵费用能得到补偿，则另当别论。

⊖　1 盎司 =28.350 克。

小案例 4-4　本田改变美国人对摩托车的态度

本田摩托车进入美国市场时，曾面临一项重大的决策：是只把本田摩托车销售给已对摩托车感兴趣的少数人，还是想方设法增加对摩托车感兴趣的人数。后者的成本很高，因为很多人对摩托车没有好印象。他们认为摩托车是同黑色皮夹克、弹簧刀和犯罪联系在一起的。然而，本田公司采取了第二种方案，发起了一场大规模的"骑上本田迎亲人"的宣传活动。结果很成功，许多人改变了对摩托车的态度。

【训练与练习】

以某手机为例，分析其目标群体在心理、文化、社会背景以及个人因素等方面的情况。

4.4　组织市场购买及行为分析

组织市场是指以某种组织为购买单位的购买者所构成的市场，其购买目的是生产销售和维持组织运作或履行组织职能。企业的市场营销对象不仅包括广大消费者，还包括生产企业、商业企业、政府机构等各类组织机构，这些机构组成了一个关于原材料、零部件、机器设备、供给品和企业服务的庞大市场。

4.4.1　组织市场分析

1. 组织市场的类型

组织市场包括生产者市场、中间商市场和政府市场，以及非营利组织市场。

（1）生产者市场是指由生产商，即生产产品和提供服务以供销售、租赁的组织（企业）所组成的市场。组成生产者市场的企业主要存在于工业、农业、林业、渔业、采矿业、建筑业、运输业、通信业、公共事业、金融业、保险业和服务业等领域。

（2）中间商市场也称转卖者市场，它由以营利为目的、从事转卖或租赁业务的所有个体和组织构成，包括批发商和零售商，其实质是顾客的采购代理。在比较发达的商品经济条件下，市场上大多数商品都是由中间商经营的，只有少数商品是生产者直接销售的。

（3）政府市场是指政府为了执行政府职能、提供公共服务而购买公用消费品的市场。政府是特殊的非营利组织。政府通过税收、财政预算掌握了相当部分的国民收入，形成了潜力极大的政府采购市场。

（4）非营利组织市场泛指具有稳定的组织形式和固定的成员，不属于政府机构和私人企业而独立运作，发挥特定社会功能，不以获取利润为目的，而以推进社会公益为宗旨的事业单位与民间团体。非营利组织市场是指为了维持正常运作和履行组织职能而购买产品和服务的各类非营利组织所构成的市场。

2. 组织市场的特点

组织市场同消费者市场有着根本区别。就买主而言，消费者市场是个人市场，组织市场则是法人市场。与消费者市场及其购买行为相比，组织市场及其购买行为具有以下几个特点。

（1）购买者少。组织市场营销人员比消费品营销人员接触的顾客要少得多。如发电设备生产者的顾客是各地极其有限的几家发电厂，大型采煤设备生产者的顾客是为数不多的几家大型煤矿，某轮胎厂的生存命运可能取决于能否得到某几家汽车制造厂的订单。

（2）购买数量大。组织市场的顾客每次购买的数量都比较大。因为如果是生产企业购买，只有购买了一定数量的生产必需品，才能使其生产正常运转并取得尽可能高的利润；同时，购买的生产必需品数量，与其生产的产品和市场可以占有的份额也是成正比的，市场判断失误情况下的盲目生产除外。一般说来，生产必需品的购买量越大，其生产的产品就越多，在其营销得力的情况下，占有的市场份额就越多。

（3）派生需求。派生需求也称为引申需求或衍生需求。组织需求是一种派生需求，即组织机构购买产品是为了满足其顾客的需要，也就是说，组织机构对产品的需求，归根结底是从消费者对消费品的需求中派生出来的，组织机构对产品的需求往往随着消费品需求的变化而变化。

（4）需求弹性小。组织市场对产品和服务的需求总量受价格变动的影响小。一般规律是：在需求链条上距离消费者越远的产品，价格的波动越大，需求弹性却越小。

（5）需求波动大。组织市场需求的波动幅度大于消费者市场需求的波动幅度。当消费者的需求小幅增加时，为了能够生产出满足这一追加需求的产品，工厂的设备和原材料会以更大的百分比增长，这将导致工业产品的需求会大幅度增加。一些新企业和新设备尤其如此。

小知识

经济学家把工业需求在消费需求小幅变动时大幅变动的现象称为加速原理（acceleration effect）。有时候，消费品需求仅上升10%，在一段时间内工业需求就会上升200%多；消费品需求下跌10%，就可能导致工业需求全面暴跌。

（6）多人决策。与消费者市场相比，影响组织市场购买决策的人员很多。大多数企业有专门的采购组织，然而即使是采购经理也很少独立地做出采购决策而不受他人影响，采购决策往往出自那些技术专家和高级管理人员共同组成的"采购中心"。因此，供应商应当派出训练有素的、有专业知识和人际交往能力的销售代表与买方的采购人员和采购决策参与人员打交道。

（7）专业人员采购。组织市场的采购人员大都经过专业训练，具有丰富的专业知识，他们清楚地了解产品的性能、质量、规格和有关技术要求。供应商应当向他们提供详细的技术资料和特殊的服务，要从技术的角度说明本企业产品和服务的优点。

（8）直接购买。组织市场购买者往往向生产者直接采购所需产品，特别是那些单价高、技术含量高的机器设备，而不通过中间商采购。

（9）购买过程复杂。由于组织市场购买金额较大，购买过程的参与者较多，而且所购产品的技术性能也较为复杂，所以，组织购买行为过程一般要持续较长一段时间，有些购买行为可能耗时数月甚至数年。这就使企业很难判断自己的营销努力将会给购买者带来怎样的反应。

4.4.2 组织市场购买决策过程

组织市场购买决策与消费者市场购买过程虽然相似，但也有许多不同之处。组织市场购买决策过程大致可分为以下八个阶段。

1. 提出需要

提出需要即向组织购买的决策部门提出需要购买的商品，它是组织市场购买决策的起点。当企业的某些人员认识到需要购买某种产品以满足企业的某种需要并正式提出来的时候，购买过程即从"提出需要"而启动决策程序开始。需求因刺激而产生，刺激有两种：一种是组织内部的刺激，包括机关单位需要维持工作运转而添购设备和办公用品等，或企业决定生产新产品而引起的原材料的采购和设备的维修更新等；另一种是来自企业外部的刺激，如商品广告，或采购人员发现市场推出技术含量高、质量更好、价格更低的产品等。

2. 确定需要

确定需要即确定所需购买的商品项目及其规格和数量等。这是组织购买的第二个决策程序，其决策包括两方面：一是组织是否确实需要购买的论证；二是对需购产品的技术指标和价值等做具体的分析和是否购买的论证。一般常规性采购由采购人员直接决定，而复杂项目的采购应由组织内部的使用者和工程技术人员以及相关负责人共同决定。

3. 说明需要

说明需要是指对拟购产品所做的价值分析和有关技术指标所做的详细说明。1947 年美国通用电气公司采购经理迈尔斯发明的价值分析法，是一种旨在保证不降低产品功能的前提下降低成本的分析方法，其计算公式是

$$V=F/C$$

式中，V 是价值，即经营效益；F 是功能，即使用价值；C 是成本或费用，包括耗费的资源。

价值分析可为购买方决策是否购买该产品提供充分的依据，同时出售方也可做这种价值分析以说服购买方购买自己的产品。采购部门在做了价值分析之后，还要写出技术指标说明，作为采购人员取舍的标准。

4. 物色供应商

物色供应商指的是通过相应途径了解有关供应商，并从中初选较为理想的供应商作为被选对象的一个决策环节。购买组织可以通过工商名录、客户网络、互联网和广告等各种途径，广为搜寻供应商，然后根据有关资料初定一些声誉好、服务周到、产品质量高的供应商为备选对象。

5. 征求供应信息

征求供应信息又叫征求建议，是指购买组织邀请备选的各供应商提供拟购商品信息的一个决策环节。所谓需要供应商提供的商品信息，主要指产品说明书、价格表等，如果购买的产品不需要较大的信息量，"物色供应商"和"征求供应信息"两个环节可合二为一。当所购买的产品较复杂时，就应当有详细的资料才能做出科学的购买决策。

6. 选择供应商

选择供应商指的是购买商品的组织确定供应商的决策环节。购买组织在收到多个备选的供应商提供的有关资料后，将比较理想的供应商确定下来。

7. 发出正式订单

购买组织选定供应商后，就会向该供应商发出订货单。订货单主要包括订购产品的规格、数量、交货日期、退货、保修、运输及保证等方面的内容。

8. 履约评估

履约评估指的是产品购进后，采购部门向使用部门了解产品的使用情况并据此考察供应商对合同的履行情况。履约评估主要是作为以后是否继续向该供应商购买产品的依据。

4.4.3 组织市场的购买行为分析

1. 组织市场的购买行为的基本类型

按照购买行为的方式和性质，组织市场的购买行为可分为以下三类。

（1）新购。新购指的是第一次购买某种产品。一般来说，买方对新购的产品心中没底，或了解不多、把握不大，一般要经过如上决策程序中的前七个阶段才进行购买。这对供应商来说却是竞争的好机会，其营销部门除了广为发布商品供应信息，还可有针对性地派出营销人员携带样品上门推销。

（2）直接重购。直接重购是指组织的采购部门向曾采购过的供货商按以前的成交条件对同类产品再次采购。这是重复性的采购活动，购买方不必经过新的购买决策过程，只需按一定的程序办理重购即可，或建立自动订购系统。这种购买方式对于供货方来说，有利的是不容易失去老客户，不利之处是推出新产品和获得新客户比较困难，对此应当设法取得一部分订货，以逐步争取得到更多的订货。

（3）修正重购。修正重购是指组织的采购部门对曾采购过的同类产品的产品规格、价格和交货条款中的某些方面进行修改后再次采购。这种购买对于买方来说，需要在一定程度上进入决策过程。这种购买方式对于原供货商来说存在失去老客户的危险，它需要千方百计地保住其既得的市场，但同时却给别的供货商带来竞争的机会，对此，新老供货商都面临着挑战。

2. 影响组织市场购买行为的主要因素

影响组织市场购买行为的因素是多方面的，可将其主要因素归为以下四类。

（1）环境因素。影响组织市场购买行为的环境因素指的是购买组织外部的社会、经济、政治、法制、金融、科技水平等状况。比如，一个地区的社会治安最近开始变得越来越混乱，那么，产业购买者可能就不会在该地区大量投资或迁移到别的地区；有消息报道政府兴建的豪华型楼堂馆所将受到清查，那么，该方面的政府采购必然停止在即。因此，营销人员应当密切注视有利和不利于组织购买环境因素的变化。

（2）组织因素。影响组织市场购买行为的组织因素指的是购买组织本身的因素，如企业或政府机关、事业单位的机构设置及其职能和权力、工作程序、管理体制、采购政策等。

（3）人际因素。影响组织市场购买行为的人际因素指的是购买组织内部的人际关系的因素。购买组织中的采购部门参与购买决策，该采购部门通常由以下五类人员组成。

一是决策者。在一般的日常采购中，决策者也是采购者，而在复杂的采购中，决策者虽然有权决定采购项目和供应商，但其他四类人员也有发言权，决策者须以理服人说服其他四类人员。

二是采购者。采购者是具体执行购买任务的人，一般负责选择供应商并与之谈判。

三是使用者。使用者是具体使用拟购产品的人员，他们在规格和型号等的决定上一般起直接作用。

四是影响者。影响者是来自购买组织内部或外部直接或间接影响采购决策的人。

五是控制者。控制者是可以控制外界与采购有关的信息传入购买组织中去的人，如电话员、接待人员、采购代理人等。

小知识

控制者，由于身份比较特殊，以至于营销人员经常会忽略他们的存在，使得原本准备得很充分的工作无法正常运作下去。为了更好地开展工作，营销人员应该掌握一些与他们进行接触的方法，以便后续工作顺利完成。

首先，不能忽视他们的地位，应对其给予应有的关注。其次，要注意不急不躁，要对自己有信心，有礼貌。

以上五类人员在不同程度和角度都可能对购买决策产生某种影响。营销部门只有掌握这方面的有关情况，才能制定有效的营销对策。

为实现成功销售，企业营销人员必须分析以下问题：谁是购买决策的主要参与者？他们影响哪些决策？他们的影响程度如何？他们使用的评价标准是什么？

（4）个人因素。影响组织市场购买行为的个人因素主要指决策参与人的年龄、职位、性格和受教育程度等。尽管组织购买是"组织行为"，但购买行动是具体的人实施的，因而这些个人因素会影响参与者对拟购产品和供应商的看法，继而影响购买决策和购买行动。

【训练与练习】

以学校为例，分析其购买桌椅时购买行为的特点及其受哪些因素影响。

学习指导

学生能够应用课堂资源和网络资源进行学习。在教师指导下，选择某一消费市场运用学习的消费者的需求特点、消费者购买动机、消费者购买行为模式等内容，分析消费者购买的一般过程，并能够分析影响消费者购买行为的具体因素，能够撰写针对某一消费品的需求分析报告。

习题与练习

一、名词解释

消费者市场　组织市场　消费者需求　购买动机　知觉　复杂的购买行为　相关群体

二、单项选择题

1. 消费者市场的特点是（　）。
   A. 市场比较集中　　　　　　　B. 购买人数多而分散
   C. 多属专家购买　　　　　　　D. 缺乏弹性
2. 需求层次理论中，人的最高层次需求是（　）。
   A. 安全需求　　　B. 生理需求　　　C. 社会需求　　　D. 自我实现需求
3. 在中国市场上，下列商品中需求弹性最大的是（　）。
   A. 食盐　　　　　B. 香烟　　　　　C. 电脑　　　　　D. 面包
4. 小王要购买一台电脑，在此之前他对此类商品并不了解，他的这次购买行为属于（　）。
   A. 复杂型　　　　B. 和谐型　　　　C. 习惯型　　　　D. 多变型
5. 与消费者市场相比，组织市场具有的特点是（　）。
   A. 需求弹性大　　B. 购买量大　　　C. 购买者人数多　D. 非专业性购买

三、多项选择题

1. 每一种文化都包含着能为其成员提供更为具体的认同感和社会化较小的亚文化群体，如（　）。
   A. 宗教群体　　　B. 种族群体　　　C. 民族群体
   D. 文艺群体　　　E. 地理区域群体
2. 购买组织的采购部门通常包括以下几种成员（　）。
   A. 使用者　　　　B. 影响者　　　　C. 采购者
   D. 决策者　　　　E. 控制者

四、简答题

1. 消费者市场有何特点？
2. 消费者购买决策要经过哪些过程？
3. 消费者购买行为有哪些类型？
4. 影响消费者购买行为的基本因素是什么？

5. 组织市场分为哪几类？它有什么特点？

6. 组织市场购买决策一般要经过哪些过程？

五、案例分析

被炒至爆红的星巴克猫爪杯，为何会造成疯抢

2019年2月26日，星巴克线下实体店大规模售卖星巴克猫爪杯，因杯子的造型独特，且数量有限，不少人为了购买这款杯子不惜通宵排队。这款199元的杯子被国人疯抢，其价格一度被炒到1 000多元。

百度指数显示，"星巴克猫爪杯"2019年2月26日的搜索指数为15 617次，"星巴克猫爪杯"关键词的搜索指数甚至超过了星巴克自身的品牌词"星巴克"，由此而带来的连锁反应是，2月26日，"星巴克"关键词的百度搜索指数也出现暴增。

新浪微博上，"猫爪杯"话题的阅读量为3 017.4万，讨论量为5.6万条，"星巴克猫爪杯"话题的阅读量为5 848.4万，讨论量为4.2万条。

抖音上，"猫爪杯"话题播放189.9万次，"星巴克超萌猫爪杯"话题播放260.1万次。

小红书上，"猫爪杯"笔记有1 884篇，"星巴克猫爪杯"日记则有1 533篇。

从上述数据来看，星巴克猫爪杯是真的很火，不然也不会在各个平台上都有如此良好的数据表现，其中很多都是在"无酬的动机"驱动下产生的内容。

从产品层面看，星巴克猫爪杯火起来的原因如下。

（1）有网友发现，将各种饮料，如牛奶、茶、可乐等，倒入星巴克猫爪杯后，饮料颜色都能够呈现粉色，因为这款杯子采用的是双层玻璃，外壳以及内壁都是粉色，所以，饮料倒入杯中后都会跟玻璃本身的颜色——粉色一致。对于用户来说，这个玩法非常有趣，所以，有网友将视频上传到抖音、小红书等平台上，很容易就引发了其他用户的共鸣——这款杯子很神奇也很有趣。

（2）杯子的形态很特别。以往杯子的创新更多是在外观上，比如要么在杯子外壁上印上各种logo图案，要么外观形态看起来很不同。星巴克这次新出的樱花季杯子有不少也是在外观上创新，而这款猫爪杯的特别之处在于，它的内壁很奇特，是一只猫爪的形状，加上材质是透明的玻璃，所以，用户能够从外面直接看到内壁的形态。

（3）猫所带来的亲切感。近几年来，很多网红咖啡厅都以猫为主题，比如几乎各个热门城市都会有的"猫的天空之城"书店，除了书店主题，咖啡厅里的猫也是其爆红的原因之一。

2019年2月27日下午4点，星巴克中国发布微博称，猫爪杯将于2019年2月28日至3月3日，在星巴克官方线上零售平台开售，开售时间为每天下午3点，

每天限量1 000个，每个ID限量购买1个，预计发货时间为2019年4月8日。

【分析讨论】

1. 从消费心理出发分析猫爪杯火爆的原因。
2. 请结合本案例分析星巴克后期怎样维持猫爪杯的热度。

六、营销链接

中国奢侈品市场发展
四大引擎

实训应用

手机消费者购买行为调查

（一）实训项目

以某一品牌手机为对象，在某一区域深入了解消费者对该品牌的喜欢程度及忠诚倾向。

（二）实训目的

通过实训要求学生：

1. 了解消费者购买行为调查的主要内容和主要方法。
2. 掌握消费者购买行为调查问卷设计的方法。
3. 熟悉与消费者进行有效沟通的方法与技巧。

（三）实训指导

由实训负责教师事先制定实训指导书，成立实训指导小组，明确实训指导教师的职责与实训指导要求。

（四）实训组织

本实训在指导教师的带领下，首先将全体同学分成若干小组，每组5或6名同学，并指定一名同学为组长。实训分三个阶段进行。

1. 第一阶段：实训动员

实训负责教师介绍本次实训的目的、实训人物、实训方式、实训进程安排、实训分组情况、实训成果的提交和实训成绩的评定以及实训工程中的注意事项等内容。

在实训指导教师的指导下，学生根据提出的调查目的和调查内容，设计调查计划。

2. 第二阶段：实训执行

（1）按事先分好的小组，每组根据调查计划设计一份调查问卷，在各组交流的基础上和教师的指导下，最后得出一份统一使用的问卷。

（2）确定每个组的督导、调研人员、复核人员，明确每人的分工与职责。

（3）在统一规定的时间内，在预定现场实施调查活动。

（4）对收回的问卷进行复核、编校、编码和录入，在指导教师的指导下进行统计分析。

（5）根据统计结果撰写调查报告。

3. 第三阶段：交流总结

（1）各小组相互交流实训心得。

（2）学生填写本次实训报告总结。

（3）实训指导教师进行总结，并对本次实训成绩做出评定。

（五）实训考核

实训成绩考核主要从实训工作表现和实训成果两个方面进行。其中，工作表现的分值占总成绩的40%，实训成果占60%。工作表现的具体内容包括工作的纪律性、主动性、责任感和创造性，实训成果从实训计划的制订情况和实训报告的撰写情况来考核。

部分习题参考答案

一、单项选择题

1. B 2. D 3. C 4. A 5. B

二、多项选择题

1. ABCE 2. ABCDE

学习情境2

任务5　分析竞争者，制定市场竞争策略

学习目标

知识的掌握

1. 了解从行业角度和市场角度识别竞争者。
2. 掌握如何分析市场竞争者。
3. 掌握市场竞争的三大基本策略。
4. 熟悉市场竞争地位不同的企业应采用的竞争策略。

技能的提高

1. 提高分析竞争者的能力。
2. 市场竞争策略的应用。

任务导入

请你找到一家企业，按照识别分析竞争者的一般步骤分析其竞争对手。

案例引导

我们应该向宝洁学些什么

宝洁公司生产了11种品牌的洗衣清洁剂。该公司还推出了8种品牌的香皂；6种洗发香波；4种液体碗碟清洁剂；4种牙膏；3种地板清洁剂；3种卫生纸；2种除臭剂、2种织物柔软剂和2种一次性尿片。而且，许多品牌都有不同的型号和配方。这些宝洁品牌在同一超市的货架上相互竞争。

那宝洁公司为什么要在一类产品中推出好几种品牌，而不是集中精力推出一种领导品牌呢？因为人们希望从购买的产品中获得不同的利益组合。以洗衣粉为例，人们使用洗衣粉为了使衣物干净，但是他们还希望从洗衣粉中得到别的效果，如经济实用、漂白、织物柔软、新鲜的气味、泡沫多等。

宝洁公司至少有11个重要的洗衣粉细分市场，以及无数的亚细分市场，并且已开发了满足每个细分市场特殊需要的不同品牌。11种宝洁品牌针对不同的细分市场分别进行市场定位。

通过细分市场和采用多种洗衣粉品牌，宝洁公司吸引了几乎所有偏好群体中的消费者。其品牌总和在32亿美元的美国洗衣粉市场中取得了53%的市场份额，大大超过了仅凭一种品牌所能得到的市场份额。

资料来源：https://eduai.baidu.com/view/3cce0ab1910ef12d2af9e799。

【问题引入】
1. 为什么宝洁要做出这种多元的竞争策略？
2. 宝洁是怎样对洗衣粉市场竞争进行分析的？这对它选择竞争策略有什么作用？

5.1 识别和分析市场竞争者

企业制定市场竞争策略时必须先识别和分析竞争者。在市场营销实践中，市场竞争策略往往是针对竞争对手做出的反应，因此，企业必须了解自己的竞争对手是谁，它们的目标是什么，有什么优势和劣势，其采取和可能采取的竞争策略是什么等。在此基础上，企业才能采取相应的对策，做出适当的反应。识别和分析市场竞争者一般包括以下五个步骤，如图5-1所示。

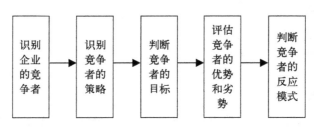

图 5-1　竞争者分析

5.1.1　识别企业的竞争者

企业通常把那些提供与本企业相似的产品，并以相似的价格向相似目标市场出售的企业看作自己的竞争对手。例如，可口可乐公司把百事可乐公司作为主要竞争对手。但在市场营销学中，竞争者的范围绝不限于此，应以更开阔的视野，在更广泛的层面上认识企业面临的现实和潜在的竞争者。因此，识别企业的竞争者应从行业结构和市场两个角度去分析。

1. 从行业结构角度识别竞争者

行业是一组提供一种或一类密切替代产品的相互竞争的公司群。行业结构是识别竞争者的主要手段，也是一种有效手段。决定行业结构的主要因素有：

销售商数量及产品差异程度、进入壁垒、退出与收缩障碍、成本结构、纵向一体化和全球经营。

（1）由销售商数量及产品差异程度这两个因素产生了五种行业结构类型，如表 5-1 所示。

表 5-1 行业结构的五种类型

	一个销售商	少数销售商	许多销售商
无差别产品	完全垄断	完全寡头垄断	完全竞争
有差别产品		不完全寡头垄断	垄断竞争

1）完全垄断。完全垄断指在一定地理范围内某一行业只有一家公司供应产品或服务。完全垄断可能由法律规章、专利权、许可证、规模经济等因素造成。完全垄断可分为"政府垄断"和"私人垄断"两种。在私人垄断条件下，由于缺乏替代产品，追求利润最大化的完全垄断者会抬高商品价格，并提供最低限度的服务。

2）完全寡头垄断。完全寡头垄断是寡头垄断的一种类型，也称为无差别寡头垄断，指某一行业内少数几家大公司提供的产品或服务占据大部分市场并且顾客认为各公司的产品没有差别，对不同品牌无特殊偏好，如钢铁、铝、轮胎、石油等行业。在完全寡头垄断条件下，寡头垄断企业变动商品价格，会引起竞争者的强烈反应。寡头企业之间的相互牵制导致每个企业只能按照行业的现行价格水平定价，不能随意变动，竞争的主要手段是改进管理、降低成本、增加服务。如果完全寡头垄断企业能够通过扩大规模来降低成本，就可以获得价格竞争优势，有时会发动价格战来扩大市场份额。

3）不完全寡头垄断。不完全寡头垄断也称为差别寡头垄断，指某一行业内少数几家大公司提供的产品或服务占据绝大部分市场且顾客认为各公司的产品在质量、性能、款式或服务等方面存在差异，对某些品牌有特殊偏好，其他品牌不能替代，如汽车、飞机、电脑等行业。顾客愿意以高于同类产品的价格购买自己所喜爱的品牌，不完全寡头企业对自己经营的受顾客喜爱的名牌产品具有垄断性，可以制定较高价格以增加盈利。竞争的焦点不是价格，而是寻求产品特色的领先。

4）垄断竞争。垄断竞争指某一行业内有许多卖主且相互之间的产品在质量、性能、款式和服务方面有差别，顾客对某些品牌有特殊偏好，不同的卖主以产品的差异性吸引顾客，开展竞争。企业竞争的焦点是扩大本企业品牌与竞争品牌的差异，突出特色，更好地满足目标市场的需求。

5）完全竞争。完全竞争指某一行业内有许多卖主且相互之间的产品没有差别。完全竞争大多存在于均质产品市场，如食盐、农产品、水泥等行业。买卖双方都只能按照供求关系确定的现行市场价格来买卖商品，都是"价格的接受者"而不是"价格的决定者"。企业竞争策略的焦点是降低成本，增加服务并争取通过产品开发来扩大与竞争品牌的差别，或通过广告塑造产品形象，造成顾客的心理差别。

> **小思考** **通信行业结构演变**
>
> 中国的通信行业发展已有数十载，其快速的增长为我国 GDP 做出了巨大的贡献。如今通信业的垄断随着市场的开放得到了一定的改变，但是我国的通信运营商一直在有利政策的襁褓下成长，其行业结构从过去完全垄断到如今的不完全寡头垄断，未来又将走向何方？

（2）进入壁垒。一般而言，如果某个行业具有较大的利润吸引力，其他企业会设法进入。进入一个行业的壁垒主要有缺乏足够的资本、未实现规模经济、无专利和许可证、无场地、原料供应不充分、难以找到愿意合作的分销商、产品的市场信誉不易建立等。其中一些壁垒是行业本身固有的，另外一些壁垒是先期进入并已垄断市场的企业单独或联合设置的，目的是维护其市场地位和利益。

（3）退出与收缩障碍。如果某一行业利润水平较低甚至亏损，已进入的企业会主动退出，并将人力、物力和财力转向更有吸引力的行业。但是退出一个行业也会遇到退出障碍，主要有对顾客、债权人或雇员的法律和道义上的义务，政府限制，过分专业化或设备陈旧造成的资产利用价值低，未发现更有利的市场机会，高度的纵向一体化，感情障碍等。由于存在退出与收缩障碍，许多企业在已经无利可图的时候，只要能够收回可变成本和部分收回固定成本，就会在一个行业内维持经营。它们的存在降低了行业的平均利润率，打算在该行业内继续经营的企业出于自身利益的考虑应设法减少它们的退出障碍，如买下退出者的资产、帮助承担顾客义务等。

（4）成本结构。各个行业从事经营所需的成本及成本结构不同。比如，轧钢业所需成本大而化妆品所需成本小，轧钢业所需的制造和原材料成本大而化妆品所需的分销和促销成本大。公司应把注意力放在最大成本上，在不影响业务发展的前提下减少这些成本。轧钢厂主要成本用于建立最现代化的工厂比用于广告宣传更有利，化妆品制造商将主要成本用于建立广泛的分销渠道和广告宣传可能比投入生产更有利。

（5）纵向一体化。在许多行业中，实行前向或后向一体化有利于取得竞争优势，如石油勘探、石油钻井、石油提炼、石油加工、石油产品的销售可以实行纵向一体化。实现纵向一体化的企业可以降低成本，控制增值流，还能在各个细分市场中控制价格和成本，在税收最低处获取利润，使无法纵向一体化的企业处于劣势。

（6）全球经营。有些行业局限于地方经营，如理发、浴室、影院、歌舞厅等；有些行业则适宜发展全球经营，称为全球性行业，如飞机、电脑、电视机、石油等，在全球性行业从事业务经营，必须开展以全球为基础的竞争，以实现规模经济和赶上最先进的技术。

2. 从市场角度识别竞争者

除了从行业结构角度识别竞争者，还可以从市场角度进行识别竞争者，即把其他竞争者看作力求满足相同顾客需求或服务于同一顾客群的公司。从市场角度看，企业面临以下四种竞争力量。

（1）愿望竞争力量。愿望竞争力量是指提供不同产品以满足不同需求的替代品竞争力量。例如，对于家电经营企业而言，房产、证券、文化娱乐、汽车等不同类型的行业都是愿望竞争者，在一定时期相对稳定的购买力面前，大家都在竭力争取消费者最终的购买投向，这就形成了一种现实的替代品竞争力量的威胁。

（2）平行竞争力量。平行竞争力量是指提供能满足同一种需求的不同产品的替代品竞争力量。例如，自行车、助力车、摩托车、汽车等都可以用作家庭交通工具，这几种产品的经营者之间必然存在竞争关系，它们互相成为各自的平行替代竞争者。

（3）产品形式竞争力量。产品形式竞争力量是指生产同种产品，但规格、型号、款式不同的替代品的竞争力量。

（4）产品品牌竞争力量。产品品牌竞争力量是指产品相同，规格、型号等也相同，但品牌不同的替代品竞争力量。

显然后两种替代品竞争力量来自同行业，竞争同样十分激烈。

小案例 5-1　哈雷戴维森对竞争的感知

哈雷戴维森，作为最后留下来的美国摩托车品牌，被视为自由和冒险的象征，其拥有者是"富有的城市人"。在他们眼中，哈雷不是交通工具而是一种生活方式和社会地位的象征。因此，在美国，哈雷戴维森与其他摩托车生产商仅有非常间接的竞争，与它竞争的是那些"富有的城市人"同样热衷的产品——温室和游泳池。

5.1.2 识别竞争者的策略

各企业采取的竞争策略越相似，它们之间的竞争就越激烈。通常在大多数行业，竞争者可以被分为实行不同策略的群体，每个群体由那些实行相同或相似策略的企业组成。例如，一个群体是以非常完整的产品系列、中等的价格和良好的服务来占领市场，另一个群体则以比较少的产品系列、高质量的产品、优质的服务和高价格来占领市场，等等。

区别这些策略群体有其特殊的价值。例如，当一家企业准备进入其中的一个群体时，这个群体成员就将成为该企业的主要竞争者。通常这些群体会设置各种各样的障碍，阻止新的竞争者加入。所以，企业必须认真考虑这些群体成员的实力与策略特征，以求突破障碍而进入。一般地，新进入的企业，只有比原来的企业做得更出色，才有可能获得成功。

虽然在同一策略群体内竞争最激烈，但不同群体之间的竞争也同样存在。这是因为：第一，群体之间的目标顾客群本身就有一定的交叉性。第二，顾客不会主动去分辨这些策略群体，在他们看来也许这些企业并无多大差别。第三，每个企业都想扩大自己的市场范围，在不同群体中的企业实力相当、流动障碍较小的情况下，也会进行非常激烈的竞争。

企业应当搜集各个竞争者的详细资料，包括每个竞争者的产品特性和质量、产品组合方式、顾客服务、定价政策、市场覆盖面、人员销售、广告和其他促销策略，以及每个竞争者的研发、制造、采购、财务等策略。

5.1.3 判断竞争者的目标

竞争者的目标由多种因素确定，包括企业的规模、历史、经营管理和经济状况等。竞争者的最终目标当然是追逐利润，但每个企业对长期利润和短期利润留存的重视程度不同，对利润满意水平的看法不同，所以竞争者通常会有多个目标，如获利能力、市场占有率、现金流量、成本降低、技术领先、服务领先等。每个企业具体的策略目标都是上述不同侧重点的目标组合。

了解竞争者的策略目标侧重点及其组合非常关键，凭此可以判断他们对不同竞争行为的反应。比如，一个以低成本领先为目标的企业对竞争企业在制造过程中的技术突破会做出强烈反应，而对竞争企业增加广告投入则不太在意。美国企业多数按照最大限度扩大短期利润的模式经营，因为当前经营绩效决定着股东满意度和股票价值；日本企业则主要按照最大限度扩大市场占有率的模式经营，由于贷款利率低、资金成本低，所以对利润的要求也较低，反而比较关注扩大市场份额。

5.1.4 评估竞争者的优势和劣势

对于企业的不同竞争者来说，其营销策略与目标能否实现，主要取决于竞争者的资源与能力状况。所以，企业在分析竞争者时，还必须准确评估不同竞争者的优势与劣势。评估程序大致如下。

1. 收集竞争者的重要业务资料

竞争者的重要业务资料主要有销售额、市场占有率、利润率、投资收益、现金流量、追加投资、生产能力利用率等。

2. 综合利用第二手资料

综合利用第二手资料可以通过向顾客、供应商和中间商进行营销调研，由此来增加对竞争者的了解。

3. 企业市场营销的变化

企业市场营销的变化重点跟踪研究以下三个变量：市场份额、心理份额和情感份额，如表 5-2 所示。

表 5-2　测量竞争者的优势和劣势

分析基础	说明
市场份额	竞争者在目标市场中的份额
心理份额	当被要求"举出在这个行业中首先想到的公司"时，提名竞争者的顾客所占的百分比
情感份额	当被要求"举出你愿意购买其产品的公司"时，提名竞争者的顾客所占的百分比

资料来源：科特勒.营销管理[M].宋学宝，等译.北京：清华大学出版社，2003.

4. 竞争者的财务变量标准

竞争者的财务变量标准主要包括清偿力比率、债务与资产的平衡资本结构比率、利润比率、周转比率、普通股安全比率等。

通过上述分析，企业可以了解竞争者的长处和短处，比较自己和竞争者的优劣。在寻找竞争者弱点时，要注意发现竞争者对市场或策略估计上的错误，企业就可利用它的弱点，制定相应的对策来与之竞争。

5.1.5　判断竞争者的反应模式

仅凭竞争者的目标、优势、劣势等还不能解释其可能采取的行动，每个竞争者都有其经营哲学、内在文化、主导信念等，它的行为还受到这些因素的影响。竞争者有四种类型：从容型竞争者、选择型竞争者、强烈型竞争者和随机型竞争者。

1. 从容型竞争者

从容型竞争者是指对其竞争对手的行为反应迟缓、反应不强烈的竞争者。其原因可能是：

1）从容型竞争者认为它的顾客是忠诚的；

2）它们还没有注意到竞争对手的行动；

3）它们可能缺乏资金和能力，无法做出适当的反应。

2. 选择型竞争者

选择型竞争者是指仅仅对其竞争对手的某些攻击行为做出反应，而对其他攻击行为无动于衷的竞争者。例如，可能对其竞争对手的降价行为反应强烈，而对其竞争对手增加广告支出的行为则无动于衷。

3. 强烈型竞争者

强烈型竞争者是指对其竞争对手的任何进攻行为均做出强烈反应的竞争者。这类竞争者意在警告其他企业最好停止任何攻击行动。例如，宝洁公司就属于此类竞争者。列夫尔兄弟公司（Lever Brothers）首次向市场投放具有浓缩性更强、使用小瓶子包装等优点的"超"清洁剂时，却长时间得不到上架机会。因为宝洁公司比列夫尔兄弟公司花更多费用来支持自己的品牌。

4. 随机型竞争者

随机型竞争者是指对其竞争对手的行动做出反应的模式令人难以捉摸的竞争者。面对竞争对手，它们可能回击，也可能回避。许多小企业属于随机型竞争者。

【训练与练习】

1. 完全垄断、完全寡头垄断、垄断竞争和完全竞争四种行业结构的特点是什么？请结合实际举例加以说明。

2. 从市场角度看，企业面临哪三种竞争力量？结合文中小案例，分析对于哈雷戴维森来说，其他摩托车厂商是什么竞争者，温室和游泳池又是什么竞争者？

5.2 市场竞争策略

通过对竞争者的识别和周密分析，企业就能确认自己在什么地方应加强防守，在什么地方应集中优势进攻，攻击谁，回避谁，从而制定恰当的市场竞争策略。

5.2.1 基本的市场竞争策略

就市场竞争的普遍规律而言，企业为增强竞争能力，争取竞争优势的基本市场策略有三种：成本领先策略、产品差异化策略和集中策略。

1. 成本领先策略

成本领先策略也叫低成本策略，是指通过有效途径降低产品的生产和销售成本，在保证产品和服务质量的前提下，使自己的产品价格低于竞争对手的价格，以迅速扩大销售量，提高市场占有率的竞争策略。

小案例 5-2　营销实践——小米的制胜之道

小米科技于 2010 年 4 月成立,是一家专注于智能硬件和电子产品自主研发的移动互联网公司,也是一家专注于高端智能手机、互联网电视及智能家居生态链建设的创新型科技公司。

2011 年 8 月,小米正式发布手机。手机上市 4 个月,销售额达 8 亿多元。小米在竞争激烈的手机市场上能够突破重围,离不开小米的成本控制。首先,小米并没有设立实体的手机制造工厂,不从事手机的硬件研发和生产制造,而是以外包的形式交给手机代工厂完成,获得成本优势。其次,小米早期并没有建立传统的销售渠道,而是依赖现有的渠道和网络平台销售产品,很大程度上节省了运营成本。小米的成本优势使得企业在定价上具有弹性空间,再加上软件研发和营销运作方面的投入,使得小米创造了国产手机的销售奇迹。

资料来源:徐万里,吴美洁,黄俊源.成本领先与差异化战略并行实施研究[J].软科学,2013,27(10).

这一策略主要用于:企业生产同类产品的产量规模大,成本具有很大潜力时;企业面临强大的竞争对手要保持与扩大市场占有率时;为了防止更多的竞争者渗入同类产品的销售市场而筑起较高的进入壁垒时;企业面临替代品渗入市场时等。

企业降低成本的方法很多,最基本的方法有两个方面:一是扩大生产规模,采用先进的专用技术设备和先进生产工艺,以提高劳动生产率和工作效率;二是改善管理,减少在制品储备,减少废次品,缩短生产周期,节约各项生产性和非生产性开支。另外,企业也可以利用专利技术、原材料的优惠待遇等途径形成同行业中成本领先优势。要全面做到上述各点,必须有两个前提条件:一是有足够的资金支持;二是有广阔的市场支持。

小知识　实施成本领先策略常见的几种失误

获得低成本的优势是每个企业都希望达到的目标,然而在低成本竞争中企业常常会出现失误,主要有:(1)只关注降低生产成本,忽视了采购等其他活动的成本;(2)对所有环节的成本一刀切,忽视了不同成本因素之间的关联性,如加强产品检测会提高质检部门的成本,但维修成本可能会降低;(3)过于追求成本领先,忽视了产品差异化,导致产品无法满足消费者时刻变化的消费需求。

2. 产品差异化策略

产品差异化策略是企业凭借自己的专有技术和特长,或掌握了某种专利技术和管理设施，能为社会提供产品性能与质量优于现有标准产品的产品，能在同行业中独树一帜，或者在服务领域内有特殊的举措，通过广告宣传与促销活动，在用户中建立了特殊的信誉，因此形成了与众不同的差异化。

这种差异，一经投入市场就会被其他企业模仿，从而大家都能做到，随后就会逐渐变成标准产品。例如，袋装方便面初上市时与切面比较是差异化产品，后来生产量多了，而且不同品牌的价格相近，就成了标准产品；大碗的方便面上市以后，又成了差异化产品，它比一般的方便面味道好，且有碗，使用方便，但价格高，现在市场上这类方便面的品种多了，质量大同小异，因而又成为标准产品了。由差异化到标准化，再由标准化到差异化，然后又成为标准化，这一循环前进的过程，反映了产品品种的扩展和质量不断提高，以及人们的需求日益丰富，这是企业制定策略时应该考虑的一个重要因素。

由于采用产品差异化策略的产品的价格较一般标准产品的价格高，因此，要承担一定的市场风险。生产这类产品的投入较大，设备与工艺独特，其生产要求也比较高，而产量并不大，市场需要开拓，其成本自然比较高，企业倾注的精力与智慧比生产现成产品多，风险大，以其产品功能的独特性获得市场的承诺，其盈利较高也是合理的。

> **小知识** **差异化不仅仅针对产品**
>
> 差异化不仅仅可以来源于产品和营销活动，还可以来源于企业价值链的任何环节，如人员差异化、服务差异化、渠道差异化和形象差异化等。

3. 集中策略

集中策略是指企业把经营的重点目标放在某一特定购买者集团，或某种特殊用途的产品，或某一特定地区内，来建立企业的竞争优势及其市场地位。企业在这个特定的领域内，建立自己在产品功能上或生产成本上的差异，并取得优势地位。

这种策略适用于企业实力不够雄厚，无力在整个市场上取得优势，而只能拥有局部优势的场合。企业只有突出自己的优势去占领优势产品的那一部分市场，如"夏利"牌轿车以其价廉、油耗少等优点将市场集中于中小城市较低档的出租车市场，而在大城市都将被其他轿车取代。

实行集中策略，一方面要明确企业的优势和产品的功能与特点，另一方面要细分市场，设法开拓自己优势产品的市场，同时要掌握市场的变化趋势，并根据这种变化，利用自己的优势发展新的产品，抢占新的市场。例如，日本丰田公司察觉到石油危机对汽车市场的影响，从而尽快地生产出了价廉、省油的大众化小轿车并推向市场，小轿车受到美国人的青睐，使丰田公司大获其利。

实行集中策略，能够使企业集中自己的主要力量，发挥优势，专为某类市场服务，因而比较容易获得成功。这种战略，不只适用于某些大型企业的专项产品开发，更适用于中小型企业只具有局部优势的情况。因此，集中策略可以是成本领先策略，也可以是产品差异化策略。

> **小案例 5-3　奇特的"左撇子"市场**
>
> 　　美国阿里德拉公司致力于开发专供左撇子使用的产品：左开手冰箱，左手用剪刀、削皮器、锯子、量尺等。这些专门为左撇子设计的产品，惯用右手的人自然不会购买。据统计，美国的左撇子约占总人口的10%，正是这个奇特的市场使阿里德拉公司成为闻名世界的企业。

不同策略类型对企业在技术、资源和组织方面的要求不同，如表5-3所示，企业在选择策略类型时一定要因地制宜。

表5-3　选择各种策略的条件

策略类型	一般技术和资源的要求	一般的组织要求
成本领先策略	①大量资本投入 ②较高的生产技术水平 ③严格的劳动纪律 ④通用的产品设计 ⑤低成本的销售渠道	①严格的成本控制 ②经常和详细的控制报告 ③严格以数量为基础的奖励制度
产品差异化策略	①强有力的营销能力 ②较高的生产技术水平 ③丰富的创造能力 ④质量和技术上的信誉良好 ⑤善于吸取别人的优点 ⑥各方面能力协调	①各职能部门协调一致 ②有能力吸引各种人才 ③注重主观判断和奖励，不以数量为标准
集中策略	能集中上述技术和资源于特殊目标市场区域	能集中上述组织要求于特殊目标市场

5.2.2　竞争地位不同的企业竞争策略

按所处竞争地位的差别，市场营销者可分为四种类型：市场领导者、市场挑战者、市场跟随者和市场利基者（见图5-2）。假设某一市场为这些企业所占据，其中40%的市场掌握在市场领导者手中，它们享有最大的市场份额；30%的市场掌握在市场挑战者手中，它们正在奋力争取扩大市场份额；20%的市场为市场跟随者所掌握，它们居于第三位并想维持其市场份额；剩下10%的市场由利基者分享，这些企业只为大企业不屑一顾的小的细分市场提供服务，如表5-4所示。

表 5-4　假设的市场结构

市场领导者	市场挑战者	市场跟随者	市场利基者
40%	30%	20%	10%

1. 市场领导者策略

多数行业都有一家企业作为公认的市场领导者。该企业在相关的产品市场上占有最大的市场份额，并在价格变动、新产品开发、分销覆盖和促销力度等方面均领导其他企业，如通用汽车公司（汽车行业）、微软公司（电脑行业）、可口可乐公司（软饮料行业）等。

居于市场领导地位的企业，会不断受到其他企业的挑战，常会受到来自各方面的冲击。为此，市场领导者为保持其领先地位，必须在以下三个方面采取措施。

（1）扩大整个市场需求。一般来说，当整个市场被开发时，居于领导地位的企业收益最大，因此市场领导者应该为其产品寻找新用户、开辟新用途和增加使用量。

1）寻找新用户。每种产品都有吸引顾客的潜力，顾客不想购买它是因为有些人不知道这种产品，或者不知道该产品的好处，或者因为企业的推广策略没有顾及他们。因此，企业可以调整推广策略，将产品的好处向这些消费者介绍并从这些消费者中寻找新的使用者。例如，香水生产厂商可以努力说服那些不用香水的女士使用香水（市场渗透策略），或者说服男士使用香水（新市场策略），或者向国外出口香水（地理扩展策略）。

2）开辟新用途。企业可以通过发现并推广产品的新用途来扩大市场。企业的任务就是要注意顾客对本企业产品的使用情况。这不仅适用于工业产品，也适用于日用消费品。有研究表明，多数新工业产品最初是由顾客构想提出，而不是公司的研究开发实验室研制的。这就意味着系统地搜集顾客的需要和建议，对于指导新产品的开发贡献极大。例如，杜邦（Dupont）公司生产的尼龙最初只用于降落伞的合成纤维，后来兼用于女性丝袜，接着又用于尼龙衣服。结果，尼龙这种产品的销量一直增长，每项新用途都使产品开始了一个新的生命周期。

3）增加使用量。这种策略就是说服人们增加使用产品的频率或一次使用量，从而增加该产品总的使用量。如牙膏生产商增加牙膏管口直径，那么消费者的每次使用量就会无形增加。又如，宝洁公司劝告消费者在使用海飞丝洗头时，每次将使用量增加一倍的效果更佳。

小案例 5-4 米其林公司的"高招"

法国米其林轮胎公司利用每个机会刺激产品使用率。米其林公司希望法国的汽车拥有者每年行驶更多的里程，从而会有更多的轮胎置换需求。它构思出以三星制系统来评价法国境内的旅馆。它发现，许多最好的饭店设在法国的南部，这使得许多巴黎或者北部城市的法国人考虑周末驱车到南部去度假。米其林公司还出版带有地图和沿途风景线的导游书，进一步推动旅行市场的发展。

（2）保持市场占有率。处于市场领先地位的企业，必须时刻防备竞争者的挑战，保卫自己的市场阵地。例如，通用汽车公司要时刻防备福特公司的进攻；可口可乐公司要防备百事可乐公司。这些挑战者都是很有实力的，领先者稍不注意就可能被取而代之。

1）阵地防御。阵地防御就是在现有阵地周围建立防线，集中保持现有销量、产品和占有率。如果将所有力量都投入这一种防御，很可能最后导致失败，因此企业要拓展其他行业，如可口可乐公司虽然已经发展到年产量占全球半数左右的规模，但仍然积极从事多角经营，如打入酒类市场，兼并水果饮料公司，从事塑料和海水淡化设备等工业品的生产。

2）侧翼防御。侧翼防御是指市场领导者除保卫自己的阵地外，还应建立某些辅助性的基地作为防御阵地，需在自己主力产品以外，生产其他产品，并以主力产品为旗舰，保障企业的整体市场。例如，奔驰汽车一向以生产高价汽车为主，后开始生产价格较低的中档汽车，从而保障了整体市场的侧翼。

3）先攻防御。这种防御策略是在敌方对自己发动进攻之前，先发制人抢先攻击。其具体做法是，当竞争者的市场占有率达到某一危险的高度时，企业就对它发动攻击；或者是对市场上的所有竞争者全面攻击，使得对手人人自危。有时，这种以防为守的策略注重心理恐吓作用，并不一定付诸行动。如一家美国大型制药厂是某种药品的领导者，每当它听说一个竞争对手要建立新厂生产这种药时，就放风说自己正在考虑将这种药降价，并且考虑扩建新厂，以此吓退竞争者。

4）反攻防御。反攻防御是指当市场领导者受到攻击时，反攻入侵者的主要市场阵地。当竞争者利用价格、促销等手段侵占市场领导者的市场占有率时，市场领导者可以利用其资源直接攻击竞争者的主要领域，令其知难而退或无力兼顾。例如，美国西北航空公司最有利的航线之一是从明尼阿波利斯到亚特兰大的航线，当这条航线受到另一家航空公司发动大减价的进攻时，西北航空公司不在这条航线上采取应变措施，而在明尼阿波利斯到芝加哥的航线上实行降价作为报复，因为该航线是那家进攻者的主要市场阵地，结果迫使进攻者不得不恢复原价，停止进攻。

5）机动防御。这种策略不仅要防御目前的阵地，还要扩展新的市场阵地。市场扩展可通过两种方式实现：市场扩大化和市场多元化。市场扩大化就是企业将注意力从目前的产品上转移到有关该产品的基本需要上，并研究与开发有关该项需要的全部科学技术。市场多元化即向无关的其他市场扩展，实行多元化经营。

6）撤退防御。在所有市场阵地上全面防御有时是得不偿失的，这种情况下可实行战略撤退，即放弃某些疲软的产品市场，把力量集中到主要的产品和市场上。例如，美国西屋电气公司将其电冰箱的品种由40个减少到30个，撤销10个品种，结果竞争力反而增强。

（3）提高市场占有率。市场领导者设法提高市场占有率也是增加收益、保持领导地位的一个重要途径。美国著名的"经营战略对利润影响"（PIMS）项目的研究表明，盈利率是随着市场占有率线性上升的。PIMS的研究显示：市场占有率超过40%的企业将得到30%的平均投资报酬率，或者它的投资报酬率是市场占有率在10%以下企业的3倍。因此，许多企业以提高市场占有率为目标。不过市场领导者在追求市场占有率之前，必须考虑以下三个因素：

1）反垄断法。为了保护自由竞争，许多国家的法律规定，当某一公司的市场占有率超出某一限度时，就要被强行地分解为若干个相互竞争的小公司。

2）经营成本。许多产品会有一个最佳市场占有率，这时利润率最高。当市场占有率持续增加而未超过最佳市场占有率时，企业利润率会随着市场占有率的上升而上升；当市场占有率超过最佳市场占有率而继续上升时，利润率会随着市场占有率的上升而下降。其主要原因在于用于提高市场占有率的费用增加。

3）营销组合策略。如果企业实施了不适当的营销组合策略，则会出现市场占有率上升而利润率下降的结果。例如，过分地追求市场占有率而采取降低价格、增加促销费用等措施，企业就可能发生利润率下降，甚至亏损。

2. 市场挑战者策略

在行业中居第二、第三或更靠后的企业，有两种策略可供选择：一是向市场领导者或其他竞争者发起攻击，以夺取更大的市场份额，这时该企业称为市场挑战者；二是模仿市场领导者，避免与市场领导者和其他竞争者引起争端，这类企业称为市场跟随者。

市场挑战者在扩大其市场份额进程中，必须首先确定其策略目标和竞争对手，然后采取有效的进攻策略。

（1）明确策略目标和竞争对手。大多数市场挑战者的策略目标是扩大市场份额，提高利润率。在确立目标时，无论是要击败对手还是削弱其市场份额，企业都必须明确究竟谁是竞争对手。进攻者可选择以下三种方式进攻竞争对手。

1）攻击市场领导者。这一策略风险较大，但潜在收益很大，尤其是在市场领导者出现失误，而且其服务市场的效果欠佳时，则效果更为显著。

2）攻击某一种产品或服务。在整个细分市场内进行产品创新，并超越领导者。例如，施乐公司开发出了更好的复印技术（用干式复印代替湿式复印），使它从3M公司手中夺去了大部分复印机市场。后来，佳能公司如法炮制，通过开发台式机夺去了施乐公司的一大部分市场。

3）攻击当地那些规模不大、经营不善、资金缺乏的企业。这类情况相当普遍，即实力雄厚的外国大企业进入市场后便击败了那些当地的弱小企业。

（2）选择进攻策略。企业确定策略目标和竞争对手后，还要根据企业自身和竞争对手的状况，选择攻击策略。一般有以下几种策略可供选择。

1）正面进攻。进攻者集中全力与对手正面交战，称为正面进攻（迎头猛击）。这时，它攻击对手的强势部位而不是其弱点。胜负主要取决于谁的实力和耐力更强一些。在完全的正面进攻中，攻击者力图在产品、广告、价格等方面与对手竞争。如果攻击者与领导者相比没有什么优势，那么想取得胜利几乎是不可能的。为了使正面进攻奏效，进攻者必须在上述某些力量方面超过对手。

2）侧翼进攻。对手期望你去攻击的地方往往是其最强大的防御地带，而其侧翼和后方的力量就薄弱多了。因此，其弱点（盲区）很自然就成为众矢之的。进攻的主要原则是集中力量打击对方的薄弱环节。进攻者先向对方防守严密的正面战线佯攻，牵制其主要防守兵力，然后再向其侧翼和背面发动主要攻击。这种侧翼进攻是一种极佳的营销策略，尤其适用于现有资源总量比对手少的进攻者，因为进攻者不能正面挑战对手，所以采用这种"避强就弱"的战术。

发动侧翼进攻从两个方面实现：一是地理方面；二是细分市场方面。地理性侧翼进攻是指挑战者向竞争对手在全国乃至全球经营薄弱的地方发起进攻；细分市场侧翼进攻是指企业将市场定位于尚未被领导者占据的细分市场，如日本汽车公司选择了节能型汽车市场作为其服务市场。

3）包围进攻。单纯的侧翼进攻是将力量集中于对手所忽视的市场需求，包围进攻则是指进攻者在几条战线上发动全面攻击，迫使对手进行全面防御。进攻者可以向市场提供对手所能提供的一切产品和服务，甚至还要多，使得消费者无法拒绝。这个策略要求进攻者调动起丰富的资源，确保迅速击垮对手，使其无还手之力。

另外，市场细分对进攻起到了重要的作用。如果不存在细分市场，进攻者的包围进攻便成了正面进攻，这就要求进攻者必须在某些力量方面超过对手。

4）迂回进攻。迂回进攻是一种间接的进攻策略，避开与对手交锋，进攻较为容易的市场来扩大自己的资源基础。它有以下三种方法可供采用。

①多元化经营与本行业无关的产品，这是领导者企业鞭长莫及的。例如，高露洁公司为了避开宝洁公司而进入了一些不相关的领域，如纺织业、运动器材业、化妆用品业、食品业以及医疗器材业。

②将现有产品打入新地区市场来开展多元化经营，使之远离领导者。例如，百事可乐为了在中国取得相对于可口可乐的优势，将其新建的制瓶厂设在中国内陆省区，以远离外国饮料公司已开展经营的沿海城市。

③采取蛙跳式策略，发展新技术替代现有产品，特别是在高技术领域，这种技术上的"蛙跳"极为普遍。例如，任天堂公司通过引入高新技术并且重新划定"战场"，从而在电视游戏市场上夺取了大量市场份额。

> **小案例 5-5**　"采乐"的进攻策略组合
>
> "采乐"洗发水作为除头屑洗护用品的后来者，面对宝洁公司"海飞丝"这个强大的竞争对手，采用了全新的分销渠道——药店出售以突出其除头屑的功能。同时，"采乐"采用理性的广告诉求，重在表现针对真菌的杀灭和治疗作用，所以，尽管以高于强大对手的价格出售，但还是很快占据了很高的市场份额。

5）游击式进攻。这种策略适用于规模较小、资金不足的企业。游击式进攻是指向对方的不同部位发动小规模的、时断时续的攻击，目的在于骚扰敌人，使之疲于奔命，然后再最终取得永久性的阵地。游击式进攻者可以运用传统的或非传统的方法攻击，如选择性削价、猛烈的促销攻势等。

3. 市场跟随者策略

市场跟随者是指那些在产品、技术、价格、渠道和促销等营销策略上模仿或跟随市场领导者的企业。并非所有在行业中处于第二或第三位的企业都可以或愿意当挑战者。实践证明，成功地采取跟随者策略的企业也能获得高额利润。跟随者获得的利益是，由市场领导者和挑战者承担新产品开发、信息收集和市场开发所需的大量经费，自己减少支出和风险，并避免由于向市场领导者挑战而可能面临的重大损失。

市场跟随者策略的核心是寻找一条避免触动竞争者利益的发展道路。跟随者的策略根据其"跟随的紧密程度"可分为以下三大类。

（1）紧密跟随。跟随者尽可能在细分市场和营销组合上模仿领导者的策略，但决不超过或刺激领导者，有些甚至就是想依靠领导企业对市场或产品的开发而生存和发展，从而跟着市场一起成长。

（2）距离跟随。跟随者在目标市场、产品创新、价格水平和分销渠道等主要方面仍跟随领导企业，而在其他次要方面采取与领导企业有差异的策略。

（3）选择跟随。跟随者在某些方面跟随领导企业，在另一些方面则自行其是，有时还颇有创新，但仍避免刺激对方。采取此策略的企业以后可能发展成为市场挑战者。

4. 市场利基者策略

规模较小且大公司不感兴趣的细分市场称为利基市场。市场利基者指专门为利基市场提供产品和服务的企业。市场利基者的作用是拾遗补阙、见缝插针，虽然在整体市场上仅占有很少的份额，但是更充分地了解和满足某一细分市场的需求，能够通过提供高附加值产品而快速成长。企业处于发展初期尚比较弱小时大多采用这种策略。

市场利基者发展的关键是实现专业化，主要途径有以下几种。

（1）最终用户专业化。公司可以专门为某一类型的最终用户提供服务，如航空食品公司专门为民航公司提供机上乘客的航空食品。

（2）垂直层次专业化。公司可以专门为处于生产与分销循环周期的某些垂直层次提供服务，如铸件厂专门生产铸件，铝制品厂专门生产铝锭和铝制部件等。

（3）顾客规模专业化。公司可以专门为某一规模（大、中、小）的顾客群服务。市场利基者专门为大公司不重视的小规模顾客群服务。

（4）特殊顾客专业化。公司可以专门向一个或几个大客户销售产品。许多小公司只向一家大公司提供其全部产品。

（5）地理市场专业化。公司只在某一地点、地区或范围内经营业务。

（6）产品或产品线专业化。公司只经营某一种产品或某一类产品线，如某制袜公司专门生产不同花色品种的尼龙丝袜，某造纸厂专门生产水泥包装纸等。

（7）产品特色专业化。公司专门经营某一种类型的产品或者具有某种特色的产品。如古旧书店专门经营古旧图书，某公司专门出租儿童玩具等。

（8）客户订单专业化。公司专门接受客户订单生产特制产品。

（9）质量－价格专业化。公司专为某一层次的市场（底层或上层）提供服务，如惠普公司专门在优质高价的微型电脑市场上经营。

（10）服务专业化。公司向大众提供一种或数种其他公司所没有的服务，如某家庭服务公司专门提供上门疏通管道服务，某银行可以接受客户通过电话申请贷款并送现金上门等。

（11）销售渠道专业化。公司只为某类销售渠道提供服务，如某软饮料公司决定只生产大容器包装的软饮料，并且只在加油站出售。

市场利基者是弱小者，要承担较大风险，因为利基市场本身可能会萎缩或受到攻击，所以在选择利基市场时，营销人员通常选择两个或两个以上的利基市场，以确保企业的生存和发展。

【训练与练习】

1. 请观察你熟悉的几个市场领导型企业，看看它们分别是采用怎样的手段来增加市场总需求的？

2. 丝宝集团的"舒蕾"作为挑战者，其选择的挑战策略是什么？

提示：2000年中华全国商业信息中心统计结果显示，"舒蕾"与"飘柔""海飞丝"一起进入洗发水品牌的前三名。丝宝集团在宝洁公司高空轰炸的推广模式——高频率电视广告和全方位的分销拓展中找到了空隙——终端市场，选择了地面战，从卖场做起。舒蕾避开与宝洁产品的正面对抗，把全部力量压在终端市场，一时间，"红色海洋"遍及全国。舒蕾的终端促销经验原则是：对手不促销，自己常促销；对手小促销，自己大促销；必要时多场出击、游动拦截，搞对抗性促销。舒蕾这套"敌退我进"的促销方式曾在终端市场屡屡得手。舒蕾采取迂回策略，避开与宝洁的正面交锋，避实就虚，力求在宝洁影响偏弱的地区率先打开突破口，也是其制胜的关键。

学习指导

市场竞争是市场经济的基本特征之一，企业要想在激烈的市场竞争中立于不败之地，就要制定正确的市场竞争策略。制定市场竞争策略是一个科学的过程，必须对竞争者进行正确识别和全面分析后才能做出正确的决定。学习本任务要注意逻辑连贯，各种方法和概念注意联系实际来进行理解。本任务首先阐明了进行竞争者识别和分析的五个步骤，然后对如何选择市场竞争策略进行了详细的论述。市场竞争策略又从两个方面分析：基本的市场竞争策略和处于不同竞争地位的企业竞争策略。

习题与练习

一、名词解释

愿望竞争力量　平行竞争力量　产品形式竞争力量　品牌竞争力量
从容型竞争者　选择型竞争者　强烈型竞争者　随机型竞争者
成本领先策略　产品差异化策略　集中策略　市场领导者
市场挑战者　市场跟随者　市场利基者

二、单项选择题

1. 一个企业若要识别其竞争者，通常可从（　）方面进行。

A. 行业和市场　　B. 分销渠道　　C. 目标和战略　　D. 利润

2. 以防御为核心是（　）的竞争策略。

A. 市场领导者　　B. 市场挑战者　　C. 市场跟随者　　D. 市场利基者

3. 市场领导者扩大市场需求量的途径是（　）。

A. 开辟产品的新用途　　　　　B. 以攻为守
C. 正面进攻　　　　　　　　　D. 保持市场份额

4. 当一个企业规模较小，人力、物力、财力都比较薄弱时，其应当采取（　）竞争策略。

A. 进攻　　　　　　　　　　　B. 专业化生产与经营
C. 市场多角化　　　　　　　　D. 防御

5. 市场跟随者在竞争战略上应当（　）。

A. 攻击市场领导者　　　　　　B. 向市场领导者挑战
C. 跟随市场领导者　　　　　　D. 不做出任何竞争反应

三、多项选择题

1. 以下哪几个是市场领导者的策略？（　）

A. 开辟产品的新用途　　　　　B. 提高市场占有率
C. 季节折扣　　D. 阵地防御　　E. 正面进攻

2. 市场利基者的作用有（　）。

A. 拾遗补阙　　　　　　　　　B. 有选择地跟随市场领导者
C. 攻击市场追随者　　　　　　D. 见缝插针　　E. 打破垄断

3. 市场领导者扩大总需求的途径有（　）。

A. 攻击挑战者　　B. 开发新用途　　C. 兼并利基者
D. 寻找产品新用途　　　　　　E. 增加使用量

四、判断题

1. 市场利基者取胜的关键在于专业化的生产和经营。（　）
2. 采用跟随策略的缺点在于风险很大。（　）
3. 当一个企业规模较小，人力、物力、财力都比较薄弱时，应当采取市场多元化竞争策略。（　）
4. 公司最直接的竞争者是那些同一行业同一战略群体的公司。（　）
5. 对于挑战者来说，防御性策略是其最理想的选择。（　）

五、简答题

1. 识别竞争者的方法有几种？

2. 对企业竞争者的分析应包括哪些方面的内容？
3. 企业面对竞争者采用的基本竞争策略有哪些？各自的适用范围是什么？
4. 简述市场领导者、市场挑战者、市场跟随者、市场利基者的主要竞争策略。

六、案例分析

携程、美团点评和飞猪的在线旅游战场

2015 年 10 月，携程和去哪儿网宣布合并，携程确立了在线旅游行业第一的地位，牢不可破。然而，携程并不满足于行业第一的地位，其志在全球市场。2015 年 12 月，携程宣布获得美国旅游服务集团 Priceline 的投资。2016 年 11 月，携程以 17.4 亿美元收购英国在线机票比价平台天巡。与此同时，旅游市场的竞争仍在不断加剧。

2015 年 10 月，美团和大众点评宣布合并。美团点评合并后业务线细分为到店餐饮、到店综合、外卖配送、酒店旅游、猫眼等七大事业群。其中，酒店旅游事业群与携程正面交锋，不过美团点评专注的是低端酒店市场，而携程则是高低端全覆盖。然而，美团点评不再满足于低端酒店市场。2016 年 12 月，美团点评宣布与英国洲际酒店集团正式签订分销合作协议，双方将打通数据连接，用户可以通过美团点评对洲际酒店集团旗下众多酒店的实时房态进行查询并可预订房间。

2014 年 4 月，阿里巴巴将原先的淘宝旅行更名为"阿里旅行·去啊"，并且推出了未来酒店、未来景区、未来假期、未来飞行等服务。2016 年 10 月，阿里巴巴宣布将"阿里旅行"更名为"飞猪旅行"，主打年轻人旅行和出境游市场。在国内在线旅游市场已经成熟的情况下，飞猪选择了一条不一样的路。飞猪并没有自营产品和门店，通过平台模式将商家与消费者连接起来。虽然飞猪旅行在进入中国在线旅游市场的时间上并没有抢到先机，但飞猪旅行背后有雄厚的基础，包括阿里旅游之前布局的未来酒店和未来景区，阿里巴巴旗下正在进入更多海外市场的支付宝，以及阿里巴巴集团的资本和大数据技术。

旅游业务的交集让携程、美团点评和飞猪三个原本不相关的平台开始了激烈的竞争。但更为隐性的竞争，还是用户数据的竞争，比如用户画像、用户消费行为、用户家庭关系等，这些都是竞争的焦点，掌握了这些数据才有机会做更大程度的变现。

资料来源：https://it.sohu.com/20161206/n475090569.shtml。

【分析讨论】

1. 分析携程、美团点评和飞猪的竞争优势。
2. 分析携程、美团点评和飞猪的竞争营销策略。

七、营销链接

查询下列网站进行自主学习：

1. 差异化竞争策略乃药店生存之本，http://www.emkt.com.cn/article/315/31504.html。

2. 中国啤酒市场主要竞争者竞争行为的演化方向分析，http://www.mie168.com/manage/2004-09/10792.htm。

3. 蓝月亮跌落第一宝座的四大原因，值得很多日化企业深思，https://www.sohu.com/a/241540664_163648。

4. 欧莱雅集团的竞争策略

实训应用

（一）实训项目

耐克与阿迪达斯市场竞争策略分析。

（二）实训目的

通过耐克与阿迪达斯进入中国市场后的竞争策略分析，进一步了解市场竞争的必然性，识别竞争对手的策略和手段。

（三）实训指导

1. 收集李宁、安踏运动鞋市场的主要竞争者资料，分析总体市场竞争状况。

2. 重点收集耐克与阿迪达斯在中国市场的营销策略资料，具体包括产品、价格、渠道、促销、人员推销、广告宣传、公共关系、营业推广等。

3. 根据收集的资料，分析探讨耐克与阿迪达斯市场竞争策略的要点，以及与中国品牌李宁、安踏对比下的竞争策略的应用，撰写分析报告。

（四）实训组织

1. 按班级分成若干小组，分组收集耐克、阿迪达斯、李宁、安踏的资料，可以在图书馆或互联网上查阅。

2. 有条件的可组织学生到当地的耐克、阿迪达斯、李宁、安踏公司营销部门参观访问，听取企业高级管理人员或营销部门人员的介绍，收集有关资料。

（五）实训考核

1. 每组完成《耐克与阿迪达斯之战》分析报告的撰写，供教师批阅，全班交流。

2. 每组必须上交《成员分工表》，选取优秀组进行表彰。

部分习题参考答案

二、单项选择题

1. A 2. A 3. A 4. B 5. C

三、多项选择题

1. ABD 2. AD 3. SDE

四、判断题

1. √ 2. × 3. × 4. √ 5. ×

学习情境3

目标市场策略研究

任务6　目标市场策略的选择与进入

学习目标

知识的掌握

1. 了解市场细分及市场定位的作用。
2. 掌握市场细分、目标市场及市场定位的含义。
3. 熟悉市场细分的依据。
4. 学会如何选择目标市场及应用目标市场策略。
5. 掌握市场定位的步骤及方法。

技能的提高

1. 培养全局性的思维和严谨的态度。
2. 培养以顾客为中心的市场观念及市场触角。
3. 提高分析能力及综合能力。

任务导入

选择某一产品，如手机、饮料、服装、学习用具等，选定细分标准进行市场细分，确定目标市场，设定定位指标，描绘定位图，确定定位方案。

案例引导

天美时钟表公司是如何发现市场机会的

美国天美时钟表公司在第二次世界大战前还是一个不大起眼的公司，因此，公司极力想在美国市场上撕开一条口子，大干一番。当时，著名的钟表公司几乎都是以生产名贵手表为目标，而且主要通过大型百货商店、珠宝商店销售。但是，美国天美时钟表公司通过市场营销研究发现，实际上钟表市场可按购买者分为三类：第一类消费者希望能以尽量低的价格购买能计时的手表，他们追求的是低价位的实用品，这类消费者占 23%。第二类消费者希望能以较高的价格购买计时准确、更耐用或式样好的手表。他们既重实用，又重美观，这类消费者占 46%。第三类消费者想买名贵的手表，主要是把它作为礼物，他们占整个市场的 31%。

由此美国天美时钟表公司发现，以往钟表企业提供的产品仅是以第三类消费者为对象的。美国天美时钟表公司高兴地意识到，一个潜在的充满生机的大市场摆在眼前。于是根据第一类、第二类消费者的需要，美国天美时钟表公司制造了一种叫作"天美时"的物美价廉的手表，且手表一年内保修，还利用新的销售渠道，如超级市场、廉价商店、药房等各种类型的商店大力推销，结果很快提高了市场占有率，成为世界上最大的钟表公司之一。

【问题引入】
1. 美国天美时钟表公司是怎样发现其市场机会的？
2. 该公司是依据什么因素进行市场细分的？
3. 该公司采用了何种目标市场营销策略？

如何发现消费者需求——
市场细分

6.1 市场细分

我们知道，并非所有消费者都喜欢看同类的电影，穿同样款式的衣服，或都用同一牌子的洗发水；同理，不同的企业也不会选择购买同一类型的电脑或卡车，它们也不会需要同一类型的法律、财会、清洁及其他种类的服务。对于所购买的商品或服务，不同的消费者从这一商品或服务中获得的利益是不尽相同的。

显然，把"市场"笼统地看作一个整体市场的行为忽视了大市场是由多个存在着巨大差别的子市场组成的这一事实。换言之，在一个大市场里包含着多个消费者群体，即子市场，它们具有各自的特点，它们的需要、购买行为及对商品的使用都有差别。因此，我们必须对单个或多个市场组合进行细分以满足其需求。一个企业能否获得成功的关键之一，表现为它能否选择高效的市场细分方式。

6.1.1 市场细分的概念

市场细分是指营销者通过市场调研，依据消费者的需求和欲望、购买行为和购买习惯等方面的差异，把某一产品的市场整体划分为若干消费者群的市场分类过程。每个消费者群就是一个细分市场，每个细分市场都是具有类似需求倾向的消费者构成的群体。

市场细分这一概念最早出现在 20 世纪 50 年代中期，是美国市场营销学家温德尔·史密斯在对一些企业的成功经验调查、分析、提炼、扩展的基础上提出来的。

理解市场细分概念时要强调以下三点。

（1）企业之所以要进行市场细分，是因为消费者需求存在差异性，而企业自身的资源却有限，不可能同时满足所有消费者的全部需求。

（2）其内在依据是消费者需求和行为等方面的差异性，而不是根据产品的分类进行的。

（3）消费者的需求尽管可能千差万别，但可以按照一定的标准，寻找和发现它们的相似之处，形成稳定的细分化市场。

6.1.2　市场细分的作用

在一般情况下，一个企业不可能满足所有消费者的需求，尤其在激烈的市场竞争中，企业更应集中力量，有效地选择市场，取得竞争优势。市场细分对于企业来讲，有以下作用。

（1）有助于企业认识市场和寻找市场机会。如果不对市场进行细分化研究，市场始终是一个"混沌的总体"，因为任何消费者都是集多种特征于一身的，而整个市场是所有消费者的总和，呈现高度复杂性。通过市场细分，企业可以一层层地分析市场丰富的内部结构，从而发现其中的规律，以便全面、深入地把握各类市场需求的特征。

另外，市场需求是已经出现在市场但尚未得到满足的购买力，在这些需求中有相当一部分是潜在需求，一般不易发现。企业运用市场细分的手段往往可以了解消费者存在的需求和满足程度，从而寻找、发现市场机会。同时，企业通过分析和比较不同细分市场中竞争者的营销策略，选择那些需求尚未被满足或满足程度不够，而竞争对手无力占领或不屑占领的细分市场作为自己的目标市场，结合自身条件制定出最佳的市场营销策略。

（2）有利于企业有针对性地开展营销活动。市场营销策略组合是由产品策略、价格策略、促销策略、分销策略、权力营销策略、公共关系策略等策略组成的。企业通过市场细分可以确定自己所要满足的目标市场，找到自己资源条件和客观需求的最佳结合点，这有利于企业集中人力、物力、财力，有针对性地采取不同的营销策略，取得投入少、产出多的良好经济效益。

（3）有利于企业开发适销对路的新产品。一旦确定了自己的细分市场后，企业能很好地把握目标市场需求，产品的设计可以紧贴特定群体的需求，如颜色、尺码、价格及质量、服务的深度和广度等都可以因每个不同群体的需求而做出改变。

> **小案例 6-1　儿童电脑：在学习中娱乐**
>
> 2005年初，方正推出的一款儿童电脑引起了多方关注。这款电脑采用独特的成人/儿童双模式转换设计，通过儿童锁，不必开关机，便可以在成人和儿童两种模式下进行切换。在儿童模式下，电脑还配备了学习软件，为儿童创建了一个健康的学习乐园，使他们能够尽情享受学习的快乐。此外，其独特的液晶触摸显示屏设计，还可以让儿童以手写方式进行文字输入。

6.1.3　市场细分的原则

一个企业应该以这样一种方式进行市场细分：经过细分的每个子市场都必须是有效的，并能制定相应的营销策略作用于子市场。为了达到这一目标，必须遵循以下几个原则。

1. 可衡量性

可衡量性是指用于细分的依据，即客户的特性，必须是可以衡量的，并且这些资料应该是容易取得的。例如，对于"环保"产品的需求在市场细分时是一个有用的客户特性，但"环保"这种特性难以衡量，如果把它作为细分的依据就显得没有意义了。

2. 可接近性

可接近性是指每个子市场都应该能够以最低的成本、用现有的营销渠道来进入市场，这些营销渠道包括中间商、广告媒介、公司的营销队伍等。为了方便营销人员在这方面开展工作，一些全国性的杂志，会根据不同地域出版不同的版本。这就利于营销人员选择自己的某个目标市场来刊登广告，而不需要在非目标市场区域白白投入费用。

3. 可盈利性

可盈利性是指每个子市场的规模要足够大，这样才能保证企业能够从中盈利。理论上，一个企业甚至可以将某个客户看成是一个子市场——事实上，某些大型企业存在这种细分情况。当然，通常情况下，如果这种细分市场需求量不足，就会自然而然地限制我们将其细分为一个子市场，否则就会被认为是过度细分了。

4. 可实施性

可实施性是指企业自身必须要有足够的能力针对有关子市场实施营销计划，超过企业能力所及的市场就没有细分的必要了。例如，一家小型啤酒企业把市场分为8个细分市场，但由于它的员工和管理人员太少，以致不能为每个细分市场推出一套独立的营销计划，致使营销活动难以实施。

6.1.4 市场细分的依据

一个企业细分市场的方法是多种多样的，不同产品的市场细分依据也有所区别。根据对产品的不同需要，人们可以把整个市场分成两个大类，即消费者市场和生产者市场。下面就这两类不同的市场，分别论述其细分依据。

1. 消费者市场细分依据

如前所述，一种产品的整体市场之所以可以细分，是由于消费者或用户的需求存在差异性。引起消费者需求差异的变量有很多，实际中，企业一般组合运用有关变量来细分市场，而不是单一采用某个变量。概括起来，细分消费者市场的变量主要有四类，即地理变量、人口变量、心理变量、行为变量。

（1）按地理变量细分市场。按照消费者所处的地理位置、自然环境来细分市场，叫地理细分。比如，根据国家、地区、城市规模、气候、人口密度、地形地貌等方面的差异将整体市场分为不同的小市场。地理变量之所以作为市场细分的依据，是因为处在不同地理环境下的消费者对于同一类产品往往有不同的需求与偏好，他们对企业采取的营销策略与措施会有不同的反应。比如，在我国南方沿海一些省份，某些海产品被视为上等佳肴，而内陆地区的许多消费者则觉得味道平常。又如，由于居住环境的差异，城市居民与农村消费者在室内装饰用品的需求上大相径庭。

（2）按人口变量细分市场。以人口统计变量，如年龄、性别、家庭规模、家庭生命周期、收入、职业、教育程度、宗教、种族、国籍等为基础细分市场，叫人口细分。消费者需求、偏好与人口统计变量有着很密切的关系，比如，只有收入水平很高的消费者才可能成为高档服装、名贵化妆品、高级珠宝等的经常买主。人口统计变量比较容易衡量，有关数据相对容易获取，由此构成了企业经常以它作为市场细分依据的重要原因。

> **小案例 6-2　同仁堂：国际市场细分**
>
> 我国著名的中药制造企业同仁堂在进入国际市场初期，根据各国语言的差异对全球市场进行了细分，将全球市场划分为东南亚市场、欧洲市场、中东市场、澳大利亚市场等，然后选择了东南亚市场作为企业进入国际市场的主要目标市场。

（3）按心理变量细分市场。根据消费者所处的社会阶层、生活方式、个性特征等心理因素细分市场就叫心理细分。

1）社会阶层。社会阶层是指在某一社会中具有相对同质性和持久性的群体。处于同一阶层的成员具有类似的价值观、兴趣爱好和行为方式，不同阶层的成员则在这些方面存在较大的差异。很显然，识别不同社会阶层的消费者所具有的不同特点，将为很多企业进行市场细分提供重要的依据。

2）生活方式。通俗地讲，生活方式是指一个人怎样生活。人们追求的生活方式各不相同，如有的追求新潮时髦，有的追求恬静、简朴，有的追求刺激、冒险，有的追求稳定、安逸。西方的一些服装生产企业，为"简朴的妇女""时髦的妇女""有男子气概的妇女"分别设计不同的服装；烟草公司针对"挑战型吸烟者""随和型吸烟者""谨慎型吸烟者"推出不同品牌的香烟。这些均是依据生活方式细分市场。

3）个性特征。个性是指一个人比较稳定的心理倾向与心理特征，它会导致一个人对其所处环境做出相对一致和持续不断的反应。俗语说"人心不同，各如其面"，每个人的个性都会有所不同。通常，个性会通过自信、自主、支配、顺从、保守、适应等性格特征表现出来。因此，个性可以按这些性格特征进行分类，从而为企业细分市场提供依据。在西方国家，对诸如化妆品、香烟、啤酒、保险之类的产品，有些企业以个性特征为基础进行市场细分并取得了成功。

（4）按行为变量细分市场。根据消费者对产品的了解程度、态度、使用情况及反应等将他们划分成不同的群体，叫行为细分。许多人认为，行为变量能更直接地反映消费者的需求差异，因而成为市场细分的最佳起点。按行为变量细分市场主要包括以下方面。

1）购买时机。企业根据消费者提出需要、购买和使用产品的不同时机，可以将他们划分成不同的群体。例如，城市公共汽车运输公司可根据上班高峰时期和非高峰时期乘客的需求特点划分不同的细分市场并制定不同的营销策略；生产果珍之类清凉解暑饮料的企业，可以根据消费者在一年四季对果珍饮料口味的不同需求，将果珍市场消费者划分为不同的子市场。

2）追求的利益。消费者购买某种产品总是为了解决某类问题，满足某种需要。然而，产品提供的利益往往并不是单一的，而是多方面的。消费者对这些利益的追求时有侧重，如购买手表，有的追求经济实惠、价格低廉，有的追求耐用可靠和使用维修方便，还有的则偏向于显示社会地位等。

> **小知识**
>
> 　　国家旅游局⊖将旅游产品分为五种类型：观光旅游产品（自然风光、名胜古迹、城市风光等），度假旅游产品（海滨、山地、温泉、乡村、野营等），专项旅游产品（文化、商务、体育健身、业务等），生态旅游产品和旅游安全用品。

⊖　现为中华人民共和国文化和旅游部。

3）使用者状况。根据消费者是否使用和使用程度细分市场，通常可分为经常购买者、首次购买者、潜在购买者和非购买者。大公司往往注重将潜在购买者变为实际购买者，较小的公司则注重保持现有购买者，并设法吸引使用竞争企业的产品的顾客转而使用本公司产品。

4）使用数量。根据消费者使用某一产品的数量多少细分市场，通常可分为大量使用者、中度使用者和轻度使用者。大量使用者人数可能并不很多，但他们的消费量在全部消费量中占很大的比重。

5）品牌忠诚程度。企业还可根据消费者对产品的忠诚程度细分市场。有些消费者经常变换品牌，另外一些消费者则在较长时期内专注于某一个或少数几个品牌。了解消费者品牌忠诚情况和品牌忠诚者与品牌转换者的各种行为与心理特征，不仅可为企业细分市场提供一个基础，而且有助于企业了解为什么有些消费者忠诚于本企业产品，而另外一些消费者忠诚于竞争企业的产品，也为企业选择目标市场提供启示。

6）购买的准备阶段。消费者对各种产品的了解程度往往因人而异。有的消费者可能对某一产品确有需要，但并不知道该产品的存在；还有的消费者虽已知道产品的存在，但对产品的价值、稳定性等还存在疑虑；另外一些消费者则可能正在考虑购买。针对处于不同购买阶段的消费群体，企业进行市场细分并采用不同的营销策略。

表 6-1 概括了消费者市场细分的标准，表中列出了四个主要范畴及其子范畴。

表 6-1 消费者市场细分的标准

细分依据	典型的子市场范例
地理变量	
地理分区	华中、华南、华北、华东等地区
城市规模	人口 20 万以下、20 万～50 万、50 万～100 万、100 万～200 万、200 万～400 万、400 万以上
气候	炎热、温和、寒冷
人口变量	
年龄	0～6 岁、7～12 岁、13～17 岁、18～45 岁、46～69 岁、69 岁以上
性别	男性、女性
婚姻情况	年轻未婚、年轻已婚而未生育、已婚已生育
教育程度	小学、初中、中专/高中、专科、本科、硕士、博士、博士后
宗教	佛教、基督教、伊斯兰教
收入	2 万元以下、2.1 万～4 万元、4.1 万～6 万元、6.1 万～8 万元、8 万元以上
心理变量	
社会阶层	上流社会、中上阶层、中下阶层、蓝领阶层

(续)

细分依据	典型的子市场范例
个性特征	雄心勃勃、自信、进取、内向、外向
生活方式	以家庭为中心、崇尚健康与美、好冒险
行为变量	
追求的利益	以牙膏为例，如防止蛀牙、抗菌、洁白、气味好、低价
使用者状况	经常购买者、首次购买者、潜在购买者、非购买者
使用数量	大量使用者、中度使用者和轻度使用者
使用频率	不使用、有时使用和经常使用

2. 生产者市场细分的依据

许多用来细分消费者市场的标准，如地理、追求的利益和使用率等变量，同样可用于细分生产者市场。不过，由于生产者与消费者在购买动机与行为上存在差别，所以，除了运用前述消费者市场细分标准，还可用一些新的标准来细分生产者市场。

（1）用户规模。在生产者市场中，有的用户购买量很大，而另外一些用户购买量很小。以钢材市场为例，像建筑公司、造船公司、汽车制造公司对钢材需求量很大，动辄数万吨地购买，而一些小的机械加工企业，一年的购买量也不过几吨或几十吨。企业应当根据用户规模大小来细分市场，用户或客户的规模不同，企业的营销组合方案也应有所不同。比如，对于大客户，宜于直接联系，直接供应，在价格、信用等方面给予更多优惠；而对众多的小客户，则宜于使产品进入商业渠道，由批发商或零售商去组织供应。

（2）产品的最终用途。产品的最终用途不同也是生产者市场细分标准之一。工业品用户购买产品，一般都是供再加工之用，对所购产品通常都有特定的要求。比如，同是钢材用户，有的需要圆钢，有的需要带钢，有的需要普通钢材，有的需要硅钢、钨钢或其他特种钢。企业此时可根据用户要求，将要求大体相同的用户集合成群，并据此设计出不同的营销策略组合。

（3）生产者购买状况。根据生产者购买方式来细分市场。生产者购买的主要方式包括直接重购、修正重购及新任务购买。不同的购买方式的采购等级、决策过程等不相同，因而可将整体市场细分为不同的小市场群。

【训练与练习】

1. 请对你熟悉的一种消费品根据市场细分的依据进行市场细分。
2. 请说出以下两个案例的市场细分过程，并分别阐述其细分的依据。

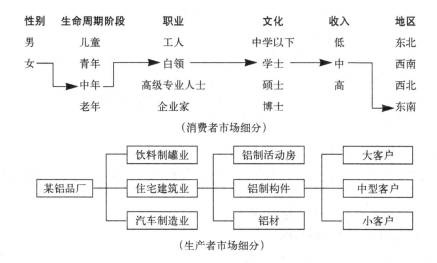

(消费者市场细分)

(生产者市场细分)

6.2 目标市场的选择

6.2.1 目标市场的概念

市场细分的目的就是有效地选择并进入目标市场。所谓目标市场，就是企业在市场细分的基础上，根据市场潜量、竞争对手状况、企业自身特点所选定和进入的市场。为了提高企业的经营效益，企业必须细分市场，并根据自己的目标、资源、特点等，决定进入哪个市场，为哪个市场服务，即选择目标市场。

目标市场营销是指企业通过市场细分选择了自己的目标市场后，根据其需求特点提供适当的产品或服务，并制定一系列的营销措施和策略，实施有效的市场营销组合。

> **小案例 6-3　美国啤酒公司的市场细分**
>
> 美国一家公司发现，美国 80% 的啤酒是被 50% 的顾客消费掉的，另外一半顾客的消耗量只占消耗总量的 20%。因此，啤酒公司宁愿吸引重度饮用啤酒者，而放弃轻度饮用啤酒者，并把重度饮用啤酒者作为目标市场。公司还进一步了解到大量喝啤酒的人多是工人，年龄为 25~50 岁，喜欢观看体育节目，每天看电视的时间不少于 3 小时。很显然，根据这些信息，企业可以大大改进其在定价、广告传播等方面的策略。

6.2.2 目标市场选择的条件

企业选择目标市场是否适当，直接关系到企业的营销成败以及市场占有率。因此，选择目标市场时，必须认真评价细分市场的营销价值，分析研究是否值得去开拓，能否实现以最少的人财物消耗，取得最大的销售效果。一般来说，一个细分市场要能成为企业的目标市场，必须具备以下三个条件。

（1）有足够的市场潜在需求，以作为企业市场营销发展的方向。

（2）市场上有一定的购买力，有足够的销售量及营业额。

（3）企业必须有能力满足目标市场的需求。

6.2.3　目标市场策略

企业在选择了自己的目标市场后，就必须在该目标市场上实施相应的市场策略，以配合其各方面的发展。根据各个细分市场的独特性和公司自身的目标，共有以下三种目标市场策略可供选择。

1. 无差异性市场营销策略

无差异性市场营销策略就是企业把整个市场作为自己的目标市场，只考虑市场需求的共性，而不考虑其差异，运用一种产品、一种价格、一种推销方法，吸引尽可能多的消费者。当公司断定各个细分市场之间存在很少差异时可考虑采用这种无差异性市场营销策略。可口可乐公司在20世纪60年代以前曾以单一口味的品种、统一的价格和瓶装、同一广告主题将产品面向所有顾客，采取的就是这种策略。

无差异性市场营销的理论基础是成本的经济性。生产单一产品，可以减少生产与储运成本；无差异的广告宣传和其他促销活动可以节省促销费用；不搞市场细分，可以减少企业在市场调研、产品开发、制订各种营销组合方案等方面的营销投入。这种策略对于需求广泛、市场同质性高且能大量生产、大量销售的产品比较合适。

对于大多数产品，无差异性市场营销策略并不一定合适。首先，消费者需求客观上千差万别并不断变化，一种产品长期为所有消费者和用户所接受非常罕见。其次，当众多企业如法炮制都采用这一策略时，会造成市场竞争异常激烈，同时在一些小的细分市场上的消费者的需求得不到满足，这对企业和消费者都是不利的。最后，易于受到竞争企业的攻击。当其他企业针对不同细分市场提供更有特色的产品和服务时，采用无差异性市场营销策略的企业可能会发现自己的市场正在遭到蚕食，但又无法有效地予以反击。正是由于这些原因，世界上一些曾经长期实行无差异性市场营销策略的大企业最后也被迫改弦易辙，转而实行差异性市场营销策略。被视为实行无差异性市场营销典范的可口可乐公司，面对百事可乐、七喜等企业的强劲攻势，也不得不改变原来的策略，一方面向非可乐饮料市场进军，另一方面针对顾客的不同需要推出多种类型的新可乐。

2. 差异性市场营销策略

差异性市场营销策略是将整体市场划分为若干细分市场，针对每一细分市场制订一套独立的营销方案。比如，服装生产企业针对不同性别、不同收入水平的消费者推出不同品牌、不同价格的产品，并采用不同的广告主题来宣传这些产品，采用的就是差异性市场营销策略。例如，某自行车企业根据地理位置、年龄、性别细分为几个子市场：农村市场，因常运输货物，要求牢固耐用，载重量大；城市男青年，要求快速、样式好；城市女青年，要求轻便、漂亮、闸灵。

差异性市场营销策略的优点是小批量、多品种，生产机动灵活、针对性强，这使消费者需求更好地得到满足，由此促进产品销售。另外，由于企业是在多个细分市场上经营，一定程度上可以减少经营风险、一旦企业在几个细分市场上获得成功，就有助于提升企业的形象及提升市场占有率。

差异性市场营销策略的不足之处主要体现在两个方面：一是增加营销成本。由于产品品种多，管理和存货成本将增加；由于公司必须针对不同的细分市场发展独立的营销计划，会增加企业在市场调研、促销和渠道管理等方面的营销成本。二是可能使企业的资源配置不能有效集中，顾此失彼，甚至在企业内部出现彼此争夺资源的现象，使拳头产品难以形成优势。

3. 集中性市场营销策略

实行差异性市场营销策略和无差异性市场营销策略，企业均是以整体市场作为营销目标，试图满足所有消费者在某一方面的需要。集中性市场营销策略则是集中力量进入一个或少数几个细分市场，实行专业化生产和销售。实行这一策略，企业不是追求在一个大市场角逐，而是力求在一个或几个子市场占有较大份额。例如，生产空调器的企业不是生产各种型号和款式、面向不同顾客和用户的空调机，而是专门生产安装在汽车内的空调机。又如，汽车轮胎制造企业只生产用于换胎业务的轮胎，均是采用此策略。

集中性市场营销策略的指导思想是：与其四处出击收效甚微，不如突破一点取得成功。这一策略特别适合资源力量有限的中小企业。中小企业由于受财力、技术等因素的制约，在整体市场可能无力与大企业抗衡，但如果集中资源优势在大企业尚未顾及或尚未建立绝对优势的领域，就能占领市场。

采用集中性市场营销策略，能集中优势力量，有利于产品适销对路，降低成本，提高企业和产品的知名度，但有较大的经营风险，因为它的目标市场范围小，品种单一。如果目标市场的消费者需求和爱好发生变化，企业就可能因应变不及时而陷入困境。同时，当强有力的竞争者打入目标市场时，企业就会受到严重影响。因此，中小企业为分散风险，仍应选择一定数量的细分市场为自己的目标市场。

三种目标市场营销策略各有利弊。选择目标市场时,必须考虑企业面临的各种因素和条件,如企业规模和原料的供应、产品类似性、市场类似性、产品生命周期、竞争的目标市场等。

选择适合本企业的目标市场策略是一项复杂多变的工作。企业内部条件和外部环境在不断发展变化,经营者要不断通过市场调查和预测,掌握和分析市场变化趋势与竞争对手的条件,扬长避短,发挥优势,把握时机,采取灵活的适应市场态势的策略,去争取较大的利益。

小案例 6-4 "尼西奇"公司的尿布

"尼西奇"公司起初是一个生产雨衣、尿布、游泳帽、卫生带等多种橡胶制品的小厂,由于订单不多,面临破产。在一个偶然的机会下,总经理多川博从一份人口普查表中发现,日本每年约出生 250 万个婴儿,如果每个婴儿用两条尿布,一年需要 500 万条尿布。于是,公司决定放弃尿布以外的产品,实行尿布专业化生产。一炮打响后,公司又不断研制新材料、开发新品种,不仅垄断了日本尿布市场,还远销世界 70 多个国家和地区,成为闻名于世的"尿布大王"。

【训练与练习】

思考:江崎公司的目标市场选择在哪里?目标市场策略是什么?

日本泡泡糖市场年销售额约为 740 亿日元,其中大部分为"劳特"所垄断,其他企业很难进入该领域。但江崎公司对此并不畏惧,成立了市场开发团队,专门研究"劳特"产品的不足之处,寻找市场的缝隙。经过周密的调查分析,他们终于发现"劳特"产品的四大不足。

第一,以成年人为对象的泡泡糖市场正在扩大,而"劳特"仍旧把重点放在儿童泡泡糖市场上。

第二,"劳特"的产品主要是果味型泡泡糖,而现在消费者的需求正在多样化。

第三,"劳特"多年来一直生产单调的条状泡泡糖,缺乏新型式样。

第四,"劳特"的产品价格是 110 日元,顾客购买时需多掏 10 日元零钱,这样很不方便。

通过分析,江崎公司决定以成年人泡泡糖市场为目标市场,并制定了相应的市场营销策略,不久便推出了功能型泡泡糖四大产品:司机用泡泡糖,使用了高浓度薄荷和天然牛黄,以强烈的刺激消除司机的困倦;交际用泡泡糖,可清洁口腔,祛除口臭;体育用泡泡糖,内含多种维生素,有利于消除疲劳;轻松型泡泡糖,通过添加叶绿素,可以改变人的不良情绪。公司还精心设计了产品的包装和造型,价格定为50日元和100日元两种,避免了找零钱的麻烦。功能型泡泡糖问世后,风靡日本。江崎公司不仅挤进了由"劳特"独霸的泡泡糖市场,而且占领了一定的市场份额,从零猛升至25%,当年销售额达175亿日元。

6.3 市场定位

让消费者记住你的产品——市场定位

营销者进行市场细分并选定目标市场之后,在制定营销组合吸引既定客户之前,还需考虑一个问题,即企业在面对同行竞争时,应该如何在类似的产品中突出自己的产品来吸引客户?虽然我们已经按照企业自身的特点及消费者的需求进行市场细分和选择,但市场中的企业众多,选择同一个目标市场的企业不止一家,这时,如何能在同一个目标市场的竞争中取胜,让消费者知道或记住我们的企业呢?这就需要市场定位。

市场定位是市场细分和确定目标市场策略的合理延伸,是整个过程的第三个步骤。它的目的是在选定的目标市场上建立起一整套人们需求的产品的品质和形象,并且将自身的产品与竞争者的产品区别开来。

很多营销者都认为稳定而清晰的市场定位是企业成功的基本要素之一。

6.3.1 市场定位的概念

市场定位是指企业针对自身条件和竞争者现有产品在市场上所处的位置,并根据消费者对该产品的印象和理解,为产品设计和塑造一定的个性或形象,再通过一系列营销努力把这种个性或形象强有力地传达给顾客,从而适当确定该产品在市场上的位置的过程。

可见,定位的核心是为产品设计和塑造一定的个性或形象。

企业可根据所选定目标市场上的竞争者产品所处的位置和企业自身条件,从各方面为企业和产品创造一定的特色,塑造并树立一定的市场形象,以求在目标顾客心目中形成一种特殊的偏爱。这种特色和形象可以通过产品实体方面体现出来,如形状、构造、成分等;也可以从消费者心理上反映出来,如舒适、典雅、豪华、朴素、时髦等,或者由两个方面共同作用而表现出来,如价廉、优质、服务周到、技术先进等。

当消费者考虑或评价一个产品(或企业)时,通常会以同一子市场内的同类产品做比较。比如,在评价软饮料、汽车、快餐的销路时,会用同一市场领域内的其他产品或服务进行比较。通过比较同类产品的特性和其表面上的效用，消费者会对该产品形成一定的印象。这种消费者对产品或企业的印象就称为定位。

需要注意的是，定位这一术语既可以用于对一个企业或其整个系列的产品，也可以只用于某种单一产品。例如，在竞争日益激烈的豪华轿车市场，我们能看到奔驰、宝马和凌志分别定位于优质的工程设计、卓越的性能和高品质的生产等不同方面。

6.3.2　市场定位的依据

1. 根据产品的属性和功能定位

产品的某些特性往往是竞争对手无暇顾及的，特别是新产品。这种定位往往容易收效。如果为老产品找到一种新用途，也是为该产品创造定位的好方法。

2. 根据产品的质量、价格及档次定位

有时候一个企业的定位策略也反映为将其产品归入（或远离）某个产品级别或品质。有些企业努力将其产品定位为理想级别。产品可以定位为与其相似的另一种类的产品档次，或者强调与其同档次产品相比具有某些方面的差异特点。如果一些零售商高品质、高价格的定位是众所周知的（如屈臣氏、7-11便利店），那么一些折扣低价商店则可以从价格和质量的另一方面定位（如价廉物美的大型超市）。

3. 根据使用者的不同类型定位

企业常常试图把某些产品指引给适当的使用者或者某个细分市场，以便根据那个细分市场的特点建立起恰当的形象。例如，牛奶被定位为时髦、健康的饮料，与啤酒和其他碳酸饮料相比，是那些喜欢熬夜的人的最好选择。

4. 根据竞争者的位置定位

根据竞争者所处的位置，企业采取的定位方向有两种：第一，将自己定位在与对手同等的位置上，我们称为"迎头定位"。这往往适合与竞争对手实力相当，相互之间竞争较激烈的企业。第二，将自己定位在与对手截然不同的位置上，我们称为"回避定位"。这适合实力远不及其竞争对手的中小型企业。

6.3.3　市场定位的步骤

比较完整的市场定位，通常包括以下四个步骤。

（1）通过市场调研，了解消费者和用户对此类产品的哪些属性和特征比较重视，他们主要是怎样了解和记忆这类产品属性和特征的。

（2）通过慎重的市场调研，了解竞争者的产品在消费者和用户心目中的地位、形象和特征。

（3）综合以上两方面的考虑，为自己的产品设计某个形象，要做到特点突出，个性鲜明，有强烈的代表性和象征意味。

（4）采取一系列的营销组合，把本产品形象传达给消费者和用户，并根据试销进行探路。

6.3.4 市场定位的方法

市场定位的方法可分成以下四个具体的操作步骤。

1. 建立市场结构图

任何一种产品都有许多属性或特征，如价格的高低、质量的优劣、规格的大小、功能的多少等。其中任何两个不同的属性变量都能组成一个坐标，从而构建起一个目标市场的平面图。

以产品的价格和质量分别作为横纵坐标变量建立一个坐标，当然，根据不同的产品，企业也可选择消费者关心的其他属性，如规格 – 速度组合用于分析旅游用客车市场；口味 – 重量组合用于分析咖啡市场等。图 6-1 是以价格和质量为参数对冰箱市场进行的分析。

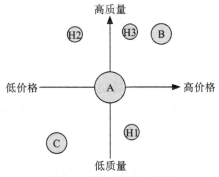

图 6-1　目标市场定位图

2. 描绘竞争状况

目标市场定位的第二步就是在市场结构图上标明现有竞争者的位置（坐标平面上的点）及其市场份额大小（圆圈的面积）。以图 6-1 为例，A、B、C 三个圆圈分别代表目标市场上已有的三个竞争者，圆心的坐标反映其在目标市场中的实际定位，圆圈的面积大小则说明各个竞争者的销售额大小。我们可以看到，B 是冰箱市场中颇有声望的企业，它生产的是优质优价的产品；A 企业生产的是质量中等的中档产品；C 企业占据着低档产品市场部分，以低价提供低质的产品。这三家企业中 A 企业的销售情况最好，市场份额最大。

完成第二步工作，企业得到一张详细的"作战图"，"对手"的分布和实力都一目了然。

3. 初步确定定位方案

H 代表自我定位。将代表本企业的"H"小旗（如图 6-1 中 H1、H2、H3 所示）插到"作战图"的不同位置，每一种位置意味着一种定位方案。分析、评价各种可能的方案后，选出最理想的市场作为初步定位，经有关部门详细论证后，由企业决策当局确定。

4. 修正定位方案和再定位

在初步定位完成后，即使初步定位正确，也应看到市场环境的动态变化，随时准备对产品进行再定位，并做一些调查和试销工作，及时找到偏差并立即纠正。一般说来，三种变化是促使企业考虑再定位的力量：一是消费需求的萎缩或消费者偏好的转移；二是竞争者定位策略和实力改变，并威胁到企业在目标市场的发展；三是企业自身的变化，如掌握某种尖端生产技术，使生产成本大幅度下降或能生产原先不能开发的产品。再定位就是重新定位，可以视为企业的战略转移。

6.3.5 市场定位策略

针对各个公司的不同发展状况选择不同的定位策略，定位策略主要有以下几种方式。

1. 对抗性定位

对抗性定位是一种以强对强的市场定位方式，即将本公司形象或产品形象定位在与竞争者相似的位置上，与竞争者争夺同一目标市场。如可口可乐与百事可乐之间持续不断的争斗，肯德基与麦当劳对着干，等等。需要提醒的是，实行这种定位策略的公司应具备的条件是：能比竞争者提供质量更好或成本更低的产品；市场容量足够大，能够容纳两个或两个以上的竞争者产品；比竞争者有更多的资源和更强的实力。这种定位方式存在一定风险，但能够激励公司以较高目标要求自己奋发向上，一旦成功就会取得巨大的市场优势，且在竞争过程中往往能产生轰动效应，可以让消费者很快了解公司及其产品，易于公司树立市场形象。当然，实行对抗性定位，必须知己知彼，应清醒估计自己的实力，不一定要压垮对方，只要能够平分秋色就是巨大的成功。

2. 避强定位

一般情况下消费者对首先进入头脑的事物记得最清楚。例如，世界上的第一高峰是珠穆朗玛峰，那第二高峰呢？在奥运会上为中国实现金牌零的突破做出贡献的第一人是许海峰，那第二人呢？人们很容易记住那些最先进入头脑的东西，而把其后的东西都忽略掉。当公司意识到自己无力与强大的竞争者抗衡时，则可以选择远离竞争者，根据自身条件及相对优势，突出宣传自己与众不同的特色，满足市场上尚未被竞争对手发掘的潜在需求。

由于避开了强劲的对手，这种方式风险小、成功率高，即使是实力较弱的小公司如能正确运用此方式准确定位，也能取得成功。可口可乐、百事可乐是世界软饮料行业的领导公司，如果在可乐市场上与它们竞争，效果可能不是很理想。七喜汽水公司认识到了这一点，避开可乐这一概念，而把自己定位于非可乐，此举取得了极大的成功，使七喜汽水在非可乐领域开辟出了一块巨大的市场。

> **小思考**　"白加黑"的市场定位策略
>
> 　　1994年末盖天力推出"白加黑"，上市时间比1989年进入中国的康泰克和1993年进入中国的泰诺都晚。在后两个品牌中，康泰克凭借独有的缓释胶囊技术，第一个建立了全国性强势品牌，其广告是"早一粒晚一粒，远离感冒困扰"，在当时普遍6小时吃一次的感冒药中，确立了"长效"定位；泰诺则依赖"30分钟缓解感冒症状"的诉求获得成功，其定位于"快效"，与康泰克针锋相对。
> 　　面对强大而又被消费者所广泛认同的竞争对手，"白加黑"没有跟进康泰克或泰诺，而是在长效、快效之外，确定了干脆简练的广告口号："治疗感冒，黑白分明"，所有的广告传播的核心信息是"白天服白片，不瞌睡；晚上服黑片，睡得香"。产品名称和广告信息都在清晰地传达产品概念。"白加黑"将两位领先者重新定义为黑白不分的感冒药，自己是"日夜分服"。
> 　　"白加黑"上市仅180天销售额就突破1.6亿元，在拥挤的感冒药市场上分割了15%的份额，登上了行业第二品牌的宝座，在中国营销传播史上，堪称奇迹。这一现象被称为"白加黑"震撼，"白加黑"凭此定位进入了三强品牌之列。
>
> **思考**
> 1. "白加黑"采用了哪种定位策略？
> 2. 为什么要采用这种策略？

3. 创新定位

创新定位是寻找新的尚未被占领但有潜在市场需求的位置，填补市场上的空缺，生产市场上没有的、具备某种特色的产品。例如，索尼公司的索尼随身听等一批新产品正是填补了市场上迷你电子产品的空缺，并进行不断的创新，使得索尼公司即使在"二战"时期也能迅速发展，一跃成为世界级的跨国公司。又如，苹果公司推出的智能手机，改变了我们的生活方式。采用创新定位方式时，公司应明确创新定位所需的产品在技术上、经济上是否可行，有无足够的市场容量，能否为公司带来合理且持续的盈利。

小案例 6-5　吉列公司剃须安全刀片的创新

剃须安全刀片是美国吉列公司发明的，近50年来一直是刀片市场的王牌。20世纪60年代初，吉列刀片受到BIC公司的不锈钢刀片的攻击，一些顾客纷纷放弃吉列，转而使用BIC公司的产品。为扭转不利局面，吉列推出世界上第一把双片剃须刀片，其定位改为"剃须更彻底"。6年后，吉列公司又推出便携式剃须刀，其定位又改变为"安全便利"。

4. 重新定位

公司在选定了市场定位目标后，如定位不准确或虽然开始定位得当，但市场情况发生变化时，如遇到竞争者定位与本公司接近，侵占了本公司部分市场，或由于某种原因消费者或用户的偏好发生变化，转移到竞争者方面时，就应考虑重新定位。重新定位是以退为进的策略，目的是实施更有效的定位。

小案例 6-6　金罐加多宝凉茶

2015年5月加多宝——这款在国内凉茶市场稳居领导者地位的饮料品牌，以迅雷之势推出全新金色包装，宣布开启凉茶黄金时代。在被誉为"中国定位第一人"的邓德隆看来，加多宝凉茶推出金罐，首先，这是一种必需的战略升级，因为品牌需要"重新定位"。其次，加多宝"360度品质管理体系"从1.0升级为2.0，即在原材料管控、提取工艺、过程质量管理等方面进行系统性升级，打造与国际接轨的世界级工厂，强化金罐加多宝凉茶在国际市场的核心竞争能力。

【训练与练习】

1. 为什么企业在进行市场细分和目标市场的选择之后还要进行市场定位？
2. 请搜集资料，选定某种产品，分析其定位过程。

学习指导

学习本任务要遵循这样一个思路：对整个市场进行细分—选择自己的目标市场—确定自己在市场中的位置，即市场定位。首先应弄清楚几个基本概念，如市场细分、目标市场营销和市场定位等，然后着重掌握市场细分、选择目标市场、确定目标市场策略及市场定位的一般原理和方法。学习本任务应注重应用，即理解和掌握上述过程的操作方法，从而在树立目标市场营销思想的基础上，学会在实际中应用的基本技能。

习题与练习

一、名词解释

市场细分　市场定位　目标市场　目标市场营销　无差异性市场营销策略　差异性市场营销策略　集中性市场营销

二、填空题

1. 市场细分的客观基础是消费者需求的（　　）。
2. 产业市场细分的主要依据是（　　）、（　　）和（　　）。

三、单项选择题

1. 有效的市场细分必须具备以下条件（　　）。
   A. 市场要有同质性、应变性、市场范围相对较小
   B. 市场要有可进入性、可变性、垄断性、同质性
   C. 市场具有可测量性、需求大量性、效益性、应变性等
   D. 市场要有差异性、可衡量性、可进入性、效益性、稳定性
2. 一个市场是否有价值，主要取决于该市场的（　　）。
   A. 需求状况　　　　　　　　B. 竞争能力
   C. 需求状况和竞争能力　　　D. 中间商的多少

四、多项选择题

1. 地理细分变量有（　　）。
   A. 地形　　　B. 气候　　　C. 城乡
   D. 交通运输　E. 经济
2. 若强大的竞争对手实行的是无差异性营销，企业则应实行（　　）营销。
   A. 大量　　　B. 产品多样化　　　C. 集中性
   D. 无差异性　E. 差异性

五、案例分析

"袖珍宾馆"的竞争策略

上海南京西路，有座"袖珍宾馆"——海港宾馆。在大饭店、高档宾馆林立的上海，经理们大多为住客率低而犯愁。可在这里，常常出现十多批客人等在大厅中，抢住刚刚空出的客房的情形。生意如此兴隆，奥妙何在？

夜晚，走进海港宾馆的客房，两张席梦思占据着客房的主要位置，与一般的宾馆一样，看不出有什么特别之处。可是，当你清晨起床后，轻轻按一下"机关"，床就会缓缓翘起翻嵌进暗门里，这时，你才会惊讶地发现，一间客房俨然变成一间标准的"经理室"。对生意人来说，既不需要多付房租，又不落身价，花了标准房的钱，享受了"套房"的待遇。

市场细分的内容之一就是根据消费者的不同需要，投其所好。就说旅游者吧，有学生，也有蜜月夫妻，还有退休夫妇等。并且，随着我国市场经济的发展，商务性旅游更是发展势头迅猛。你要招揽客人进店，就必须了解你的服务对象是哪些人、他们需要什么。如果服务对象是商务旅游者，那么对这些生意人，你就得增加会客室、接待室、小型会议室、写字间等公共活动场所，同时还应当增加新的服务项目，如外文翻译、复印誊写、通信传真、外汇结算等。"袖珍宾馆"的决策者正是根据自己的目标市场消费者——商务旅游者的需要定位的，别出心裁地设计了客房的接待室两用间，既为客人节省了开支，又提高了自身的经济效益。除了巧妙的客房设计，海港宾馆的决策者还广泛调查客人的其他诉求。通过调查发现，很多客人为整个上海没有一个为寻找合作者而提供企业资料的信息库而大伤脑筋。海港宾馆立即与上海旅游学会合作，建立了上海第一个商务信息电脑库，分门别类地储存上海的主要经济信息和各类机构的"花名册"。企业也可以申请在该电脑库中设立一个"户头"，存入企业简介和合作意向。这项软件服务为商务旅游者提供了大量合作机会和洽谈线索，大受他们的欢迎。

资料来源：百度文库，市场营销案例分析集锦。

【分析讨论】

1．"袖珍宾馆"取得成功是因为运用了营销学中的哪些原理？
2．假定你是一家中小型宾馆的经理，你得到了什么启示？

六、营销链接

1．化妆品市场细分表范例

化妆品市场细分表范例

地区	年龄	职业	收入（元）	使用情况	品牌偏好
北京	16～23岁	女学生	依靠父母	一般 少量	明显 不明显
	20～40岁	服务业女职工 制造业女职工 机关事业单位女性	3 500以下 3 500～5 000 5 000以上	大量 一般 少量	明显 不明显
	40岁以上	职业妇女 退休妇女	3 500以下 3 500～5 000 5 000以上	一般 少量	明显 不明显

(续)

地区	年龄	职业	收入（元）	使用情况	品牌偏好
广州	16～23岁	女学生	依靠父母	一般 少量	明显 不明显
广州	20～40岁	服务业女职工 制造业女职工 机关事业单位女性	3 500以下 3 500～5 000 5 000以上	大量 一般 少量	明显 不明显
广州	40岁以上	职业妇女 退休妇女	3 500以下 3 500～5 000 5 000以上	一般 少量	明显 不明显
西安	16～23岁	女学生	依靠父母	一般 少量	明显 不明显
西安	20～40岁	服务业女职工 制造业女职工 机关事业单位女性	2 500以下① 2 500～4 000① 4 000以上	大量① 一般 少量	明显 不明显①
西安	40岁以上	职业妇女 退休妇女	2 500以下 2 500～4 000 4 000以上	一般 少量	明显 不明显

①为选择的细分市场。

2. 补充阅读

上海老年用品市场细分

实训应用

（一）实训项目

目标市场策略的应用。

（二）实训目标

实训要求学生学会对整体市场进行调研、分析，在此基础上根据不同的细分标准对市场进行细分，从而为企业选定一个目标市场，最后根据产品的特点及该市场上的竞争情况给产品定位。熟悉市场细分的细分依据，培养以顾客为中心的市场观念、提高综合分析能力。

本次实训，能提高学生的综合分析能力及思考、解决问题的能力，培养其敏锐的市场触角，检验其对知识的掌握情况，为将来走向工作单位进行实际操作、求得自身发展打下基础。

（三）实训内容

假定自己是某产品（服装、鞋帽、洗发水等）或某公司（餐饮集团、电商平台、理发店等)的营销策划主管,针对自己所经营的产品,分析研究"谁是我的客户",找准"我的目标市场",实施市场定位策略。

要求:在市场调研与分析的基础上,确定并描绘"我的客户"。

1. 描述当前客户:年龄段、性别、收入、文化水平、职业、家庭大小、民族、社会阶层、生活方式。

2. 客户来自何处?本地、国内、国外、其他地方?

3. 客户买什么?产品、服务、附加利益?

4. 客户每隔多长时间购买一次?每天、每周、每月、随时、其他?

5. 客户买多少?按数量、按金额?

6. 客户怎样买?赊购、现金、签合同?

7. 客户怎样了解我的企业?网络、广告、报纸、广播、电视、口头、其他(要注明)?

8. 客户对我的公司、产品、服务怎么看?(客户的感受)

9. 客户想要我提供什么?(客户期待我能够或应该提供的好处是什么?)

10. 我的市场有多大?按地区、按人口、潜在客户?

11. 在各个市场上,我的市场份额是多少?

12. 我想让市场对我的公司产生怎样的感受?

根据以上资料,确定这一产品的市场定位,并拟出市场定位建议书。

(四)实训指导

1. 将学生分成若干小组,对本市不同行业的企业进行分类,如超市、连锁店、配送中心、大卖场、仓储公司等。各小组自主选择某产品或者某公司,就调查的目的、内容统一制作调查问卷。

2. 目标企业以选择本地企业为宜,这样有利于进行详细的调查研究。

3. 实训应按照以下步骤进行:市场调研→根据企业实际及产品特点选择合适的细分依据进行市场细分→选择目标市场及制定目标市场策略→进行产品定位。

4. 实训结束后应形成书面报告,把相关分析结果撰写出来。

5. 教师要跟踪访问并进行指导,学校应为访问活动提供方便,并在访问前就在访问过程中可能发生的问题对学生进行教育。

(五)实训组织

1. 把全班分为若干小组(一般6~8人为一组),各组选出一名组长,带领本小组成员收集资料(可亲自到企业收集,也可通过网络、图书馆及相关书籍收集)。

2. 小组中的成员在组长的安排下,要依据统一的标准,合理分工,进行本小组的数据采集。全组成员集中在一起,对收集回来的资料进行整理、分析、归纳,然后进行充分的讨论,形成较为一致的看法,按照上述步骤形成书面报告,并用PPT制作5分钟的汇报演讲稿。

3. 集中全班同学进行一次汇报演讲,由各组代表上台将其分析结果告知全体同学,接受老师和企业销售代表的提问,然后由老师进行点评,评选出最优秀的小组。

(六) 实训考核

每名学生填写好实训报告,最后评价应包括实训报告和汇报演讲两部分的成绩。成绩基于以下几点给出:

1. 资料收集的完整性、选择对象的有代表性。
2. 促销方案制订的合理性和可行性。
3. 小组成员之间分工完成情况、团队协作情况。
4. 本小组对实训过程的管理和控制能力。

部分习题参考答案

二、填空题
1. 差异性 2. 用户要求、用户规模、用户地点
三、单项选择题
1. D 2. C
四、多项选择题
1. ABCD 2. CE

学习情境 4 市场营销组合的规划与执行

任务 7 制定产品策略

学习目标

知识的掌握

1. 掌握产品的核心概念，了解产品组合与产品线策略。
2. 熟悉产品市场生命周期各阶段的特点及其相应的营销策略。
3. 了解新产品的概念及种类，熟悉新产品的开发程序。
4. 掌握品牌的概念和作用、商标的概念和种类，熟悉品牌设计的原则和品牌的实施策略，了解品牌管理的有关内容。
5. 熟悉包装的概念、作用及包装策略。

技能的提高

1. 培养认识与判别产品市场生命周期的能力。
2. 培养利用产品市场生命周期开展工作的能力。
3. 学会创立品牌与保护品牌的能力。
4. 学会进行产品组合策略的能力。

任务导入

收集一家企业的资料，画出产品组合图，指出某一产品整体产品概念的三个层次的内容，并分析其品牌策略、包装策略。

案例引导

宜家的产品策略

宜家是瑞典人坎普拉德于1943年创立的一家瑞典家居用品企业，创立之初主要经营文具邮购、杂货等业务，后转向以家具为主业。在不断地扩张过程中，宜家的产品范围扩展到涵盖各种家居用品。宜家在稳健快速发展的70多年时间里，在全球有数百家连锁商场。目前是全球最大的家居用品零售商。

宜家的营销策略是其经营管理的一大亮点,有很多值得借鉴的地方。

1. 准确的产品市场定位

宜家的经营理念是"提供种类繁多、美观实用、老百姓买得起的家居用品"。

从创建初期,宜家就决定与家居用品消费者中的"大多数人"站在一起。这意味着宜家要满足具有很多不同需要、品位、梦想、追求以及财力状态有较大差异,同时希望改善家居状况并创造更美好日常生活的人的需要。针对"大多数人"的这种需要,宜家的产品定位于"低价格、精美、耐用"的家居用品。

卖场的每个角落及其经营理念都充斥着异国文化,顾客自己拼装家具、免费获赠大本宣传刊物、自由选购等特点使得很多白领把"吃麦当劳的汉堡,喝星巴克的咖啡,用宜家的家具"作为一种风尚。

1997年,宜家开始考虑儿童对家居物品的需求,开发、设计了旨在培养儿童运动能力和创造力的产品。宜家在展示厅还设立了儿童游戏区、儿童样板间,餐厅专门备有儿童食品,所有这些都得到孩子们的喜爱,使他们更乐意光顾宜家。

2. 产品风格独特,有利于销售

宜家家居出售的产品全部由宜家公司独立设计,宜家强调产品"简约、自然、清新、设计精良"的独特风格。

走进卖场就会发现,宜家的家居产品无论是单件产品还是家居整体展示,无不彰显其简约、自然、匠心独具,既设计精良又美观实用。这种风格确实能打动大多数消费者的心,激起他们的购买欲望。

宜家的这种风格贯穿在产品设计、生产、展示销售的全过程中。为了贯彻实现这种风格,希望自己的品牌以及自己的专利产品能够最终覆盖全球,宜家一直坚持亲自设计所有产品并拥有其专利,每年有100多名设计师在夜以继日地疯狂工作以保证"全部的产品、全部的专利"。

3. 产品设计精美且经久耐用

宜家一贯强调产品设计精美、实用、耐用。

单纯的设计精美并不难,但是在低价格的基础上同时做到精美、实用、高质量,难度很大。

宜家拥有一大批优秀的设计师保证宜家家居用品的设计。他们不但经验丰富,而且能够与经验丰富的生产商紧密合作,找出能够充分利用原材料的方法;同时他们也通晓如何既生产出低成本的家具,又保持原来的设计创意。

4. 产品系列广泛

宜家产品系列广泛,共有10 000多种产品供顾客选择。基本上,任何品位的顾客都可以在宜家买到所需的家居产品。

首先,广泛的功能。在宜家可以找到从厨房煎锅到客厅家具、餐具刀叉,从办公家具到绿色植物等物品。总之，在宜家可以找到几乎所有实用的家居用品，顾客不必在各家居店之间东奔西走。

其次，风格范围广泛。不同品位的人在这里都能找到自己的所爱。宜家没有过于极端或过于夸张的产品，它提供的是为创造舒适的家居环境所需要的产品。

资料来源：http://www.cnad.com/html/Article/2009/1224/shtml.

【问题引入】

宜家的成功给中国企业何种启示？

7.1 产品概念和产品组合

7.1.1 产品概念

营销学意义上的产品是指满足市场购买者需求的载体。对这一概念的理解应把握以下要点。

1. 营销学意义上的产品应从市场购买的角度去理解

人们的需求和得到满足的途径、载体很多，但不一定都是产品，关键是看其是否属于营销和购买的范畴。例如，接受捐赠和遗产继承而来的实物，因不是从市场购买的而不被视为产品。花钱购买的心理咨询所得到的服务被称为产品，而获得免费的心理咨询一般不称其为产品。

2. 营销学意义上的产品是一个整体概念

营销学意义上的产品是一个整体概念，它包含三个层次的产品：核心产品、形式产品和附加产品，也就是说，三个层次无论缺少哪一个都不能称其为现代营销学意义上的产品。相比而言，车间生产的产品概念就只有前两个层次的含义。

（1）核心产品。核心产品指的是产品提供给购买者的最基本的效用和利益。它是消费者需求中的核心部分，也是产品整体概念中最主要的内容。

消费者购买产品是为了获得某种效用和利益，营销活动首先应在产品为消费者提供哪些效用并使购买者获得哪些利益上说服购买者。

小知识

企业一定要弄清楚顾客真正要买的是什么。例如，洗衣机的核心利益体现在它能让消费者方便、省力、省时地清洗衣物；生日蛋糕的核心利益不是为了吃，而是为了烘托一种气氛；汽车也并非一堆钢铁，而是交通代步工具，是身份和地位的象征。

（2）形式产品。形式产品指的是产品的实体外观形式，一般由产品的品质、款式、形状、品牌、商标、包装等有形因素构成。尽管这些有形因素并不全部直接进入产品的使用过程并产生效用，但核心产品借以实现效用的载体毕竟融入其中，而且从形式美的美学规律看，产品的实体外观形式也在一定程度上间接影响消费者对产品的满意程度和评价，甚至成为消费者选购产品的直观依据。

小案例 7-1　茅台酒获奖

我国茅台酒尽管有着上等品质，但由于简易的包装，在国际博览会上无人问津，关键时刻，送展人员急中生智，假装失手，当众打碎一瓶茅台酒，茅台酒特有的醇香立即吸引了所有人的眼球，与会人士一致称赞。茅台酒因此获得1915年巴拿马万国博览会奖章，从此享誉全球。

（3）附加产品。附加产品又叫延伸产品，指的是消费者购买有形产品时所获得的附加于产品之上的各种服务和利益，包括提供信贷、免费送货、安装调试、维修保养、瑕疵包换和售后服务等。

附加产品之所以是产品整体概念中的一部分，是因为消费者购买产品时希望得到尽可能多的东西。在同类或同质产品的营销竞争中，附加产品有利于刺激消费者的购买欲望、购买量及重复购买。正如美国学者西奥多·莱维特所指出的："新的竞争不是发生在各个公司的工厂生产什么产品，而是发生在其产品能提供何种附加利益（如包装、服务、广告、顾客咨询、融资、送货、仓储及具有其他价值的形式）。"可见，提供更多的附加产品，无疑可以增强产品营销的竞争力。

小案例 7-2　服务延伸

无锡小天鹅股份有限公司一直以来坚持"12345"的服务规则，即工作人员进入用户家中，首先必须换一双干净的鞋，然后向用户说两句道歉语："对不起""给您添麻烦了"；维修时使用三块抹布，一块铺在地上垫机器，一块擦机器，一块自己擦手；维修时要做到四不，即不抽用户烟，不喝用户茶，不吃用户饭，不收用户钱；如果按预约时间晚去一天，厂家罚维修员钱。

产品整体概念这一原理告诉我们，三个层次的产品概念是不可分割的整体。其中，核心产品是根本，但须转化为形式产品才能得以实现，同时还要提供尽可能多的附加利益，才能提高产品营销的竞争力。购买者选购产品，是从产品整体概念的角度去考虑的,因而不同企业产品质量的竞争实质上是整体概念意义上的产品的竞争。

7.1.2 产品组合

产品如何迭代——产品组合策略在企业中的运用

1. 产品组合的概念

产品组合指的是企业生产或销售的全部产品系列和产品项目的组合。

现代社会化大生产和市场经济条件下的企业,大多生产或销售多种产品,如果产品组合不当,就可能造成产品滞销积压,致使企业亏损。所以,产品组合的科学性是十分必要的。

要准确理解产品组合这一概念,必须理解以下与之相关的两个概念。

一是产品系列,又叫产品线或产品大类,指的是同一产品种类中在功能和销售网点等方面具有密切关系的一组产品。比如,在电器产品中,电视机和电冰箱是不同的产品线。

二是产品项目,指的是产品线内不同品牌、规格、式样、型号、价格的特定产品。比如,在电视机产品系列中,不同型号、规格、价格的电视机便是不同的产品项目。产品项目是构成产品系列的基本元素。

> **小资料**
>
> 某家用电器公司可生产和经营电视机、录像机、音响三个大类产品,即该企业拥有三条产品线;在电视机这条产品线中,又有32英寸⊖、46英寸、50英寸、55英寸、60英寸五种规格的彩色电视机,即电视机这条产品线包括5个产品项目。

2. 产品组合的方式

产品组合的方式指的是由产品组合的广度、深度和关联性所决定的组合形式。

产品组合的广度,又叫产品组合的宽度,指的是产品组合中所包含产品系列的数量,即该产品组合拥有多少条产品线。

产品组合的深度是指每个产品系列中所包含产品项目的数量。一个产品系列包含的产品项目数量多,则谓之产品组合深度长,反之则谓之产品组合

⊖ 1英寸=2.54厘米。

深度短。

产品组合的关联性是指一个企业的各条产品线在最终使用、生产条件、分销渠道和其他方面相互关联的程度。

一般情况下，企业增加产品组合的广度，即增加产品系列，有利于扩大经营范围，多种经营可以分散经营风险；增加产品组合的深度，可满足消费者不同的需求和爱好，吸引更多的顾客，占领更多的细分市场；增加产品组合的关联性，可使各个产品系列在最终使用、生产条件和分销渠道等各方面密切关联，则可以提高企业在某一特定领域、地区、行业内的竞争力和声誉。

3. 产品组合的优化

产品组合的优化问题，即产品组合战略，产品最佳化的组合会给企业带来更多的利润。一般说来，优化产品组合的策略主要有如下几种。

（1）拓展产品组合策略。拓展产品组合策略，包括扩大产品组合的广度和加大产品组合的深度，即增加产品系列和在原产品系列基础上增加新的产品项目，这就拓宽了产品的经营领域。当企业现有的产品系列销售额和利润下降时，就应考虑扩大产品组合的广度和深度。

（2）缩减产品组合策略。缩减产品组合是与拓展产品组合相反的策略。当市场不景气或原材料、能源涨价时，企业缩减产品系列和产品项目，即减少不必要的投资，而集中人力、财力大力发展获利多的优势产品，从而达到增加利润的目的。

（3）产品系列延伸策略。产品系列延伸策略指的是企业把自己的产品系列延伸到超过现有经营范围的策略，包括向上、向下和双向延伸三种延伸方式。

1）向上延伸。向上延伸指的是在原有产品系列的基础上增加高档产品项目。高档产品利润大，但成本高、技术含量高，这种策略的风险也较大，一是消费者可能不相信企业能生产高档产品，而是生产或销售的企业也许缺乏生产和销售高档产品的经验，因而还会影响原有产品的市场声誉。

小案例 7-3　玉兰油产品向上延伸策略

玉兰油原本定位于中低端市场，为顺应消费形势的变化，玉兰油不断将产品线和品牌形象上移，在中低端、中高端两线作战，使得玉兰油成为创造出单一品牌长线定位的成功特例。继推出多效修护系列之后，玉兰油又推出了一系列价位在 200～400 元的中高端产品，如此共同组成了一个覆盖中低端、中高端市场的产品线。

2）向下延伸。向下延伸指的是在原有高档产品系列的基础上增加中低档产品项目。这种策略可利用高档产品的声誉，吸引顾客慕名购买公司的中低档产品；或高档产品利润不大时，为了充分利用设备而改为发展中低档产品。但这种延伸也存在风险，即中低档产品的质量问题会影响原有高档产品的声誉，因此，向下延伸的产品最好用新的商标。

3）双向延伸。双向延伸指的是定位在中档产品的企业取得市场优势后，将产品系列向高档和低档两个方向延伸。

小案例 7-4　云南白药集团牙膏延伸策略

> 2005 年，云南白药集团针对当时市场上的牙膏主要是以预防蛀牙、美白和清新口气等作为其功效，而基本没有专门预防牙齿出血的产品，推出定位是"口腔全功能保健"的云南白药牙膏。企业在营销活动中始终将功效作为其诉求点，瞄准的是有牙龈出血等口腔问题或是关注口腔健康的顾客群体。在产品定价方面，市场上一支 120 克的云南白药牙膏售价 20 多元，而按当时的价格水平，6 元以上的牙膏就属于高档产品，可见云南白药牙膏在推出之时就确定了高端的市场定位。

（4）产品序列更新。产品序列更新即产品序列现代化。在产品的广度和深度都比较合适的情形下，如果产品序列过时，技术水平和生产方式都远远落后于时代，就必然使产品在市场中缺乏竞争力，因而有必要对产品序列进行更新，使之现代化。

对产品进行序列更新，主要有两种做法：一种是渐进式地更换设备和技术，其优点是节省更新的资金耗费，但同行业的竞争对手会发现并调整竞争对策；另一种是闪电式更新策略，短时间内更新全部设备和技术，优点是出其不意地击败竞争者，缺点主要是短期大动作的更新，耗费的资金相对较多。

【训练与练习】

1. 有些企业认为，如果增加产品项目可以提高盈利，则表示目前的产品线太短，应增加产品项目以延长产品线；相反，如果减少产品项目能增加盈利，则表示目前产品线太长，这时应该减少产品项目以缩短产品线。这种说法对吗？

2. 如何理解"没有疲软的市场，只有疲软的产品"这一说法？

7.2　产品市场生命周期

7.2.1　产品市场生命周期的概念

产品市场生命周期指的是产品从投放市场到被市场淘汰的全过程。

产品市场生命周期是指产品在市场上的存在时间，从产品进入市场才开始计算，此前产品的研究开发和试产成功都在产品市场生命周期之外；产品退出市场标志着产品生命周期的结束。产品市场生命周期与产品使用生命周期是不同的概念，前者以市场交换价值的消失为结束，后者以使用价值的消失为结束。

任何事物都有生有灭，产品的市场生命也不例外。产品市场生命周期主要受消费者需求变化、产品更新换代等多种因素的影响。生产企业应密切注视产品市场生命周期内各阶段的变化，以了解消费者需求的动向，通过不断地开发新产品，或设备更新使产品升级换代，以满足消费者的需要；对于营销决策人员来说，应在不同的发展阶段制定相应的市场营销策略，灵活调整产品的营销方案，以吸引更多的顾客。

7.2.2 产品市场生命周期各阶段及其特征

产品市场生命由于受市场诸多因素的影响，不同的时期或阶段有着不同的销量和利润。按销售额和利润的变化，一般可将产品市场生命周期分为四个阶段：引入期、成长期、成熟期和衰退期。

1. 引入期

引入期又称介绍期、试销期，指的是产品投入市场试销的阶段。其主要特征是：广告促销费较高，主要原因是消费者对产品不了解，要打开销路就得大力促销宣传；制造成本高，主要原因是试制比批量生产的费用高，试销期的生产批量小，成本自然就高；产品售价偏高，主要原因是生产批量小、成本高、广告促销费较高等；产品利润低，甚至可能亏损，尽管售价偏高，但由于销售额增长缓慢，所以利润难以提高。

2. 成长期

成长期又称畅销期，指的是产品通过试销取得成功并转入成批生产和扩大市场销售的阶段。其主要特征是：销售额迅速增长，主要原因是顾客对产品已经熟悉并有大量新顾客开始购买；生产成本大幅度下降，主要原因是产品设计和工艺定型，并大批量生产；利润迅速增长，主要原因是顾客及其购买量上升及成本下降；市场竞争日趋激烈，主要原因是同类产品、仿制品和代用品纷纷挤占市场。

3. 成熟期

成熟期又称饱和期，指的是产品在市场上销售增长速度明显减缓，或销售总量在到达顶峰后转入缓慢下降的阶段。其主要特征是：基本上没有新的分销渠道可开辟，因为大多数消费者已用过该产品；销售额和利润增长缓慢，甚至趋于零或负增长，因为市场需求趋于饱和；竞争激烈，竞争者都在通过各种促销手段，力图打开销路，摆脱困境。

4. 衰退期

衰退期又叫滞销期，指的是产品不能适应市场需求，逐渐被同类新产品所替代，销售额急剧下降的阶段。其主要特征是：销售额和利润迅速下降，因为产品需求量下降，市场被能满足消费者新需要的新产品所占领；价格极低，在新产品拥有广大消费者的情形下，大多数企业不得不选择退出，少数企业继续经营或处理存货，就只能将价格压到极低的水平，几乎无利润可言，继续经营衰退期的产品，大多得不偿失，摆在面前的希望只有开发新产品。

产品市场生命周期曲线如图 7-1 所示。

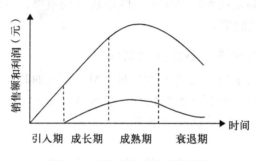

图 7-1　产品市场生命周期曲线

7.2.3　产品市场生命周期各阶段的营销策略

1. 引入期的营销策略

一般说来，产品一进入引入期，企业便想迅速扩大销售量并盈利，从而尽快进入成长期，几乎没有一个企业愿意在引入期滞留、磨蹭。该阶段营销的主要基本策略如下。

（1）产品宣传，使消费者了解并尝试使用新产品。

（2）运用促销与价格组合，并根据市场和产品的实际而选择相应的策略。

1）高价高促销策略，即用以高价格和大规模促销推出新产品，先声夺人，迅速盈利。

2）高价低促销策略，即用高价格推出新产品，为节约成本并早日收回投资而只做很少的促销。

3）低价高促销策略，即用低价格和大量的促销迅速获取市场份额。

4）低价低促销策略，即用低价格和低促销的方式推出新产品，缓慢地向市场渗透。

（3）分销策略，即通过分销渠道，给予中间商优惠以提高其积极性，从而使新产品迅速到达消费者手中。

> **小思考**
>
> 对企业来说，不应该贸然地选择上述策略中的某一个。因为，如果企业选择的第一步策略是想"赚一笔大钱"，那么可能为了短期利润而牺牲长远利益；如果企业第一步策略是想"放长线钓大鱼"，则很可能失去眼前获得额外利润的机会。因此，这些策略作为产品导入市场的第一步，企业应仔细选择，抓住保持市场领先地位的最好时机。

2. 成长期的营销策略

产品进入成长期以后，企业迫切希望能最大限度地延长该阶段的时间，其常见策略主要有如下几方面。

（1）改进产品质量，增加花色品种，完善生产工艺，扩大产品生产批量，以满足市场需求。

（2）为产品争创名牌，广告宣传的目标由引入期的以提高知名度为中心转为以争创产品名牌和树立企业良好形象为中心。

（3）进一步细分市场，扩大目标市场。

（4）开发新的分销渠道和分销机会，扩大分销面。

（5）择机降价，以吸引要求低价供应的购买者。

3. 成熟期的营销策略

产品进入成熟期，销售额和利润出现最高点，此时的企业无不希望尽量延长该阶段的生命周期，但是与其被动守业，不如以攻为守，在市场、产品和营销组合改进等方面进行主动出击、改革创新。其策略主要有如下几种。

（1）市场改革，即开辟新的目标市场，寻求新顾客，包括争取竞争者的顾客。

（2）产品改进，即从产品的特性、质量、式样和附加产品等方面进行创新性改进，或发掘产品新用途，用于其他领域，以满足消费者日益增多的种种需要，从而延长产品的生命周期。

（3）市场营销组合改革，即对产品、定价、分销渠道、广告、推销、服务等加以改革，以刺激销售额的回升，通常的做法主要有降价、改善销售渠道、增加广告，以及提供更多的售后服务等。

4. 衰退期的营销策略

产品是否进入衰退期，要经过认真的商情调查。要注意区别假象和个别、暂时现象。产品进入衰退期，销售量会直线下降，企业继续生产衰退期的产品的话，大多得不偿失，因而纷纷转向或推出新产品，营销策略自然应随之调整。该时期的营销策略主要有如下几种。

（1）坚守策略，又叫继续策略。该策略似乎有点逆水行舟，但坚守是相对的、有条件的，因为任何产品终究都有退出市场的那一天，而且产品衰退期的坚守与成熟期的坚守有性质上的不同，策略自然有别。在产品衰退期时，众多竞争者退出，有时个别停留在原市场上的企业可能出现"逆反"转机。对此可采取坚守策略，其主要有以下两种形式。

1）连续策略，即连续沿用过去同样的市场、渠道、价格和促销活动，使产品自行衰退，直至自动结束。这种策略可谓全面坚守，风险较大。

2）集中销售策略，又叫集中策略，即缩短经营战线，将原来投入的资源集中到一些最有利的细分市场和分销渠道。这种策略可谓重点坚守，尤其适合新产品未开发、未上市，或近期无力开发又没有条件全面坚守的情形。

（2）逐步放弃策略，又叫收缩策略。该策略以降低营销费用的方式增加当前利润，还可从喜欢本产品的忠实的老顾客中得到利润，但要考虑为老顾客保留多少零部件的库存和维修服务，以及是否通过广告通知顾客等。

（3）立即撤出策略。对于企业已准备好替代产品的老产品，企业应当机立断，放弃经营，可把产品出售或转让给别人或者完全抛弃。

总之，要在对市场做认真调查与分析的基础上，正确判断产品是否进入衰退期，以及进入衰退期的进程，从而选择不同的应对策略。

科特勒对产品市场生命周期的特征和策略的阐述如表 7-1 所示。

表 7-1　产品市场生命周期的特征和策略

		引入期	成长期	成熟期	衰退期
特征	销售	销售量低	销售量剧增	销售量最高	销售量下降
	成本	人均获客成本高	人均获客成本一般	人均获客成本低	人均获客成本低
	利润	亏本	利润增长	利润高	利润下降
	顾客	创新者	早期接受者	中间主要一族	落后者
	竞争者	很少	增多	数量稳定并有开始下降趋势	数量下降
	营销目标	创建产品知名度和试用	市场份额达到最大	保护市场份额的同时获取最大利润	减少开支，挤干品牌剩余价值
策略	产品	提供基本产品	提供产品扩展服务、担保	品牌和型号多样化	逐渐减少衰退产品
	价格	用成本加成法	制定能渗透市场的价格	定价和竞争者抗衡或战胜他们	降价
	销售	选择性销售	密集性销售	更密集性销售	有选择地减少无利润销售点

(续)

		引入期	成长期	成熟期	衰退期
策略	广告	在早期接受者和经销商中建立产品知名度	在大量市场建立产品知名度和激发兴趣	强调品牌差异和利益	降低到维持住绝对忠诚者所需要的程度
	促销	加强促销以引导试用	利用重度消费者的需要，减少促销	为鼓励转换品牌加强促销	降到最低水平

资料来源：科特勒.科特勒市场营销教程（原书第4版）[M].俞利军，译.北京：华夏出版社，2000.

【训练与练习】

1. 到市场上调查一种消费品（如化妆品、手机等）的不同品牌，指出每种品牌的产品在生命周期中处于什么阶段。

2. 任何一种产品都有市场生命周期，但为什么有"百年佳酿"的茅台，又有"短命"的秦池？比较这两种白酒的营销策略，你有何启示？

7.3 品牌与包装策略

7.3.1 品牌与品牌策略

1. 品牌的概念

（1）品牌的定义。品牌又称为产品的牌子、厂牌，它是制造商或经销商加在产品上的名称，用来区别同行业其他企业同类产品的商业名称。

品牌是一个集合概念，它由品牌名称和品牌标志组成。

品牌名称是指品牌中可以用语言来称呼和表达的部分，如海尔、美的、TCL、诺基亚、松下等著名品牌的名称。

品牌标志指的是品牌中可识别但不能直接用语言表达的特定标志，即专门设计的符号、图案、色彩、文字等。

> **小知识**
>
> 品牌的英文单词 brand，源自古挪威文 brandr，意思是"烧灼"。人们用这种方式来标记家畜等需要与其他人的相区别的私有财产。到了中世纪的欧洲，手工艺匠人用这种打烙印的方法在自己的手工艺品上烙下标记，以便顾客识别产品的产地和生产者。这就产生了最初的商标，并以此为消费者提供担保，同时向生产者提供法律保护。16世纪早期，蒸馏威士忌酒的生产商将威士忌装入烙有生产者名字的木桶中，以防不法商人偷梁换柱。到了1735年，苏格兰的酿酒者使用了"Old Smuggler"这一品牌，以维护采用特殊蒸馏程序酿制的酒的质量声誉。

（2）品牌的特征。品牌具有以下几个特征。

1）专有性。品牌是用以识别生产者或销售者的产品或服务。其拥有者经过法律程序认定，享有一定的专有权，其他企业或个人不能仿冒或伪造。

2）资产性。品牌拥有者可以凭借品牌优势不断获取利益、开拓市场、扩张形象，因此，品牌也相当于企业的无形资产，企业可以以此作为商品在市场上进行交易。

3）表象性。品牌是企业的无形资产，不具有独立的实体，它最原始的目的就是让人们通过一个比较容易记忆的形式来记住某一产品或企业，它必须通过一系列诸如文字、图案、符号等物质载体来表现自己。此外，产品的质量、服务、知名度、美誉度、市场占有率也是品牌的表现形式。

4）扩张性。由于品牌具有识别功能，它代表着一种产品甚至是一个企业，因此，企业可以利用这一特点开拓市场以及扩张资本。

2. 品牌的作用

品牌具有以下作用。

（1）品牌有利于产品销售。品牌在形式上容易被记住，便于顾客重复购买，便于销售商订货；在质量上是企业形象的体现和信誉的保证，有利于吸引品牌的忠诚者；品牌与企业形象联系在一起，容易树立企业形象，便于做广告宣传，有利于促销。

（2）品牌有利于产品组合的扩充及市场细分和定位。品牌有利于企业管理。企业可以在品牌的产品系列中增加新的产品项目，从而使新产品更容易为消费者接受。企业可以不同品牌产品分别投入不同的细分市场，以满足不同消费者的不同需求，如宝洁公司的"海飞丝""飘柔"等，便是针对不同的消费群体而推出的不同洗发品牌。

（3）品牌通过商标注册可获得法律保护。品牌通过商标注册，可以使企业的产品特色得到法律保护。品牌一经商标注册，便受法律保护，其他企业不得假冒、抄袭，否则要被追究法律责任，这就保护了品牌所有者的正当权益。

（4）品牌有利于监督产品的质量。企业靠保证质量而创立名牌并保住名牌，因而生产企业无不注重品牌的质量管理和监督；同时品牌名称也便于公众投诉和议论曝光，是公众对产品质量监督的重要手段。

（5）品牌有利于保护消费者的利益。消费者信赖品牌，避免盲目购物和上当受骗；而一旦品牌有质量问题，消费者可凭品牌向厂家或商家索赔。

3. 商标的概念、种类和特点

（1）商标的概念。商标指的是经政府有关部门依法定程序注册登记并受法律保护的产品品牌。

商标是一个法律术语，经注册登记的商标有"R"标记，或标明"注册商标"字样。

所有的商标都是品牌，两者都是产品的标记。两者的根本区别就在于是否经过政府权威部门依照法定程序进行审批登记，只有经过法定程序注册登记的品牌才是商标，一般品牌则无须办理登记。

（2）商标的种类。按不同的分类标准，商标可划分为不同的种类，主要划分方式如下。

1）按商标的组合成分划分，有：符号商标，即图形商标，如凤凰牌自行车的凤凰图案，其形象直观但不便称呼；文字或数字商标，如广东的"陈李济"药品和"555"电池等；组合商标，即由两个以上的文字、图形、符号结合而成，如广州的双喜牌香烟。

2）按用途划分，有：营业商标，即用企业名称、营业标记等作为商标，如"娃哈哈"集团公司以企业名称作为商标，南方航空公司以图案作为营业商标；证明商标；等级商标，等等。

3）按使用者的不同划分，有：制造商标，即表示商品制造者的商标，大多数商品属于此类；销售商标，即表示商品经营者的商标；服务商标，等等。目前，我国以使用者命名的商标较为少见，大多为商品制造者商标。

（3）商标的特点。与相邻或相近的物品相比较，商标具有如下主要特点。

1）商标是商品品牌经注册的标志。商标在形式上是图案、符号或文字等标记，但只有当它标记在商品上并经过注册才是商标，并非出现在所有物品上的这类标记都是商标。

2）商标是受到法律保护的产权标志。商标是经商标局核准注册而取得的受到法律保护的权利，具有独占性，不容许其他企业假冒和侵占。

3）商标是企业声誉的象征。取得商标的商品是商品的生产者或经营者声誉的象征，区别于一般普通商品，所以商品所有者都十分注重从产品质量上保护商品的声誉。

> **小知识**
>
> 在西方，商标是法律名称。品牌或品牌中的部门经向政府有关部门注册登记后，获得专用权，受到法律保护就称为商标。以前在我国，"商标"与"品牌"这两个术语通用，没有什么区别，而另有注册商标与未注册商标之分。注册商标指在政府有关部门注册后，享有专用权的商标，区别于一般未注册商标。现在逐渐与国际接轨，商标就是指已经登记注册过的，受法律保护。

4. 品牌的设计

品牌设计如何，在一定程度上影响着品牌作用的实现和效果。品牌一般主要有文字、图案和符号三种,其设计既要考虑营销效果,又要讲究美感,还要避免与别的商标雷同。一般说来,品牌设计应遵循以下规则。

(1)符合法律规定。《中华人民共和国商标法》第十条从内容含义方面规定了不得作为商标使用的八种情形,比如,商标不能同外国的国家名称、国旗、国徽、军旗以及政府间国际组织的名称、旗帜、徽记等相同或相似;商标不能有民族歧视性,不能带有欺骗性,不能有害于社会主义道德风尚或者有其他不良影响。《中华人民共和国商标法》的另外条款还从另外角度对商标的其他方面做了禁止性规定。

(2)简洁醒目,易读易记。品牌是用来与其他产品,特别是与竞争者的产品相区别。因此,无论是文字还是图形,都应简洁明了,让人容易记忆,才能给消费者留下深刻的印象,真正起到识别不同产品的作用。例如,太阳神的标志就十分简洁。文字作为品牌名称,不宜过长,且应通俗易懂,读起来顺口,听起来悦耳,容易记忆。例如,娃哈哈、可口可乐等。

(3)契合消费者的心理向往。消费者购买商品,除了要实现使用价值,还希冀商品具有一定的精神价值,图吉利,品牌所包含的信息如体现消费者的精神向往,必然大受欢迎并刺激消费者的购买欲望。比如,"家乐""万家乐""如意"等就与中国人传统的心理向往相契合。

(4)创意新颖,避免重复。品牌的设计要求创意独特新颖,切忌模仿重复,否则不能给消费者留下强烈印象,亦无助于品牌形象的树立。但是,长期以来,我国品牌雷同现象严重,多个厂商长期以来使用相同的品牌名称,这是品牌意识淡薄的表现。

小案例 7-5　七匹狼的品牌故事

福建七匹狼(男士服装与香烟)品牌的命名就是借用了一部台湾电影《七匹狼》的名字,巧借其名,并且深入地进行品牌文化挖掘,将狼的勇敢、自强、桀骜不驯等特征与目标人群风格紧密联结。然后,聘请台湾知名歌手齐秦(当年以流行歌曲《北方的狼》成名)做品牌形象代言人,使此狼与彼狼相互映衬、相互促进。

七匹狼商业品牌的视觉化处理也非常个性化和具有特色,它是一只奔跑前行的狼的剪影,企业再通过电视广告让齐秦去演绎具有狼的精神的都市故事,积极把握时事热点、焦点,进一步深入借势造势进行品牌经营,打造商业品牌的成功神话!

5. 品牌策略

品牌策略指的是企业如何合理有效地使用品牌，以充分发挥品牌作用的方法。一般企业的品牌策略主要有如下几种。

（1）无品牌策略。对于大部分产品来说，使用品牌可实现品牌的积极作用。但是，并不是所有产品都必须使用品牌，由于使用品牌要发生一定的费用，可能会使使用品牌对促进销售的作用很小。通常以下商品不使用品牌。

1）不因制造者而形成特点的产品，如电力、玻璃。

2）临时性或一次性生产的产品。

3）生产简单、消费者选择性不大的产品，如钉子、纽扣、针线。

4）原材料或初级加工产品，如木材、沙石、方料。

（2）品牌归属策略。品牌归属策略，指的是决定采用制造商的品牌、经销商的品牌还是制造商与经销商混合品牌的最佳选择的方法。

1）使用制造商的品牌。这是传统的做法，至今依然被许多经销商采用，特别是一些专卖店。

2）使用经销商的品牌。中间商在产品与消费者之间起着质量保证和售后服务保证的信誉作用。例如，一些大型电器或家具销售商场，如苏宁电器、全友家具，就采用经销商的品牌。

3）使用制造商与经销商混合品牌。一些新产品往往选择名牌经销商以打开市场再考虑改用制造商的品牌，或两种品牌名称同时打在标签或包装上。

（3）统一品牌策略与个别品牌策略。统一品牌策略指的是企业生产的所用产品使用同一种名称的品牌，如美的集团的所有电器都使用"美的"这一品牌。这种策略的好处是节省品牌的设计费用，壮大企业的声誉。统一品牌策略适合企业声誉好、名气大的企业，或属于同一细分市场的产品，否则一种产品质量有问题，会损害企业的信誉并对其他品牌造成连带影响。

个别品牌策略即对各种产品分别采用不同的品牌。这种策略适合产品差别较大、产品系列内品种较多、产品系列之间的关联较少的企业。为防止产品之间冲突，选择个别品牌策略，可以突出品牌，淡化企业形象。

小案例 7-6　美国的菲利浦·莫里斯公司的个别品牌

提到美国的菲利浦·莫里斯公司，人们立即就会联想到香烟，大名鼎鼎的"万宝路"牌香烟就是这家公司的拳头产品。然而，要是有人问"卡夫"酸奶和奇妙酱、"果珍"饮品、"麦斯威尔"咖啡以及"米勒"啤酒是哪家公司生产的，许多中国人也许会发愣，其实发愣的不仅仅是中国人，连美国的消费者也是要么发愣，要么认为这些是美国通用食品公司的产品。其实，这些产品全部出自菲利浦·莫里斯公司。

统一品牌和个别品牌并非绝缘，两者结合另有效果，即混合品牌。拥有多种产品系列或者具有多种类型产品的企业可以考虑统一品牌和个别品牌相结合的策略。其结合形式一般是"统一品牌＋个别品牌"。例如，海尔集团的冰箱依据其目标市场定位不同而分别命名为海尔双王子、海尔小王子、海尔帅王子等，洗衣机也有海尔小小神童洗衣机。

（4）分类品牌策略。分类品牌策略也叫多重品牌策略，即一个企业对其不同产品使用不同品牌，或对同类产品同时使用两种或两种以上品牌。

如果企业生产的产品性质差别巨大，最好采取分类品牌策略，比如，美国斯维夫特公司既生产火腿又生产化肥，两种产品性质截然不同，该公司便以"普莱米姆"（Premium）作为火腿品牌，以"维哥洛"（Vigoro）作为化肥品牌，以免两类产品混淆。

当然，同一类产品也可按产品质量或等级的不同使用不同品牌，如宝洁公司的洗发液使用潘婷、飘柔、海飞丝等品牌。

分类品牌策略的优点主要是便于区别不同产品的特点，在一定程度上把个别产品的成败与企业的整体声誉区分开来；有利于企业内部竞争，有利于提高企业的工作效率和管理效率等。其缺点是广告费用高、成本高，而且创建名牌难度较大，相对于同一品牌和混合品牌来说，它近似于白手起家。另外，品牌过多，每种产品的市场份额相对变小，使企业资源分散，而不能集中在少数盈利高的品牌上。

7.3.2 品牌管理

品牌对企业来说是一项无形资产，知名、著名品牌对许多企业来说更是一笔巨额财富。然而中国很多企业由于缺乏理论研究及实践经验，品牌管理普遍存在很多问题。一般来说，企业应从以下几个方面加强品牌管理。

1. 具有战略意识

企业如果没有品牌战略意识，急功近利，只考虑赚钱，没有打造长久品牌的意识，势必造成品牌从基础建设到系统推广操作缺乏规范。具有战略意识要求企业必须有一个完善的市场研究分析系统，从品牌一上市就开始跟踪调查了解该品牌在市场上的状况，绝不能抱有品牌一上市就要见效益，几个月不见效益就要撤的思想。

2. 要有系统性

品牌管理是一个系统工程，而很多企业却认为，只要把名字起好，包装设计好，再想一句广告语就可以了。这是一大误区。

按照温韬的"8B"品牌规划管理模式，除基本市场规划外，还分为8个部分：目标市场定位、品牌属性定位、大卖点提炼、品牌核心价值理念定义、品牌架构规划、品牌识别系统规划、品牌传播规划、品牌形象检视。"8B"系统的特点在于简明、规范、系统，将企业市场行为全部纳入品牌管理系统的规范运作中。

3. 合理规划品牌架构

很多小型企业甚至有一些中型、大型企业集团都忽视了品牌架构规划的重要性。比如本土日化领袖雕牌、饮料领袖娃哈哈等，品类多，产品多，然而在企业发展壮大的同时，由于品牌架构规划不到位，造成品牌核心价值的严重缺失、品牌虚脱、断链，为品牌的长远发展埋下隐患。

品牌架构管理来自企业的业务战略方向及基于业务战略的品类组合、产品组合等。因此，品牌管理要从产品开始，从对市场的动态监控不断发现新机会开始。企业的产品开发既要结合市场需求，又必须考虑企业的品牌架构规划。

4. 品牌属性定位准确

品牌属性定位是品牌管理的基本前提之一，它回答了"我是做什么的"问题。做品牌如做人，介绍一个人，最基本的介绍一般是这样的：这是某某，从事某某工作。属性定位的模糊一般是因为企业无章法地进行品牌延伸，造成品牌虚脱、品牌属性的淡化，失去品牌个性，而缺失个性的品牌是不能长久的。

5. 清晰界定品牌核心价值

品牌必然要有自己的思想价值，就如同一个人要有自己的思想一样。如果品牌属性定位为让品牌在行业中找到自己的位置，那么品牌核心价值的界定则是为品牌在消费者的意识形态里找到自己的位置。一些企业的品牌往往缺乏核心价值理念意识，更多的是站在听起来朗朗上口却空洞无味的广告语、广告口号等层面来考虑问题。

缺乏核心价值的品牌往往只给消费者留下一个简单的品牌属性概念——这是××品牌，这个品牌是做××的。然而，品牌传播形成的不应该只是一个强烈的品牌属性定位，还应包含该产品能给消费者带来哪些更明确的功能性利益和什么样的感受。

小案例 7-7　海底捞品牌价值

海底捞始终秉承"服务至上、顾客至上"的理念，以创新为核心，改变传统的标准化、单一化的服务，提倡个性化的特色服务，将用心服务作为基本理念，致力于为顾客提供"贴心、温心、舒心"的服务；在管理上，倡导双手改变命运的价值观，为员工创建公平公正的工作环境，实施人性化和亲情化的管理模式，提升员工价值感。

> 海底捞使命：通过精心挑选的产品和创新的服务，创造欢乐火锅时光，向世界各国美食爱好者传递健康火锅饮食文化。
> 海底捞价值观体现在如下两方面。
> 一是双手改变命运。
> 二是以顾客为中心，以"勤奋者"为本。

6. 实施品牌差异化策略

自产品开发到终端销售的营销操作过程平庸无差异化，品牌没有强有力的卖点支持。这是国内企业品牌营销普遍存在的问题。在市场还不规范、不成熟的情况下，企业可以不重视这方面的内容，但随着市场竞争的日益激烈，没有差异化的营销操作将没有竞争力。

品牌要凸显差异化的特征，就必须塑造具有个性的品牌。品牌的个性来自个性化的市场需求。企业必须重视塑造品牌个性，特别是在那些新潮消费领域，要知道，没有个性，就没有竞争力。一些优秀的品牌都是从塑造品牌个性开始的，比如"联想，只要你想！""李宁，一切皆有可能！"。

7. 品牌延伸有章可循

品牌延伸应考虑消费者的心理感受、品牌的承载能力，而不应仅仅考虑生产、渠道方面的资源优化。很多企业通常只是在生产上稍做调整就推出另一种新产品，我们知道，生产的上下游经常有不同的产品可以"顺带"产出。另外，为了渠道资源的充分共享，企业还可以在同一渠道中纳入其他产品，但不同的产品是否适合共用一个品牌就应另当别论。

8. 增强品牌的表现力

增强品牌的表现力关键在于策划有创意的广告，使品牌的表现形式准确到位。但是有些企业，包括许多广告公司，还在"点子时代"的思维中，即使寻找到各种灵感和亮点，到头来却发现混乱不堪。品牌经过混乱传播必将带来混乱的形象印迹。策划有创意的广告基本步骤是：确定表现内容→寻找核心表现形式→演绎表现形式。

9. 品牌传播的规范性

品牌传播缺乏系统规划、随机而动，也是企业中普遍存在的现象。品牌传播是品牌规划管理系统中重要的作业模块之一，从品牌传播主题、副主题及应用规范，到各种传播形式规范，都要有计划。比如年度性的主题活动、主题推广活动、固定节日的传播活动等都要预先做出计划方案以确保品牌传播的规范性、系统性。

10. 品牌的注册保护策略

国际上对商标权的认定有"注册在先"和"使用在先"两个原则。所谓"注册在先"是指商标的专用权属于首先申请注册并获批准的企业或个人;"使用在先"即商标的专用权属于首先使用该商标的企业或个人。中国商标法对商标权的认定采用的原则是"注册在先"。

企业为了保护自己的商标通常可以采取的注册策略如下。

（1）类似商标注册。它是指在文字、发音、图案方面注册与使用相同或相似的一系列商标，以保护正在使用的商标。比如，红豆集团把与"红豆"中文发音相同的、含义相近的"虹豆""相思豆"等类似商标都进行了及时的注册；娃哈哈集团把"哈哈娃""哈娃娃"等类似商标进行了必要的保护性注册。

（2）跨行业、跨品类注册。为了防止他人在不同产品或行业中使用企业的商标，企业可以把同一品牌在完全不同种类的产品或行业进行商标注册。例如，三九集团的"999"注册商标应用范围涉及三九集团八大产业，红豆集团在国内34类商品上全部注册了"红豆"商标。

（3）国际注册。为了有利于企业开拓国际市场，企业还有必要在目标市场国进行商标注册，以免在国际市场营销中受挫。在现实中，我国很多企业忽视了这点从而造成品牌资源的极大浪费。例如，"青岛啤酒"在美国被抢注，"同仁堂""杜康"在日本被抢注，"竹叶青"在韩国被抢注，"阿诗玛""红梅""云烟"在菲律宾被抢注等。

7.3.3 包装与包装策略

1. 包装的概念

包装一词有动词和名词相互联系的两种含义。动词含义的包装，指的是将产品用容器盛装或在外部用物品包扎起来的一系列活动，包括容器和外包扎物外观及式样的设计，以及包扎工序中的一系列活动；名词含义的包装指的是盛装和包扎产品的外观形象。

包装可以说是生产的最后一道工序，只有经过这道工序才能进入流通领域。包装主要可分成两类：一是内包装，又称销售包装，即起识别、美观，以及便于保护产品和携带方便等实用功能的作用，有的包装还因其美学价值而使产品增值。二是外包装，又称运输包装，主要作用是保护产品在运输过程中的安全，其又分单件包装和集装包装，前者是用单件容器包装产品，后者是将一定数量的单件包装组合在一件大包装的容器内。

小知识

在市场竞争日益激烈的今天，厂商竞相以日新月异的包装装潢作为吸引消

> 费者的手段，借以达到开创市场、拓宽销路的目的。近些年来，销售包装日益呈现出小包装的发展趋势，透明包装、金属和玻璃容器、贴体包装、真空包装的应用范围越来越广泛，包装容器器材的造型结构大多美观、多样、科学，包装画面也越来越讲究宣传效果。

2. 包装的作用

产品包装是一项技术性和艺术性很强的工作，是产品整体概念的重要组成部分。产品通过包装可达到多种效果：为运输、携带、保管和使用提供方便，外观适应消费者心理，体现产品特色和风格，等等。概而言之，包装的作用主要体现在以下几方面。

（1）保护商品。保护商品即保护商品质量完好和数量无损，这是商品包装最基本的作用。商品在从生产领域向消费领域转移的过程中，要经过多次运输和储存环节，包装不好就会遭到挤压、碰撞、日晒、雨淋，会出现商品变质或数量短少等情况，并造成企业声誉和经济上的损失。

（2）便于运输、携带和储存。产品的物质形态多样，有液态、气态、固态、胶态等；性质也各异，有毒、易腐、易蚀、易燃、易爆、易挥发等；外形上有棱角、刃口等危及人身安全的形状，等等。因此，必须进行合理的包装，才便于运输、携带和储存，以及在储存过程中进出货的点数计算。

（3）美化商品，促进销售。经过包装后的产品，其包装上的艺术特征具有美学价值，消费者对产品的第一印象是视觉上的产品包装，而非产品本身。产品能否引起消费者的兴趣和激发购买动机，在一定程度上取决于产品包装的美化程度，因而包装可谓"无声推销员"。产品经过好的包装后，变得更美观了，往往还可因之增加产品的价值，引起或刺激消费者的兴趣，从而促进产品的销售。通过产品包装，特别是其中的防伪标志，可以防止仿制和伪造，堵住了假冒渠道也就保住了产品销售的市场份额，有利于维护企业信誉，增强企业竞争力和销售活力，从而提高经济效益。

（4）减耗节支，增加利润。好的包装，尤其是产品的外包装，在运输过程中能减少因损坏、变质等引起的损耗，从而减少支出，增加利润；另外在销售中，美观的外包装可以刺激消费者的购买欲，从而增加销售量，进而增加利润。

3. 包装的策略

（1）类似包装策略。类似包装策略也叫同一包装策略或产品线包装策略，指的是企业生产的不同产品采用共同或相似的图案、形状、标签或其他共同的特征的包装。其目的是使消费者容易发现是同一家企业的产品。其优点主要是：节省包装设计的成本，有利于提高企业的整体声誉，特别是对于新产品来说容易进入市场。但这种策略如用于档次、品质相差太大的产品,则对高档产品的销售不利,对企业的声誉也有不利影响。

(2)等级包装策略。等级包装策略即按照产品的价值、品质分成若干等级并实行不同等级的包装,使包装与产品的价值相称。比如优质包装与普通包装,豪华包装与简易包装等,有利于消费者辨别产品的档次差别和品质的优劣。它适用于产品相关性不大,产品档次、品质比较悬殊的企业。其优点是能实现产品的特点,并与产品质量协调一致;缺点是增加包装设计成本。

(3)组合包装策略。组合包装策略指把使用时相互关联的多种商品纳入一个包装容器中,同时出售。比如家用药箱、针线包、工具包等。这种策略不仅有利于充分利用包装容器的空间,而且有利于同时满足同一消费者的多种需要,扩大销售。

(4)复用包装策略。复用包装策略指在原包装的产品使用完后,其包装物还可以作其他用途。这样可以利用消费者一物多用的心理,使他们得到额外的使用价值;同时,包装物在使用过程中,也可起到广告宣传的作用,诱发消费者购买或引起重复购买。

> **小知识**
>
> "莫比斯"广告奖始创于1971年,总部设在美国,该奖代表着当今国际广告艺术创意的巅峰成就。
>
> 在第30届"莫比斯"广告大赛中,四川水井坊有限公司开发的堪称国内高端白酒——水井坊,凭借非常考究、富有创意的包装,将传统理念和现代设计手法巧妙结合,以浓郁传统的东方文化内涵和简约凝练的现代设计手法,采用六棱柱纸盒和木质基座,将五行相生之意蕴含其中,吸引了众多国际评委的目光。通过客观严格的评审,水井坊从全球31个国家成千上万份参赛作品中脱颖而出,拔得头筹,摘下包装设计金奖。

(5)附赠品包装策略。附赠品包装策略指在商品包装物内附赠给购买者一定的物品或奖券。这种包装策略可以激发消费者的购物兴趣,并能激发其重复购买。

(6)更换包装策略。更换包装策略指对原商品包装进行改进或更换,重新投入市场以吸引消费者;或者原商品声誉不是太好,销售量下降时,通过更换包装,重塑形象,保持市场占有率。采取该策略可以重塑产品在消费者心中的形象,改变一些不良影响,但对于优质名牌产品不宜采用这种策略。

【训练与练习】

1. 怎样提高品牌的知名度和消费者对品牌的偏好？
2. 有人曾把包装视为营销组合策略中的第五个"P"，包装为什么在当前成为重要的营销手段？

7.4 新产品开发

7.4.1 新产品开发的概念

市场营销意义上的新产品，指的是产品在科技发明、性能提高、功能扩大、形态改进、设计新颖等方面比老产品有明显进步，并能够给消费者带来新的利益和满足的产品。也就是说，凡是在产品整体概念中的任何一个部分有所创新和改变的产品，都是新产品。

7.4.2 新产品的种类及其特征

市场营销意义上的新产品是相对于旧产品而言的，只要具备一定的创新特征，就可谓新产品。营销学往往将其创新特征作为新产品分类的标准。概而言之，新产品主要有如下几类。

1. 全新新产品

全新新产品指的是从某种角度看前所未有的产品。其"全新"概念也是相对的，如果按区域划分，又有以下几种。

（1）世界性新产品，指的是世界科技史上第一次试制成功，并生产和销售的产品。其全新的标志是新的发明，并采用新原理、新结构、新技术、新材料等制成的新产品。这类产品数量很少，如飞机、电话、电子计算机等。

（2）全国性新产品，指的是在国外早已出现，但国内还是初次试制生产并投入市场的产品。

（3）地区性新产品，指的是在国内外其他地区已经出现，但本地区是首次投入市场的产品。

（4）企业新产品，指的是本企业从未生产和销售过的产品，其之所以堪称"新"，是由于在标识本企业标牌的产品中它是新推出的。

2. 改进型新产品

改进型新产品指的是在原有产品的基础上进行改进，使产品在性能改良、质量提高、功能增多或实用、款式新颖、花色及包装翻新等方面有所改进的产品。改进型新产品如果改变了商标上的型号，一般称其为换代型产品。当然，不是所有改进型产品都改变商标上的型号。

> **小案例 7-8　光明麦风：新鲜牛奶＋天然纤维**
>
> 2002 年，光明牛奶除了大力推广"无抗奶"行业标准，还在产品创新方面取得了成就。光明牛奶 2003 年度推广的麦风产品，给人们留下了深刻印象。光明麦风这种介于豆奶和牛奶之间的产品靠大麦和膳食纤维赚到了钱。

3. 换代型新产品

换代型新产品也叫部分新产品，指在原有产品基础上部分采用新技术、新材料而制成的性能显著提高并具有新的型号的产品。它属于改进型产品中改变型号的新产品，如电视机从黑白到彩色、数字电视机，影碟机从 VCD 发展到 DVD。

4. 仿制型新产品

仿制型新产品指的是对国内外市场上已有的产品进行模仿而成为本国、本地区或企业初次生产并销售的产品。在新产品发展中，市场竞争导致仿制是难免的，但仿制应当在不侵犯对方知识产权的前提下进行。

5. 重新定位型新产品

重新定位型新产品指的是企业的老产品以质量、性能、样式、包装等的改进或新型号而进入新的市场的产品。

前四种产品类型主要是从制造的角度对新产品进行分类，而第五类则纯粹是从营销的角度对新产品进行分类。

7.4.3　新产品的开发程序

一个新产品从创意构思、研制成功到进入市场，主要经历以下八个阶段，如图 7-2 所示。

1. 新产品构思

新产品构思即提出新产品的设想方案。一个新产品的开发，首先从构思开始，其成功的关键首先也在于构思。

构思的来源途径很多，其主要有五种：了解消费者的需求、对产品的意见和期待，可以引发创意灵感；对竞争对手成功之处加以改造；对科技研究成果加以转化性的运用；从专利机构、高校、科研机构、信息媒体等信息中都可能获得构思的材料；从企业内部寻找新产品构思的来源，如企业职工最了解自己的产品，有不少改进建议。

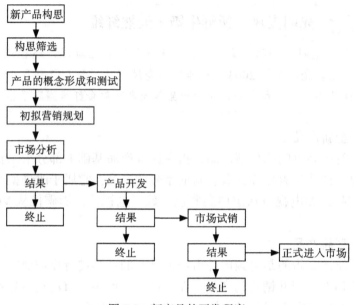

图 7-2 新产品的开发程序

小案例 7-9　地震带来的创意

1995 年的神户地震，使日本面包商意识到人们对于罐装面包的需要，因为普通面包只能保存几天，但在自然灾害来临时，人们不断需要新鲜食物。因此面包商开发了 KanBrendo（罐装面包），这种面包即使几个月后，保持新鲜。其广告语是"只要您需要，时刻为您准备着"。现在这种面包也被户外活动者和军队所用。

---

2. 构思筛选

构思筛选指的是采用适当的评价系统及科学的评价方法对各种构思进行分析比较，选出可行性较强的构思的过程。

在构思筛选过程中，力求做到淘汰那些不可行或可行性较低、必然亏损和亏损较大的新产品构思。筛选构思时，应考虑两方面的因素：一是该构思的新产品是否符合企业的战略目标，主要包括利润、销售额、销售增长率以及企业形象；二是本企业有无足够的能力开发这种创意产品，主要包括资金、技术、人力、销售能力等。

3. 产品的概念形成和测试

新产品概念的形成，即构思具体化，是指将产品构思转换成消费者接受的产品形象的步骤。具体地说就是对产品构思进行详尽描述，包括产品的性能、用途、式样、创新点、价格、给消费者的利益等，一般用文字或图样描述出来。

一种创意可以转化为多种产品概念，比如针对某社区的地理和商业环境，某企业获得经营快餐的构思，在这个构思上可形成多个产品概念，即多个品种。产品的概念形成后，还可以对该概念予以进一步修改完善，即把用文字或图样描述出来的产品概念，拿到消费者中进行评议测试，以了解顾客的不同反应，以便修改或从中选择最佳的产品概念。

4. 初拟营销规划

初拟营销规划即对企业选择的最佳产品概念的产品引入市场的初步市场营销计划。初拟营销规划一般包括以下三部分。

（1）目标市场预测：包括市场的规模、消费者的购买行为、产品的市场定位以及短期（如3个月）的销售量、市场占有率、利润率预期等。

（2）短期市场营销预测：主要包括产品预期价格、分配渠道及一季度和一年的营销预测。

（3）长期市场营销预测：指长期（3年以上）的销售额、投资收益率和不同时期的营销组合策略等。

5. 市场分析

市场分析又称商业分析、经营分析，是对概念已基本定型的产品的销售量、成本、利润以及投资回收期等所进行的预测性的分析。

市场分析目的是以此来判断该产品是否有发展前途，是否值得开发。其方法有多种，常用的有盈亏平衡销售量法、投资回收期法、资金利润率法、利润贴现法等。

6. 产品开发

产品开发即把产品概念交给研发部门研究并制造出产品样品的步骤，主要包括设计、试制和检测鉴定等环节。

7. 市场试销

市场试销指的是将正式产品投放到有代表性的小范围市场上所进行的试验性销售。试销的目的主要在于了解顾客对产品的购买和再购买情况，以便决定是否大批量生产。试销过程应注意回收反馈信息，主要包括三方面：一是顾客对产品本身的意见和建议；二是顾客再购买率；三是顾客和中间商对产品营销策略的意见。如果试销的产品试用率和再购率都高，表明该产品可大力发展；如果试用率高而再购率低，说明顾客对该产品不满意，需改进或放弃该产品；如果试用率低但再购率高，说明该产品很有前途；如果试用率和再购率都很低，则说明该产品应当放弃。

8. 正式进入市场

正式进入市场指的是新产品试销成功后的正式批量生产和全面推向市场的阶段。企业在此阶段应对以下几方面慎重考虑、做好决策。

（1）投放时机，即何时推出新产品。在什么时候将产品推入市场最适宜，应根据具体情况而定，一般说来，季节性强的产品，在旺季来临之前上市；更新产品的上市时间还要考虑其对库存老产品的冲击及其给企业带来的影响。

（2）投放地点，即何地推出新产品。是在全国、全省还是在局部地区投放，应充分论证。一般说来，新产品不宜立即在全国范围内投放，而应在适度范围的地区先投放，再徐徐推向全国和打入国际市场。

（3）目标市场，即向谁推出新产品。因为产品是初入市场，所以最初购买群体的选择很重要，应把分销和促销目标面向最理想的消费者，利用他们带动其他消费者。

【训练与练习】

1. 为什么说新产品开发对公司的发展甚至维持是必要的？

2. 被称为"品牌教父"的宝洁公司在1997年时，曾耗时3年多时间进行市场调研和市场测试，精心研制的唯一一款专门针对中国本土的原创品牌——"润妍洗发水"，上市不到2年一败涂地，黯然退市。此案例给你何种启示？

学习指导

本任务主要是理论知识的介绍，建议在讲解理论知识的同时能结合实践，便于学生对知识的理解与掌握。

习题与练习

一、名词解释

产品　产品组合　产品组合广度　产品组合深度　产品组合关联性
产品生命周期　品牌　商标　包装　新产品开发

二、填空题

1. 产品整体概念包括（　）、（　）和（　）。其中最基本的内容是（　）。

2. 一般来说，产品市场生命周期包括（　）、（　）、（　）、（　）。

3. 品牌包括品牌（　）和品牌（　）两方面的内容。

4. 一般来说，产品包装包括（　）和（　）两个层次，又称为（　）和（　）。

三、单项选择题

1. 一位老妇人在街头卖扇子，一个铜板一把扇子都卖不出去，王羲之见了，对她说："来来来，我给你写几个字，你卖十个铜板一把。"于是，他拿起笔来在扇子上题了字。不一会儿扇子被抢购一空。这是因为王羲之的题字是扇子的（　　）。
   A. 核心产品　　　B. 形式产品　　　C. 期望产品　　　D. 附加产品

2. 品牌和包装属于产品整体概念中的（　　）。
   A. 核心产品　　　B. 形式产品　　　C. 期望产品　　　D. 附加产品

3. 一瓶"娃哈哈"品牌的纯净水，其核心产品是（　　）。
   A. 纯净水　　　　B. 水　　　　　　C. 瓶和水　　　　D. 解渴

4. 在产品的引入期，如果市场规模较小、产品已有一定知名度、目标顾客愿意交付高价、潜在竞争者的威胁不大，则企业宜采用（　　）。
   A. 高价高促销策略　　　　　　　　B. 高价低促销策略
   C. 低价高促销策略　　　　　　　　D. 低价低促销策略

5. 最近6年，某产品的年销售量依次为5 000台、6 000台、7 500台、9 500台、9 700台、9 750台，由此可以看出该产品现在处于其市场生命周期的（　　）。
   A. 引入期　　　　B. 成长期　　　　C. 成熟期　　　　D. 衰退期

6. 对原有产品的结构功能、花色品种等进行改进后获得的新产品是（　　）；应用新技术、新原理、新工艺或新材料研制的市场上前所未有的产品是（　　）。
   A. 全新新产品　　　　　　　　　　B. 换代型新产品
   C. 改进型新产品　　　　　　　　　D. 仿制型新产品

7. 一家公司打算生产一种富有营养价值的奶品，在考虑了目标消费者、产品所带来的利益及使用环境后，最终决定生产青年人吃小吃时饮用的速溶奶粉，这属于（　　）。
   A. 产品创意　　　B. 产品概念　　　C. 产品形象　　　D. 产品概念实施

8. 从理论上说，商标即（　　）；"雕牌"是某洗涤产品的（　　）。
   A. 品牌　　　　　B. 品牌标志　　　C. 品牌名称　　　D. 注册后的品牌

9. 可采用无品牌策略的商品是（　　）。
   A. 方便面　　　　B. 大米、蔬菜　　C. 瓶装酱油　　　D. 袋装牛奶

10. 钢笔、笔记本等产品采用一个包装并出售，属于（　　）策略。
    A. 家族包装　　　B. 豪华包装　　　C. 多用途包装　　D. 组合包装

四、简答题

1. 产品由哪几个层次构成？
2. 产品组合有哪些方式？

3. 产品市场生命周期分为哪几个阶段？每个阶段对应的营销策略是什么？
4. 什么是新产品？新产品开发一般有哪些程序？
5. 结合实际探讨企业应如何加强对品牌的管理。
6. 举例分析品牌设计有哪些规律可遵循。
7. 举例说明包装的重要性。

五、案例分析

华龙^㊀方便面产品组合策略分析

2003年，在中国大陆市场上，位于河北省邢台市隆尧县的华龙集团以超过60亿包的方便面产销量排在方便面行业第二位，仅次于康师傅，同时与"康师傅""统一"形成了三足鼎立的市场格局。"华龙"真正地由一个地方方便面品牌转变为全国性品牌。作为一个地方性品牌，华龙方便面之所以能够在"康师傅"和"统一"这两个巨头面前取得全国产销量第二的成绩，从而成为中国国内方便面行业又一股强大的势力，与该公司的产品组合策略是分不开的。下面我们就来分析华龙是如何运用产品组合策略的。

1. 华龙的方便面产品组合非常丰富，其产品线的长度、深度和密度都达到了比较合理的水平。它共有17个产品系列，十几种产品口味，上百种产品规格。其合理的产品组合，使企业充分利用了现有资源，发掘现有生产潜力，更广泛地满足了市场的各种需求，占有了更广的市场面。

2. 根据企业不同的发展阶段，适时地推出适合市场的产品。

（1）在发展初期，华龙将目标市场定位于河北省及周边几个省的农村市场。由于农村市场本身受经济发展水平的制约，不大可能接受高价位的产品，华龙非常清楚这一点，一开始就推出适合农村市场的"大众面"系列，该系列产品由于其超低的价位，一下子为华龙打开了进入农村市场的大门，随后"大众面"系列红遍大江南北，抢占了大部分低端市场。

（2）在企业发展几年后，华龙积聚了更多的资本和更足的市场经验，又推出了面向全国其他市场的大众面的中高档系列，如中档的"小康家庭""大众三代"，高档的"红红红"等。华龙由此打开了广大的北方农村市场。1999年，华龙产值达到9亿元。

（3）从2000年开始，华龙的发展更为迅速，它也开始逐渐丰富自己的产品系列，面向全国不同市场又开发出了十几个产品品种，几十种产品规格。2001年，华龙的销售额猛增到19亿元。这个时候，华龙主要抢占的仍然是中低档方便面市场。

（4）2002年起，华龙开始走高档方便面路线，开发出第一个高档方便面品

㊀ 华龙是今麦郎的前身。

牌——"今麦郎"。华龙开始大力开发城市市场中的中高价位市场，此举在北京、上海等大城市大获成功。

资料来源：https://eduai.baidu.com/view/d9e302640912a216147929e4.

【分析讨论】
1. 案例中华龙方便面产品组合中具有几条产品线？
2. 华龙方便面产品组合策略的成功之处是什么？

六、营销链接

什么样的品牌才具有征服市场的能力

实训应用

广东某企业产品、品牌策略的实例分析

（一）实训项目

运用产品组合的广度、深度和关联性的相关营销知识，分析广东地区某知名企业的产品组合、品牌策略是否合理，并指出它属于哪一种类型及其采用了哪些产品组合策略。

（二）实训目的

通过实训要求学生：
1. 懂得如何把产品、品牌策略的理论知识运用到实践中。
2. 掌握收集资料的方法与方式。
3. 掌握一定的关于产品策划、品牌形象策划的方法和技巧。

（三）实训指导

本次实训由任课教师负责指导，任课教师事先要说明实训的要求，明确实训的目的。

（四）实训组织

任课教师首先将全体学生分为若干小组，每组3～4名学生，并指定一名学生为组长。实训分三个阶段进行。

1. 第一阶段：收集资料

实训小组通过网络、报纸杂志等途径收集广东地区某知名企业的产品组合情况以及品牌运作的现状。

2. 第二阶段：分析整理

实训小组根据所收集的资料进行分析、归纳、总结，为该企业初步拟定产品、

品牌计划方案。

3. 第三阶段：交流总结

（1）各小组在课堂上相互交流、讨论拟定的方案。

（2）各小组在任课教师的指导下根据讨论结果修改产品、品牌计划方案，并提交方案给任课教师。

（3）实训指导教师进行总结，并对本次实训成绩做出评定。

（五）实训考核

实训成绩考核主要从学生提交的策划方案质量和课堂交流发言两个方面进行。

其中，所提交的策划方案成绩占总成绩的90%，课堂交流表现占10%。策划方案成绩的评定可以从逻辑结构、创造性、解决实际问题的操作性等方面进行；课堂交流发言可以从语言表达能力、灵活应变能力等方面评定。

部分习题参考答案

二、填空题

1. 核心产品　形式产品　附加产品　核心产品
2. 引入期　成长期　成熟期　衰退期
3. 名称　标志
4. 内包装　外包装　销售包装　运输包装

三、单项选择题

1. D　2. B　3. D　4. B　5. C　6. C、A　7. B　8. D、C　9. B　10. D

学习情境 4

任务8　制定价格策略

📖 学习目标

知识的掌握

1. 理解定价的内涵。
2. 掌握定价的依据。
3. 了解定价目标。
4. 掌握定价方法。
5. 掌握定价策略。
6. 了解价格适应与调整的依据及主要方法。

技能的提高

1. 学会给产品定价的基本方法技巧。
2. 培养产品定价基本策略分析的综合能力。

📖 任务导入

张先生要开一家餐馆,头痛饭菜的价格怎么定、定多少。请你为张先生餐馆的饭菜制定价格,分析在定价的过程中要考虑哪些因素。

📖 案例引导

自动降价,顾客盈门

在美国波士顿城市的中心区,有一法林自动降价商店,它以独特的定价方法和经营方式而闻名遐迩。

这个自动降价商店里的商品摆设与其他商店并无区别。架子上挂着一排排各种花色、式样的时装,货柜上分门别类地摆放着各类商品,五花八门应有尽有。商店的商品并非低劣货、处理品,但也不是非常高档的商品。

这家商店的商品不仅全都标有价格，而且标着首次陈列的日期，价格随着陈列日期的延续而自动降价。在商品开始陈列的前 12 天，按标价出售，若这种商品未能卖出，则从第 13 天起自动降价 25%。再过 6 天仍未卖出，即从第 19 天开始自动降价 50%。若又过了 6 天还未卖出，即从第 25 天开始自动降价 75%，价格 100 元的商品，此时只花 25 元就可以买走。再经过 6 天，如果仍无人问津，这种商品就送到慈善机构处理。

该商店利用这种方法取得了极大的成功，受到美国人及外国旅游者的欢迎。从各地到波士顿的人，都慕名而来，演员、运动员，特别是妇女，格外喜欢这家商店，波士顿的市民更是这家商店的常客。商店每天接待的顾客比波士顿其他任何商店都多，熙熙攘攘，门庭若市。现在，自动降价商店在美国已有 20 多家分店。

资料来源：https://eduai.baidu.com/view/3d8094a8bcd126fff7050b9c.

【问题引入】

法林自动降价商店是如何取得成功的？

8.1 定价的内涵和依据

价格通常是影响产品销售的关键因素。企业的定价策略又是市场营销组合中最活跃的因素，带有强烈的竞争性和多因素的综合性。企业营销活动能否成功，在一定程度上取决于定价的合理性。

8.1.1 定价的内涵

定价即价格的形成，是营销组合中唯一能产生收益的要素（其他要素均表现为成本）。合理的定价不仅可使企业顺利收回投资，达到盈利目标，而且能为企业的其他活动提供必要的资金支持。然而，企业产品定价要受到许多因素的制约，而不能随意而为，并且随着市场环境的不断变化，企业还需要适时地调整价格，以保持竞争优势和企业拥有的市场份额。

8.1.2 定价的依据

1. 产品成本

产品成本包括制造成本、营销成本和储运成本等，它是价格构成中一项最基本、最主要的因素。成本是产品定价的最低限度，产品价格必须能够补偿产品生产、分销和促销的所有支出，并补偿企业为产品承担风险所付出的代价。企业利润是价格与成本的差额，因而企业必须了解成本的变动情况，尽可能去掉产品的过剩功能，节省一切不必要的消耗，降低成本，降低价格，从而扩大销售，增加盈利。

从企业产品成本与销售量的关系来看，成本构成及其表现形态一般包括以下几种。

(1) 固定成本。固定成本是指在既定生产经营规模范围内，不随着产品种类及数量的变化而变动的成本费用，如固定资产折旧、房地租、办公费用、管理层的薪金等，这些费用不论企业产量多少都必须支出。但随着时间的推移和生产经营规模的扩大，这种成本也将发生变化，所以长期成本中没有固定成本。从长期看，一切成本都是变动成本。固定成本包括固定成本总额和单位固定成本。前者是指在一定范围内不随销量变化而变化的成本，后者指单位产品所包含的固定成本的平均分摊额，即固定成本总额与总销量之比，它随销量的增加而减少。

(2) 变动成本。变动成本是指随着产品种类及数量的变化而相应变动的成本费用，如原材料、生产者的工资报酬及部分营销费用。在一定范围内，变动成本与产品销量呈正比关系变化，即成本随产品销量增长而增加。变动成本包括变动成本总额和单位变动成本。变动成本总额是指单位变动成本与销量的乘积；单位变动成本是指单位产品所包含的变动成本平均分摊额，即变动成本总额与总销量之比。

(3) 总成本。总成本是固定成本和变动成本之和。当产量为零时，总成本等于未营业时发生的固定成本。

(4) 平均成本。平均成本是总成本与总销量之比，即单位产品的平均成本费用。企业获利的前提条件是价格不低于平均成本费用。

2. 市场需求

企业有一种判断定价是否合理的通俗说法："摆得住，卖得出"，即商品在柜台里能摆得住，不会被顾客一下子全部买走，同时也能卖得出去，不会积压。这个价格就是符合供求关系的合理价格。因此，企业给产品定价不但要考虑企业营销目标、生产成本和营销费用等因素，还必须考虑市场供求状况和需求弹性。

(1) 需求与供给的关系。一般情况下，市场价格以市场供给和需求的关系为转移，供求规律是商品经济的客观规律，即商品供过于求时价格下降，供不应求时价格上涨，这就是所谓市场经济"看不见的手"。在完全竞争的市场条件下，价格完全在供求规律的自发调节下形成，企业只能随行就市定价。在不完全竞争的市场条件下，企业才有选择定价方法与策略的必要和可能。

(2) 需求的收入弹性。需求的收入弹性是指因消费者收入变动而引起的需求的相应变动率。有些产品的需求收入弹性大，即消费者货币收入的增加导致该产品的需求量有更大幅度的增加，如高档食品、耐用消费品和娱乐支出等会出现这种情况；有些产品的需求收入弹性小，即消费者货币收入的增加导致该产品的需求量的增加幅度较小，生活必需品的情况就是如此。另外，有的产品的需求收入弹性是负值,即消费者货币收入的增加将导致该产品需求量下降,如某些低档食品、低档服装就有负的需求收入弹性。因为消费者收入增加后,对这类产品的需求量将减少,甚至不再购买这些低档产品,而转向高档产品。

(3)需求的价格弹性。需求的价格弹性,即产品价格变动对市场需求量的影响。价格会影响市场需求。在正常情况下,市场需求会按照与价格相反的方向变动。不同产品的市场需求量对价格变动的反应程度不同,价格弹性大小也不同。产品的需求弹性在理论上有完全无弹性、完全弹性、缺乏弹性和富有弹性。在现实中,需求的价格弹性主要是缺乏弹性和富有弹性。所谓富有弹性,是指顾客对价格变动有较高的敏感性,此时市场需求与价格成反比;缺乏弹性则相反。一般说来,缺乏弹性有如下情况。

1)产品无替代品或企业无竞争者。
2)购买者对价格不敏感。
3)购买者保守,且不努力寻找便宜的产品。
4)购买者认可并接受较高的价格。

(4)需求的交叉弹性。在为产品大类定价时还必须考虑各产品项目之间相互影响的程度。产品大类中的某一个产品项目很可能是其他产品的替代品或互补品。所谓替代品是指功能和用途基本相同,消费过程中可以互相替代的产品,如洗衣粉和肥皂。互补品是指两种或两种以上功能互相依赖,需要配合使用的产品。一项产品的价格变动往往会影响其他产品项目销售量的变化,两者之间存在着需求的交叉价格弹性。交叉弹性可以是正值,也可以是负值。如为正值,则此两项产品为替代品,表明一旦产品 Y 的价格上涨,则产品 X 的需求量必然增加;相反,如果交叉弹性为负值,则此两项产品为互补品,也就是说,当产品 Y 价格上涨时,产品 X 的需求量会下降。

所谓替代性需求关系,是指在购买者实际收入不变的情况下,某项产品价格的小幅度变动将会使其关联产品的需求量出现大幅度的变动。而互补性需求关系,则是指在购买者实际收入不变的情况下,虽然某项产品价格发生大幅度变动,但其关联产品的需求量并不发生太大变化。

3. 竞争因素

产品价格的上限取决于产品的市场需求,下限取决于该产品的成本费用。在这个价格上限与下限的幅度内,企业能把产品价格定多高,则取决于竞争者同种产品的价格水平。

竞争因素对定价的影响主要表现为竞争价格对产品价格水平的约束。同类产品的竞争最直接表现为价格竞争。企业试图通过适当的价格和及时的价格调整来争取更多的顾客,这就意味着其他同类企业将失去部分市场,或维持原市场份额要付出更多的营销努力。因而在竞争激烈的市场上,企业都会认真分析竞争对手的价格策略，密切关注其价格动向并及时做出反应。

4. 国家政策

由于产品的价格直接关系到人民生活和国家安定，所以各国政府都在不同程度上加强对物价的管理，控制物价总水平的波动幅度。目前我国对绝大多数产品价格已经放开，但对关系国计民生的产品价格仍然进行监管。政府可以通过行政的、法律的、经济的手段对企业定价及社会整体物价水平进行调节和控制。因此，国家政策也是企业定价时必须考虑的因素。

5. 环境因素

企业定价时还必须考虑其他环境因素，如国内或国际的经济状况：经济是繁荣还是萧条，是通货膨胀还是需求不足，当前利息率是高还是低等，这些情况都会影响定价策略。因为这些因素影响生产成本及顾客对产品价格和价值的理解。

小知识　市场与产品特点影响产品定价

- 消费者的购买频率：购买频率高的产品可以经常调整其价格，购买频率低的产品尽量保持价格稳定。
- 产品标准化（差异）程度：标准化、差异性小的产品，价格可以经常变化；个性化、差异性大的产品，可以因市场变化而经常调整价格。
- 产品生命周期阶段：新上市阶段可以定较高的价格，到了衰退期只能降低价格。
- 产品的易腐性、易毁性：不易保存的产品，价格不能维持不变。
- 产品供应和需求的季节性：季节性强的产品，价格变动空间较大。
- 产品的流行性和威望性：流行产品和威望低的产品的价格调整余地较大。
- 经济景气状况：经济高增长期，人们对价格变化敏感性较低；经济低速发展和衰退期，人们对价格比较敏感。

【训练与练习】

你是如何理解"摆得住，卖得出"这句话的？

8.2　定价目标

一般认为，企业定价目标似乎都是获取尽可能高的销售额和利润额，但这只是企业长远的整体目标，具体到某一时期为某一产品定价时，企业的目标是有差异的。

8.2.1 维持企业生存目标

企业由于经营管理不善，或由于市场竞争激烈、顾客需求偏好突然变化，会造成产品销路不畅，大量积压，资金周转不灵，甚至濒临破产。这时，生存比利润更重要，企业应以维持生存作为主要目标。为了确保工厂继续开工和使其存货减少，企业必须制定较低的价格，并希望市场是价格敏感型的，只要定价能收回变动成本或部分固定成本，企业即可维持生存。有时为了避免更大损失，甚至可使售价低于成本。这种目标只能是企业面临困难时的短期目标，长期目标还是要获得发展，否则企业终将破产。

8.2.2 最大利润目标

最大利润目标即企业以获取最大限度的利润为定价目标。实现最大利润是企业的最大愿望，最大利润是指企业在一定时期内可能并准备实现的最大利润总额，而不是单位商品的最高价格。最高价格并不一定能获取最大利润。在一定时期内，企业综合考虑市场竞争、消费需求量、销售管理开支等因素后，以总收入减去总成本的最大差额为基点，确定单位商品的价格，以便取得最大利润。以利润最大化为定价目标要求企业的产品在市场上处于绝对有利的地位，但是这种目标不可能长期维持，必然会遭到多方抵制、竞争、对抗，甚至导致政府的干预。

8.2.3 保持或扩大市场占有率目标

市场占有率是企业的销售量（额）占同行销售量（额）的百分比，是企业经营状况和企业产品竞争力的直接反映，它的高低对企业的生存和发展具有重要意义。一个企业只有在产品市场逐渐扩大和销售额逐渐增加的情况下，才有可能生存和发展。因此，保持或提高市场占有率是一个十分重要的目标。许多企业宁愿牺牲短期利润，以确保长期收益，即所谓"放长线，钓大鱼"。

8.2.4 保持最优产品品质目标

企业也可考虑产品质量领先这样的目标，并在生产和市场营销过程中始终贯彻产品质量最优化的指导思想。这就要求用高价格来弥补高质量和研究开发的高成本。产品优质优价的同时，还应辅以相应的优质服务。

8.2.5 社会责任目标

当企业发展壮大的时候，企业已经不是一个单纯的经济实体，更重要的是企业要承担一定的和必需的社会责任，因为企业的活动受到广大消费者的关注，在社会上起着一个示范作用，可以影响社会的发展。正如松下幸之助33岁时所说："我们的生意是社会授予的，我们有责任努力管理和经营公司，促进社会发展和人民生活的改善。"企业对社会、对国家、对公众的贡献，体现了企业的良好形象，有时比通过价格产生的利润更重要，并反过来使企业获得更多的利润。

【训练与练习】

在企业的定价目标方面，如何理解"放长线，钓大鱼"的内涵？

8.3 定价方法

影响定价的三个最基本因素是产品成本、市场需求和竞争。因此，企业定价方法也可分为三类，即成本导向定价法、需求导向定价法和竞争导向定价法。

8.3.1 成本导向定价法

成本导向定价法就是以成本作为定价的基础。这里所讲的成本，指产品的总成本，包括固定成本和变动成本两部分。成本导向定价法中最常用的有成本加成定价法和目标利润率定价法两种具体方法，其特点是简便易用。

1. 成本加成定价法

成本加成定价法是成本导向定价法中应用最广泛的定价方法。所谓成本加成就是在单位产品成本上附加一定比例的利润作为企业单位产品售价的定价方法。计算公式为

$$单位产品售价 = 单位产品成本 \times (1 + 成本利润率)$$

例如，某生产运动鞋的企业，单位产品成本为 320 元，其售价由成本加成 20% 来确定，则其单位产品售价为：$320 \times (1+20\%) = 384$（元）。

成本加成定价法之所以被普遍使用，主要是因为：

（1）成本的不确定性一般比需求的不确定性小。

（2）只要同一行业的所有企业都采用这种定价方法，它们的价格将趋同，价格竞争的变数较少。

（3）人们觉得成本加成定价法对买卖双方都比较公平，尤其是在买方需求强烈时，卖方没有利用这一有利条件谋求额外利益，而仍能获得公平的投资收益。

但成本加成定价法的缺点也很明显：它忽视了市场竞争和供求状况的影响，缺乏灵活性，难以适应市场竞争的变化形势。特别是如果加成率的确定仅从企业角度考虑，则很难准确得知可获得的销售量。

2. 目标利润率定价法

目标利润率定价法又称目标收益定价法、投资报酬定价法，是企业在单位总成本、预期总销售量等基础上，考虑企业投资所能获得的投资报酬率来制定

价格。这是制造企业普遍采用的一种定价方法。

目标利润率定价法的要点是使产品的售价能保证企业达到预期的目标利润率。企业根据总成本和预期总销售量,确定期望达到的目标收益率,然后推算价格。这种定价方法需要运用收支平衡图。

目标利润率定价法的计算公式为

单位产品售价 = 单位产品成本 + 总投资额 × 投资报酬率 / 预期总销售量

假设上述企业投资 200 万元,想要获得 20% 的投资报酬率,预期总销售量为 5 000 双,则其目标收益价格为

单位产品售价 = 320 + 2 000 000 × 20%/5 000 = 400(元)

目标利润率定价法与成本加成定价法是有区别的。差别在于"成本加成定价法"公式中的成本只是制造成本,不包括期间费用,而"目标利润率定价法"公式中的成本包括制造成本和期间费用。相应地,两种定价法中的成本利润率也有所不同。

这种方法一般适用于在市场上具有一定影响力的企业、市场占有率较高或具有垄断性质的企业。

8.3.2 需求导向定价法

需求导向定价法是指按照顾客对商品的认知和需求程度制定价格,而不是根据卖方的成本定价。这类定价方法的出发点是顾客需求,认为企业生产产品就是为了满足顾客的需要,所以产品的价格应以顾客对商品价值的理解为依据来制定。若成本导向定价的逻辑关系是:成本 + 税金 + 利润 = 价格,则需求导向定价的逻辑关系是:价格 – 税金 – 利润 = 成本。需求导向定价法的主要方法包括认知价值定价法、反向定价法和需求差别定价法三种,其中,需求差别定价法将在后面的需求差别定价策略中专门论述。

1. 认知价值定价法

认知价值定价法是利用产品在消费者心目中的价值,也就是消费者心中对价值的理解程度来确定产品价格水平的一种方法。消费者对产品价值的认知和理解程度不同,会形成不同的定价上限,如果价格刚好定在这个限度内,那么既能让消费者顺利购买,也将让企业更加有利可图。

例如,美国卡特彼勒公司用认知价值定价法为其建筑机械设备定价。该公司可能为其拖拉机定价 10 万美元,尽管其竞争对手同类的拖拉机售价只有 9 万美元,但卡特彼勒公司的销售量超过了竞争者。当一位潜在顾客问卡特彼勒公司的经销商,买卡特彼勒的拖拉机为什么要多付 1 万美元时,经销商回答说:

90 000 美元是拖拉机的价格,与竞争者的拖拉机价格相同;

+7 000 美元是最佳耐用性的价格加成；
+6 000 美元是最佳可靠性的价格加成；
+5 000 美元是最佳服务的价格加成；
+2 000 美元是零件较长保用期的价格加成；
110 000 美元是总价格；
–10 000 美元折扣；
最终价格为 100 000 美元。

顾客惊奇地发现，尽管他购买卡特彼勒公司的拖拉机需多付 1 万美元，但实际上他得到了 1 万美元的折扣。结果，他选择了卡特彼勒公司的拖拉机。

实施这一方法的要点在于提高消费者对商品效用和价值的理解度。企业可以通过实施产品差异化和适当的市场定位，突出企业产品特色，再辅以整体的营销组合策略，塑造企业和产品形象，使消费者感到购买这些产品能获取更多的相对利益，从而提高他们可接受的产品价格上限。

2. 反向定价法

反向定价法是指企业依据消费者能够接受的最终销售价格，计算自己从事经营的成本和利润后，逆向推算出产品的批发价和零售价。这种定价方法不以实际成本为主要依据，而是以市场需求为定价出发点，力求使价格为消费者所接受。分销渠道中的批发商和零售商多采取这种定价方法。

8.3.3 竞争导向定价法

竞争导向定价法是以市场上竞争对手的同类产品价格为主要依据的定价方法。企业定价时，主要考虑竞争对手的产品价格。如果竞争对手的价格变了，即使本企业产品成本与需求量没有发生变化，也要随之改变产品价格；如果竞争对手的价格没有发生变化，即使本企业产品成本或需求量发生了变化，也不应改变价格。竞争导向定价法要以提高产品的市场占有率为目的，制定有利于企业获胜的竞争价格。在具体运用中，常用的方法有两种，即随行就市定价法和投标定价法。

1. 随行就市定价法

随行就市定价法是企业根据同行业平均价格或者同行业中实力最强的竞争者的产品价格制定本企业产品价格的定价方法。在测算成本有困难、竞争者不确定或难以估计采取进攻性定价会引起对手什么反应时，这种方法提供了一个有效的解决方案，可为企业节省时间，减少风险，避免竞争，有利于同行间和平共处。这种定价方法特别适合小型企业。

2. 投标定价法

投标定价法是指企业以竞争者可能的报价为基础，兼顾本身应有的利润所确定的价格。这是在建筑包工、大型机械设备购买和安装、社会集团大批量购买时常用的方法。

企业确定投标价格是以取得承包合同,并得到尽可能大的利润为目标。但两个方面是有矛盾的,为了取得承包合同,报价必须低于所有竞争者,但又不能太低,如果低于成本,企业将得不到利润反而亏损。

实际上,企业常通过计算期望利润的办法来确定投标价格。所谓期望利润是某一投标价格所取得的利润与估计中标的可能性的乘积,期望利润最大的投标价格就是企业最佳的投标报价。

【训练与练习】
成本加成定价法为什么是一种常用的定价方法?

8.4 定价策略

在激烈的市场竞争中,定价策略是企业争夺市场的重要武器,是企业营销组合策略的重要组成部分。企业必须善于根据环境、产品特点和生命周期的阶段、消费心理和需求特点等因素,正确选择定价策略,争取顺利实现营销目标。

8.4.1 新产品定价策略

在激烈的市场竞争中,企业开发的新产品能否及时打开销路、占领市场并获得满意的利润,不仅取决于产品策略,还取决于其他市场营销策略手段的协调配合,其中新产品定价策略就是一种必不可少的营销策略。一般来说,新产品定价有以下两种策略。

1. 撇脂定价策略

撇脂定价又称定高价,是指在产品市场生命周期的最初阶段,把产品的价格定得很高,以获取最大利润,犹如从鲜奶中撇取奶油。企业之所以能这样做,是因为有些购买者主观认为某些商品具有很高的价值。从市场营销实践看,在以下条件下企业可以采取撇脂定价策略:首先,市场上有足够的购买者,他们的需求缺乏弹性,即使把价格定得很高,市场需求也不会大量减少;其次,高价使需求减少,因而产量也相应减少,单位成本增加,但仍然能给企业带来利润;最后,在高价情况下,仍然独家经营,别无竞争者,因为在短期内仿制很困难,类似仿制品出现的可能性很小,竞争对手少。

2. 渗透定价策略

渗透定价策略又称定低价,是指企业把创新的新产品价格定得相对较低,以吸引大量顾客,提高市场占有率。采用渗透定价策略的条件是:首先,产品的市场规模较大,存在着强大的竞争潜力;其次,产品的需求弹性大,稍微降低价格，需求量会大大增加；最后，通过大批量生产能降低生产成本。

8.4.2 产品组合定价策略

产品组合是指一个企业所生产经营的全部产品线和产品项目的组合。对于生产经营多种产品的企业来说，定价须着眼于整个产品组合的利润实现最大化，而不是单个产品。由于各种产品之间存在需求和成本上的联系，有时还存在替代、竞争关系，所以实际定价的难度相当大。

1. 产品线定价

通常企业开发出来的是产品大类，即产品线，而不是单一产品。当企业生产的系列产品存在需求和成本的内在关联性时，为了充分发挥这种内在关联性的积极效应，需要采用产品线定价策略。在定价时，首先，确定某种产品价格为最低价格，它在产品线中充当招徕价格，吸引消费者购买产品线中的其他产品；其次，确定产品线中某种产品为最高价格，它在产品线中充当品牌质量象征和收回投资的角色；最后，产品线中的其他产品也分别依据其在产品线中的角色不同而制定不同的价格。如果产品线由多家企业生产经营，则共同协商确定互补品价格。选用互补定价策略时，企业应根据市场状况，合理组合互补品价格，使系列产品有利于销售，以发挥企业多种产品整体组合效应。

2. 系列产品定价

有时企业向顾客提供一系列相关的产品和服务，如一家宾馆既为顾客提供住宿、餐饮服务，也提供娱乐、健身服务，那么，可考虑将住宿、餐饮的价格定低些，以吸引顾客，而将娱乐、健身的价格定高些，以获取利润。

3. 互补产品定价

互补产品是指两种或两种以上功能互相依赖、需要配合使用的商品。具体的做法是：把价值高而购买频率低的主要价格定得低些，而对与之配合使用的价值低而购买频率高的易耗品价格适当定高些。例如，将打印机的价格定得适当低一点，墨盒的价格提高些；剃须刀架的价格定低一些，而刀片的价格适当提高。

8.4.3 心理定价策略

消费者的购买行为由消费心理支配，而消费心理是非常复杂的，它受到社会地位、收入水平、兴趣爱好等诸多因素的影响和制约。企业若能在产品定价时对此予以充分考虑，就会制定出较有吸引力的价格。常用的消费者心理定价策略有以下几种。

1. 尾数定价

尾数定价即利用消费者数字认知的某种心理，尽可能在价格数字上保留零头，使消费者产生价格低廉和卖主经过认真的成本核算才定价的感觉，从而使消费者对企业产品及其定价产生信任感。例如，将本应定价 100 元的商品，定价为 99.8 元，这种方法多用于需求价格弹性较大的中低档商品。

> **小案例 8-1　珠宝首饰的定价**
>
> 　　在珠宝首饰市场，价格是一个最敏感的问题，一方面价格范围非常宽，另一方面折扣范围也非常宽，如何制定价格策略呢？潮宏基从调查的数据看出，购买情人节礼品的年轻人收入通常不高，绝大多数是一些刚毕业不久的大学生，他们愿意花多少钱购买情人节礼品呢？经调查，1 000 元以下的占 87%，因此，珠宝首饰的价格应控制在 1 000 元以下。然而价格低于 1 000 元的珠宝首饰到处都是，故在制定价格时，除了要考虑价格的高低，更要考虑价格本身所包含的含义。当一位同事喊出 999 元的价格时，大家禁不住同声喝彩，这是多么具有象征意义的一个数字，它象征着爱情天长地久、永恒不变，与珠宝珠联璧合，是画龙点睛的一笔。也许竞争对手能定出 888.666 元等更低的价格，但与 999 元相比，显得如此苍白，尤其是在一个浪漫的情人节之夜。

2. 声望定价

企业利用消费者仰慕名牌商品或名店的声望所产生的某种心理来制定商品价格，故意把价格定成整数或抬高，以显示其商品或企业的名望。质量不易鉴别的商品的定价最适宜采用此法，因为消费者有崇尚名牌的心理，往往以价格判断质量，认为高价格代表高质量。如宝洁公司将"海飞丝"洗发水打入中国市场时，在同类产品中定价最高，结果反而畅销。

3. 招徕定价

招徕定价指零售商利用部分顾客求廉的心理，特意将某几种商品的价格定得较低以吸引顾客。这样某些顾客便会经常去采购廉价商品，同时也选购其他正常价格的商品。这些价格定得低的商品称为牺牲品。企业还常利用季节转换或某些节日举行大减价，以吸引更多的顾客。

8.4.4　需求差别定价策略

需求差别定价也称歧视定价，是指企业按照两种或两种以上不反映成本费用比例差异的价格销售某种产品或服务。需求差别定价有以下四种形式。

1. 以顾客为基础的差别价格

同一产品，对不同的消费者制定不同的价格和采用不同的价格方式。其中，有的是由于不同的消费者对同一产品的需求弹性不同，宜分别为不同的消费者群体制定不同的价格。例如，美国轮胎企业卖给汽车厂的产品价格较低，因为需求弹性大；卖给一般用户的价格较高，因为需求弹性小。电力工业对工业用户收费低，因为需求弹性大；对民用收费高，因为需求弹性小。如果电力工业对工厂的收费高于厂内发电设备运转费用，工厂就会自行发电。

2. 以产品改进为基础的差别定价

以产品改进为基础的差别定价就是对一种产品的不同型号确定不同的价格，但价格上的差别并不与成本成比例。例如，A 型是普及型的电脑，成本为 3 000 元，售价为 4 500 元；B 型为功能型电脑，成本为 5 000 元，售价为 6 800 元；C 型为多功能、便携式电脑，成本为 10 000 元，售价为 13 000 元。同种产品按不同外观、款式、花色采用不同的定价，如服装，新款与过时服装之间价格的差别就很大。

3. 以地域为基础的差别定价

如果同一产品在不同地理位置的市场上存在不同的需求强度，那么就应该定出不同的价格，但定价的差别并不与运费成比例。例如，我国的传统出口产品茶叶、生丝、猪鬃在国际市场上需求十分旺盛，我们的定价就应该比国内高得多。再如，戏院里座位的票价，前排、中排、后排、旁边的票价是不同的。又如，旅游景点的旅馆、饭店定价通常比一般地区高。

4. 以时间为基础的差别定价

当产品的需求随着时间的变化而有变化时，对同一种产品在不同时间应该定出不同的价格。例如，电视广告在黄金时间播出的收费要高于其他时间的收费；不同季节的产品，在淡季售价低一些，旺季价格上涨等。

8.4.5 折扣定价策略

企业为了鼓励消费者及早付清货款、大量购买、淡季购买，可以酌情降低价格，这种价格调整叫作价格折扣。价格折扣主要有以下几种。

1. 现金折扣

现金折扣是企业给那些当场或提前付清货款的顾客的一种减价。其目的在于鼓励购买者尽早付清货款以加速企业资金周转。如交易条款注明"2/10，N/30"，即表示顾客在 30 天内必须付清货款，如果 10 天内付清货款，则给予 2% 的折扣。

2. 数量折扣

数量折扣也称批量折扣，是根据购买者购买数量的多少给予不同的折扣。其中"一次性折扣"是企业为鼓励购买者多购货，根据一次购买数量的多少给予不同的折扣；"累进折扣"是企业为了建立稳定的购销关系而将同一位购买者在一段时间内从本企业购买的数量汇总，根据累计购买量的不同而给予不同的折扣。

3. 季节折扣

季节折扣也称季节差价，一般在有明显的淡季、旺季的行业中实行。这种价格折扣是企业给那些购买过季商品或服务的消费者的一种减价，使企业的生产和销售在一年四季保持相对稳定。例如，空调制造商在春秋季节给消费者以季节折扣；旅馆、航空公司等在营业额下降时给予旅客季节折扣。

4. 业务折扣

业务折扣也称同业折扣或功能折扣，是生产厂家给予批发和零售企业的折扣。折扣的大小因中间商在商品流通中的不同功能而各异。例如，批发商从厂家进货给予的折扣一般要大些，零售商从厂家进货的折扣低于它从批发商进货的折扣。

8.4.6 价格调整策略

企业制定价格并不是一劳永逸的，随着市场环境的不断变化，还需要适时地进行价格调整。企业调整价格主要有两种情况：一是适应市场供求环境的变化而主动调价；二是在竞争者调价行为的压力下被动调价。

1. 降价策略

虽然降价会影响同行之间的关系，引起价格竞争，但在某些情况下不能不降价。例如，生产能力过剩需要扩大销售，而且通过改进产品、加大促销力度等其他营销方式难以扩大销售；市场竞争加剧，迫使企业降价以维持和扩大市场份额；企业相对于竞争者有成本优势，降价可以扩大销售，并可进一步降低成本；经济不景气，消费需求减少，降价可以刺激需求。

企业降价既可以直接降低基本价格，也可以在基本价格不变的情况下，采取增加免费项目、改进产品性能和质量、增加折扣种类、提高折扣率以及馈赠礼品等策略来实际降低产品价格。

2. 提价策略

提价会引起顾客及中间商的不满，但在某些情况下不能不提价。例如，成本上涨迫使企业提高价格；企业产品供不应求，通过提价抑制部分需求；为补偿改进产品的费用而提高价格；出于竞争需要，将自己产品的价格提高到同类产品之上，以树立高品质形象。

企业提价不一定都是提高基本价格，也可以在价格不变的情况下，通过采取以下策略来实现提价。

（1）减少免费服务项目或增加收费项目。

（2）减少价格折扣。

（3）压缩产品分量。

（4）使用便宜的材料或配件。

（5）减少或改变产品功能以降低成本。

（6）使用价格低廉的包装材料或推销大容量包装的产品，以降低包装的相对成本。

3. 市场对企业调价的可能反应

企业调整价格，会对顾客、竞争者等产生影响。因此，在实施调价前后，必须调查和估计市场有关方面对企业调价的可能反应，以便减少调价给企业带来的不利影响，力争实现调价目标。

（1）顾客的反应。顾客的反应是判断企业调价是否成功的主要标准，因此应该加以认真分析和研究。顾客对企业降价可能产生的心理反应有：该产品质量有问题，卖不出去；该产品已经老化，将要被新产品所代替；可能还要降价，等等再买；企业可能经营不下去了，要转行，将来的售后服务没有保证。

顾客对企业提价可能产生的心理反应有：该产品质量好；厂家想多赚钱；该产品供不应求，再不买就买不到了。

（2）竞争者的反应。竞争者的反应也是企业调价所要考虑的重要因素，竞争者对企业降价的不同认识将导致其采取不同的行动。竞争者可能对本行业的降价行为做出以下不同的理解。

1）该企业想与自己争夺市场。

2）该企业想促使全行业降价来刺激需求。

3）该企业经营不善，想改变销售不畅的状况。

4）该企业可能将推出新产品。

4. 企业应付竞争者调价的策略

在市场竞争中，如果竞争者率先调整了价格，那么企业在采取行动之前，首先必须弄清竞争者为何调价，然后才能采取行动。一般做法是：如果认为提价对全行业有好处，则跟随提价，否则就维持价格不变，以最终迫使发动提价的企业恢复原价。具体的做法如下。

（1）维持原价。如果认为本企业的市场份额不会失去太多，而且以后能够恢复，则可采取这种策略。

（2）在维持原价的基础上，采取一些非价格竞争手段，以提高顾客对本企业产品的理解价值，如提高产品质量、改善销售服务等。

（3）跟随降价。如果认为不降价会丧失大量市场份额，将来很难东山再起，则可采取本策略。

（4）提价并同时提高产品质量，树立本企业产品的高品质形象，以增强其竞争力。

（5）增加廉价产品项目进行反击。

> **小案例 8-2　苹果定价策略**
>
> 　　iPhone 应该卖得更贵，但 iPod 应该卖得更便宜，你知道这是为什么吗？
> 　　核心的原因是，手机是你非买不可的"品类"，经过 iPhone 5C 的低价策略的教训，苹果已经发现低价走量的策略是低效的，远远比不上直接高价售卖获得的利润多。
> 　　而 iPod、Apple Watch 和 AirPods 这样的产品，其实对用户来说是非必需的。通过低价策略，苹果希望复制当年 iPod 占领音乐播放器市场的案例，用 Apple Watch 占领健身运动手表手环市场，以及通过 AirPods 占领耳机市场。
> 　　在必需品类里，行业老大无须主动降价来追求销量，因为对于这样的品类，总有人可以做得比你更便宜。而在非必需品类里，售价过高甚至会让用户选择不购买这个品类。因此，苹果的策略是：用低价去全面占领这个品类的市场，让这个产品成为以 iPhone 为核心的配件矩阵。
> 　　资料来源：http://money.163.com/17/0327/09/CGHBK3M1002580SV.html。

5. 定价程序

由于影响企业定价的因素众多，而适当的产品定价又事关重大，因此遵循一个科学的定价程序显得十分重要。

（1）确定定价目标。因为定价目标不同，商品价位高低和采用的定价方法就会有所不同。

（2）估算成本。企业不仅要考虑生产总成本，还要考虑流通总成本。大多数情况下，随着产量的上升，产品平均成本会相应下降，尤其是在固定成本比重较大时更是如此。如果新产品的目标是替代市场上现有的某种产品，则企业还需制定产品的"目标成本"，以使新产品能符合"目标价格"的要求。

（3）分析市场需求。

（4）分析竞争对手的产品、成本和定价策略。如果说产品成本为企业定价确定了下限，市场需求为产品定价确定了上限，竞争对手的定价策略则是为企业树立了一个参考的标准，尤其是在为新产品制定价格时。

（5）选择基本定价方法。成本导向定价法、需求导向定价法和竞争导向定价法是制定产品基本价格的方法，它们各有其合理性和便利性，也各有其最适合的条件。现实中，三方面因素都要考虑，但具体操作起来只能用一种方法。

（6）运用定价技巧和策略，确定最终价格。

（7）随着外部环境因素和企业内部条件、战略和目标的变化以及产品生命周期的演变，适时调整产品价格。

小案例 8-3　"移动 5G 畅享套餐"上市

广东"移动 5G 畅享套餐"方案从 2020 年 3 月 26 日起在全省正式施行。5G 套餐的"花式"共有三种：289 元 5G 畅享套餐，80 GB 流量+1 200 分钟国内主叫+1 700 元购机券；389 元 5G 畅享套餐，100 GB 流量+2 000 分钟国内呼叫+2 300 元购机券；589 元 5G 畅享套餐，200 GB 流量+放心用（允许 4 000 分钟国内主叫）+3 400 元购机券。

中国移动广东公司推出的"移动 5G 畅享套餐"新话费方案，运用了心理定价策略中的尾数定价策略，如 289 元、389 元、589 元等。

训练与练习

1. 你认为中档价格能否树立高档商品形象？
2. 如果你是企业领导，现在企业有一种新产品（如一款西装或一款奶茶）即将上市，请你制定该产品的定价策略与程序。

学习指导

本任务主要介绍了影响企业定价的各种因素、企业的定价方法、定价的基本依据、定价的基本策略、企业价格调整的策略等内容。建议学生在学习本任务内容之前搜集一些相关的资料，搜集的资料要贴近生活，如搜集商场或超市的商品物价单。在本任务内容结束时可针对有关物价单进行分组讨论，以求客观地掌握本任务的知识要点。在讲解理论知识的同时结合实践，便于学生理解、掌握并运用本任务所学知识。

习题与练习

一、名词解释

需求价格弹性　成本导向定价法　目标利润率定价法　认知价值定价法
竞争导向定价法　撇脂定价策略　心理定价策略

二、单项选择题

1. 产品价格的决定性因素是（　　）。
　　A. 生产成本　　　B. 价值　　　C. 供求关系　　　D. 竞争状态
2. 在最高和最低的价幅内，产品价格的高低取决于竞争者同等产品的（　　）。
　　A. 新旧程度　　　B. 竞争条件　　　C. 价格水平　　　D. 价值尺度

3. 因价格与收入等因素而引起的需求相应的变动率，称为（ ）。
   A. 需求弹性　　　B. 价格弹性　　　C. 收入弹性　　　D. 供给弹性
4. 在完全竞争条件下，同质商品的买主和卖主，都是市场价格的（ ）。
   A. 决定者　　　　B. 参与者　　　　C. 影响者　　　　D. 接受者

三、多项选择题

1. 影响定价的三个主要因素是（ ）。
   A. 定价目标　　　　　B. 市场需求　　　　　C. 成本
   D. 国家政策　　　　　E. 市场竞争
2. 影响市场需求的变动因素，主要有（ ）。
   A. 价格　　　　　　　B. 心理　　　　　　　C. 供给
   D. 收入　　　　　　　E. 观念
3. 需求弹性一般分为（ ）。
   A. 需求支出弹性　　　B. 需求供给弹性　　　C. 需求收入弹性
   D. 需求价格弹性　　　E. 需求交叉弹性
4. 需求收入弹性大的产品通常是一些（ ）。
   A. 高档食品　　　　　B. 耐用消费品　　　　C. 娱乐支出
   D. 中档产品　　　　　E. 低档产品
5. 下列定价方法中，哪些属于成本导向定价法（ ）。
   A. 目标利润率定价法　B. 随行就市定价法　　C. 成本加成定价法
   D. 边际贡献定价法　　E. 理解价值法　　　　F. 投标定价法

四、简答题

1. 影响产品定价的因素有哪些？
2. 企业的定价目标有哪些？
3. 企业可以采用哪些定价策略？
4. 常用的定价方法有哪些？
5. 企业在市场竞争中应该如何进行价格调整？

五、案例分析

一个关于珠宝定价的有趣故事

异彩珠宝店专门经营由少数民族手工制成的珠宝首饰，位于游客众多、风景秀丽的深圳华侨城（周围有著名的旅游景点：世界之窗，民族文化村，欢乐谷等），生意一直比较稳定。客户主要来自两部分：游客和华侨城社区居民（华侨城社区在深圳属于高档社区，生活水平较高）。

几个月前，珠宝店店主易麦克特（维吾尔族）进了一批由珍珠质宝石和银制成的手镯、耳环和项链的精选品。与典型的绿松石造型中的青绿色调不同的是，珍珠质宝石是粉红色略带大理石花纹的颜色。就大小和样式而言，这一系列珠宝中包括了很多种类，有的珠宝小而圆，式样很简单，而有的珠宝则要大一些，式样别致、大胆。不仅如此，该系列还包括了各种传统样式的由珠宝点缀的丝制领带。与以前的进货相比，易麦克特认为这批珍珠质宝石制成的首饰的进价还是比较合理的。

易麦克特对这批货十分满意，因为它们比较独特，可能会比较好销。在进价的基础上，加上其他相关的费用和平均水平的利润，他定了一个价格，觉得这个价格应该十分合理，肯定能让顾客觉得物超所值。这些珠宝在店中摆了一个月之后，销售统计报表显示其销售状况很不好，易麦克特十分失望，不过他认为问题并不是在首饰本身，而是在营销的某个环节没有做好。于是，他决定试试在中国营销传播网上学到的几种销售策略。比如，把店中某种商品的位置有形化往往可使顾客产生更浓厚的兴趣。因此，他把这些珍珠质宝石装入玻璃展示箱，并将其摆放在该店入口的右手侧。可是，他发现位置改变之后，这些珠宝的销售仍然没有什么起色。

易麦克特认为应该在一周一次的见面会上与员工好好谈谈了。他建议销售小姐花更多的精力来推销这一独特的产品系列，并安排了一个销售小姐专门促销这批首饰。他不仅为员工们详尽描述了珍珠质宝石，还给他们发了一篇简短的介绍性文章以便他们能记住并讲给顾客。不幸的是，这个方法也失败了。

就在此时，易麦克特准备外出选购产品。因对珍珠质宝石首饰销售下降感到十分失望，他急于减少库存以便给更新的首饰腾地方。他决心采取一项重大行动，选择将这一系列珠宝半价出售。临走时，他给副经理匆忙地留下了一张字条，字条上写道：调整一下那些珍珠质宝石首饰的价格，所有都 ×1/2。

当易麦克特回来的时候，他惊喜地发现该系列所有的珠宝已销售一空。"我真不明白，这是为什么？"他对副经理说，"看来这批首饰并不合顾客的胃口。下次我在新添宝石品种的时候一定要慎之又慎。"而副经理对易麦克特说，她虽然不懂为什么要对滞销商品进行提价，但她惊诧于商品提价后出售速度惊人。易麦克特不解地问："什么提价？我留的字条是说价格减半啊。""减半？"副经理吃惊地问，"我以为你的字条上写的是这一系列的所有商品的价格一律按双倍计。"结果，副经理将价格增加了一倍而不是减半。

资料来源：百度文库，市场营销案例分析集锦，https://eduai.baidu.com/view/ec38470b182e453610661ed9ad51f01dc2815719。

【分析讨论】

结合案例分析企业定价目标与定价策略是如何应用的。

六、营销链接

1. http://www.emkt.com.cn，中国营销传播网
2. 补充阅读

中国彩电价格大战

实训应用

（一）实训项目

定价策略。

（二）实训目标

通过对手机市场的价格评析，让学生在营销活动实践中亲身体验营销，加深对各种定价方法及策略的理解；进一步了解价格的制定、修订和变动的原因及策略，把理论知识与实践相结合，初步培养学生的价格策划能力，使学生对所学知识有更进一步的了解并提高其应用能力。

（三）实训内容

手机市场的价格策划状况调查。

1. 调查对象：本地手机专卖店、手机商店、百货商店手机柜、网络等。
2. 调查内容：某一品牌的手机不同型号的价格及其销售情况，了解其应用了哪些价格策略。
3. 调查方式：上网调查、观察调查、深入访谈等。

（四）实训指导

1. 选择熟悉的手机品牌为调查对象。
2. 按小组进行一种调查方法的调查活动。
3. 每个小组必须记录调查内容。
4. 进行讨论汇总、整理、归纳。
5. 完成实训报告，即撰写被调查的手机的价格策划评析报告。

（五）实训组织

将班级学生平均分成三个大组，分别进行三种方法的调查，每个大组再分成两个小组。

（六）实训考核

1. 实训现场考核（50%）。该项考核重点考核调查记录的内容、效果、调查质

量、讨论记录、合作精神及处理效果等，以及对具有创新性和新颖性的设计给予鼓励并进行展示。

2. 实训报告考核（50%）。该项考核重点考核实训报告内容的系统性、科学性和实训体会等。

部分习题参考答案

二、单项选择题

1. C　2. B　3. C　4. D

三、多项选择题

1. ABC　2. ACD　3. CDE　4. ABC　5. ACDF

学习情境4 Learning context

任务9 制定分销渠道策略

学习目标

知识的掌握
1. 了解分销渠道的基本概念及意义。
2. 熟悉分销渠道的成员、渠道设计和管理的基本内容和方法。
3. 掌握分销渠道的系统模式。

技能的提高
1. 培养进行渠道策划的能力。
2. 培养正确选择各类渠道的能力。

任务导入

王勇大学毕业后想开一家家具制造企业,家具通过什么渠道能够销售出去?请你为王勇设计渠道。

案例引导

格力公司的专卖店

格力公司北京市场总监张波透露,2005年年初,格力公司在对北京市场的27家格力专卖店进行系统考察后,决定对所有专卖店全面装修,首批确定13家,同时对专卖店所有导购人员和安装员工进行系统培训。张波表示,重装后的格力专卖店,不仅购物环境得到极大改善,格力品牌形象也将得到提升。这些专卖店一般靠近社区,离消费者较近。而且格力的空调员工都经过统一培训,对格力空调所有产品的性能非常了解,服务也更专业、便捷。

虽然国美、苏宁、大中等家电销售巨头在北京的门店已突破90家,但格力显然对自己的27家门店更具信心。张波介绍,格力在北京的27家专卖店面积普遍在100平方米以内,其中在城区内的门店有20家。虽然店面面积无法与家电连锁店抗衡，但销售业绩惊人：2004年格力空调在北京市场共计销售22万台，从专卖店销售出去的数量就达到15万台左右，占总销量的近70%。而格力空调在全国一共拥有专卖店1 000家，销售比重达80%。

资料来源：段志敏，等.格力改头换面求自强，27家专卖店战连锁巨头[N].京华时报，2005-06-08.

【问题引入】

1. 格力公司运用的是一种怎样的分销渠道？
2. 渠道策略的核心是什么？

9.1 分销渠道概述

9.1.1 分销渠道的含义

1. 渠道与分销渠道

渠道（channel）一词来源于拉丁语Canalis，原意为运河，后来引申为路线、途径、系统、方法、手段等。

从参与者的角度出发，分销渠道的定义就是：由相互依赖的组织所构成的商业结构，包括产供销整个过程中涉及的所有企业和个人。从流通角度出发，分销渠道的定义就是：帮助产品从生产者手中流转到消费者或最终用户手中，包含生产者、消费者和为产品所有权从生产者到消费者的流转提供途径的任何中间组织。

2. 中间商

中间商是商品经济高度发展和社会分工越来越细的必然产物。它的存在是为了解决产品生产者和产品消费者或最终用户在时间、地点、数量、品种等方面存在的矛盾。利用中间商不仅能够有效地推动产品广泛地进入目标市场，使生产者生产的产品分类和消费者需求分类之间的差距缩小，而且还是实现经济效益的一个主要源泉，如图9-1所示，如果没有中间商，三个生产者和三个消费者之间将总共发生9次交易行为；而有了中间商的参与，交易行为则只有6次，交易成本降低，减少了企业的分销工作量，经济效益很明显。以此类推，卖者和买者的数量越多，由于中间商的介入所减少的交易次数及节约的交易成本也就越多。正如管理大师彼得·德鲁克所说"营销渠道是企业的第三利润来源"。

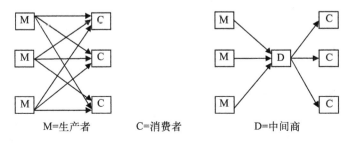

图9-1 中间商的经济效果

9.1.2 分销渠道的功能

分销渠道所做的最重要的工作是缩小生产者的产品与消费者或最终用户之间在时间和空间上的距离。因此，分销渠道的成员执行了一系列的重要功能。

（1）信息：渠道成员在各个环节收集、分发关于市场营销环境中现有的和潜在的消费者、竞争者及其他参与者或相关力量的信息、情报，用于制订营销计划和帮助企业进行经营调整。

（2）促销：渠道成员在各自的环节中进行销售、广告、营业推广和公共关系的宣传，发展和传播有关产品的富有说服力的沟通材料。

（3）谈判：达成有关产品的价格、数量、交货方式和其他条件的协议，以实现所有权和使用权的转移。

（4）订购：渠道成员将消费者的购买意图传递给生产者。

（5）融资：收集和分配资金，供分销渠道不同工作环节所需，加速资金在各个环节之间的周转，减少积压和滞留，使资金产生更大的效益。

（6）分担风险：渠道成员分担渠道工作中的各种相关风险。

（7）物流：从原材料到最终产品的一系列商品实体的运输和储存。

（8）付款：买者通过银行或其他金融机构向卖者付款。

（9）分类：生产者生产大量单一或类似的产品，而消费者却有不同的选择。这就需要中间商从不同的生产者处购买不同的产品，通过零售商提供给不同的消费者，由此减少了消费者的搜寻成本。

（10）所有权流转：所有权从生产者向消费者或最终用户的实际流动，包括在中间商之间的转移。这是分销渠道最基本的功能。

以上功能由谁来执行，主要看谁执行更有效，如果由生产者执行所有的功能，生产者的成本会上升，价格也会上升；如果由中间商执行一部分功能，且中间商比生产者做得更有效，消费者承受的价格就要低一些；消费者也可能自己执行一部分功能以降低价格。分销渠道的变化反映了执行营销功能效率的变化，这些变化会对消费者更有利。

> **小思考**
>
> 指出你选的一种啤酒或饮料在经销过程中所涉及的渠道成员，然后确定每个成员起到哪种作用，并指出原因。

9.1.3 分销渠道的流程

在产品由生产者向消费者或最终用户流转的一系列活动中，渠道成员的工作形成了五个方面的流程，即所有权流、物流、付款流、信息流和促销流。这些流程将各个渠道成员有机地贯穿起来，并呈现出不同的形态。

1. 所有权流

所有权流亦称商流，是指产品所有权从生产者向消费者或最终用户的转移过程。例如，在汽车分销中，汽车的所有权由生产者转移到代理商，然后转移到消费者手中，如图 9-2 所示。

图 9-2　分销渠道中的所有权流

2. 物流

物流是指产品实体从生产者转移到消费者或最终用户的过程，包括具体产品的实体储存以及产品包装、装卸、流通加工等从一个渠道成员到另一个渠道成员的实体流转，如图 9-3 所示。

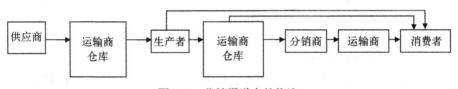

图 9-3　分销渠道中的物流

3. 付款流

付款流是指货款在各分销渠道成员之间的流动过程。它为流经渠道的实体产品供给资金，其中一般要由银行或其他金融机构作为中介，如图 9-4 所示。

图 9-4　分销渠道中的付款流

4. 信息流

信息流是指分销渠道成员之间各种信息的收集、传递和处理过程。它既包括生产者向中间商及其消费者传递信息，也包括消费者及其中间商向生产者传递信息，所以，渠道成员间的信息交流是双向的，如图 9-5 所示。

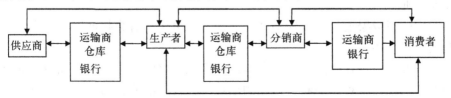

图 9-5　分销渠道中的信息流

5. 促销流

促销流是指一个渠道成员通过销售、广告、营业推广和公共关系等宣传活动对另一个渠道成员施加影响的过程，如图 9-6 所示。

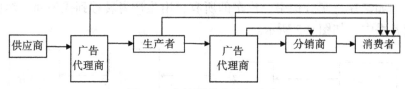

图 9-6　分销渠道中的促销流

在这五个流程中，所有权流和物流是最主要的，对分销渠道的研究也主要是针对这两个流程。

> **小思考**
>
> 　　有兴趣的同学，可以到你身边的书店或图书大厦去看看。想一想，你喜欢的书是怎样从生产商那里流转到你的手中的？

9.1.4　分销渠道的结构

每个中间商，只要在推动产品及其所有权向消费者或最终用户转移过程中承担若干工作就是一个渠道层次，由于生产者和消费者或最终用户都承担某一部分工作，所以他们也是渠道的组成部分。我们用中介机构的层次数来表示渠道的长、短、宽、窄。

1. 直接渠道与间接渠道

直接渠道也就是零级渠道，是由生产者将其产品直接销售给消费者或最终用户，主要方式有上门推销、邮购、电视直销、网上购物、生产商自设销售点或办事处等，如安利公司。

间接渠道是指生产者通过一个或一个以上的中间商向消费者或最终用户销售其产品的分销渠道。

2. 长渠道与短渠道

在间接渠道中，根据介入的中间商层次的多少可以分为长渠道与短渠道，如图 9-7 所示。

图中的零级渠道没有任何中间商的介入，由生产者直接面对消费者，实际上是属于直接渠道。

一级渠道是指在生产者与消费者或最终用户之间只有一级中间商，通常是零售商。例如，各种大型超级市场的出现，其巨大的购买力对生产者有很大的吸引力，直接供货比通过批发商更为经济。

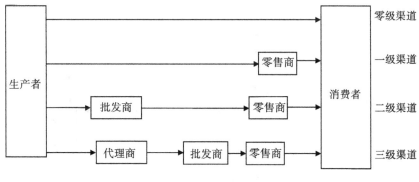

图 9-7 分销渠道的级数

二级渠道是指在生产者和消费者或最终用户之间，经过两级中间商，即产品通过批发商、零售商，再到消费者。批发商从生产者那里大批量购买，再小批量卖给众多的小型零售商。对众多订货量有限的小型零售商来说，批发商的介入则更为经济。

三级渠道是指在生产者和消费者或最终用户之间含有三级中间商，生产商通过代理商与批发商联系，产品经由代理商、批发商到零售商，再销往消费者或最终用户。包装类产品的生产者通常采用这种渠道。

随着互联网的发展，近几年出现了网络分销渠道。网络分销渠道是指建立在互联网技术之上，借助互联网渠道来实现营销目标的分销活动过程，如图9-8 所示。

图 9-8 网络分销渠道

从渠道的构成来看，网络分销渠道也分为直接渠道和间接渠道，但是相对于传统渠道，网络分销渠道的构成更加简单直接；从企业整体成本来看，网络分销渠道减少了流通环节，节省了渠道成本，同时还降低了管理成本。

3. 宽渠道与窄渠道

分销渠道的宽窄是指每个渠道层次上使用的同类中间商的多与少。宽渠道与窄渠道的选择与生产者的分销策略密切相关，如图 9-9 所示。

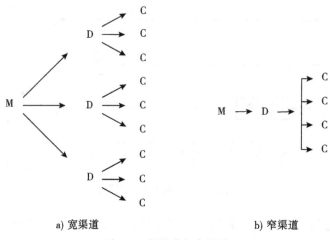

a) 宽渠道   b) 窄渠道

图 9-9　宽渠道与窄渠道

宽渠道是指生产者直接利用两个或相对较多的中间商来经销其产品，它的特点是产品迅速转入流通领域和消费领域，商品流向密集分布，有利于扩大市场覆盖面，有利于中间商之间展开竞争，不断提高产品销售效率，产品价值能够迅速实现。绝大多数商品通常采用宽渠道。

窄渠道是指生产者只利用一个中间商销售其产品，它的最大特点是生产者与中间商关系密切，相互间有很强的依附关系。弊端是风险较大，双方中任何一方发生变化，另一方都会受到牵连，陷入被动。因而，窄渠道一般适用于特殊（专业性强或贵重耐用的消费品）商品。

【训练与练习】

1. 何谓分销渠道？举例说明。
2. 中间商是怎样减少必要的交易次数的？
3. 长渠道和宽渠道有何区别？举例说明。
4. 分销渠道的流程中哪些是同向的，哪些是双向的，哪些是逆向的？

9.2　分销渠道成员分析

中间商是在商品从生产领域转移到消费领域的过程中，参与商品交易活动的专业化经营的个人和组织。中间商按其在流通过程中的地位和作用可分为批发商和零售商。

9.2.1　批发商

批发商是把商品出售给那些为转卖商品而购买的中间商。它直接向生产者进货，并卖给零售商、工业消费者和其他批发商。一般来讲，批发商在销售渠道中居于起点阶段和中间阶段，它的交易活动结束以后，商品仍在销售渠道中。批发商从事的是大宗的商品买卖活动，每次的交易量比较大，特别是购进商品的批量比较大。

1. 批发商的职能

批发商的地位、性质及特点决定了它在销售渠道中的职能，并通过执行其职能为生产者和零售商服务来实现其职能。

批发商的主要职能如下。

（1）集散商品。批发商将不同地区、不同生产者分散生产的商品集中起来，进行必要的初步加工、整理、包装等处理，通过整买零卖的方式，分散供应给零售商和生产用户。而且，批发商选择和编配消费者所需的花色品种，为消费者和最终用户节约了时间和金钱。

（2）调节供求。批发商一方面集中、大批量地向生产者购进商品，使生产者能及时实现商品价值，提高资金周转率；另一方面小批量地将商品批售给零售商，减少零售商储存商品的负担，节约成本。实际上，批发商在产与销之间承担了商品"蓄水池"的作用，把市场上一时多余的商品收购储存起来，当市场供应不足时再投放出去。

（3）沟通市场信息。批发商处于生产者和零售商之间，既可以了解商品的生产情况，又可以了解商品的市场销售动态。因此，批发商可以及时向生产者和零售商提供市场信息，提供有关竞争者的新产品、价格变动和市场活动等方面的信息。

（4）承担市场风险。批发商拥有商品的所有权后，在流转过程中就有一定的风险，如市场供求、价格变动，商品储存、运输过程中可能发生的失窃、破损、腐烂和过时，以及交易中因预购、赊销造成的呆账风险等。

（5）提供管理咨询。批发商一方面因为比远方的生产者更加贴近零售商和消费者，更受信赖，所以通过信息沟通能为生产商提供一定的销售管理咨询；另一方面还可以为零售商培训销售人员、帮助布置店堂、规划商品陈列和建立会计与存货管理制度。

2. 批发商的类型

批发商主要有三种类型：商业批发商、代理商和经纪人以及生产者的分销部或办事处。

（1）商业批发商。商业批发商又称独立批发商，占整体批发商的50%，是批发商最主要的类型。商业批发商在自负盈亏的情况下从事商品买卖，对其经营的商品具有所有权。

1）商业批发商根据其经营商品范围可分为以下三类。

①综合批发商。这种批发商经营商品的范围广，种类繁多，商品大众化。

其销售对象主要是综合性比较强的零售商店，如百货商店、食品杂货商店、服装商店、五金商店等。

②单一种类批发商。这种批发商主要经营某一特定种类商品，且在品种、规格和品牌等方面具有相当的完善性。

③专业商品批发商。这种批发商主要经营一条产品线中有限的几种产品项目，专业化程度比较高，精通产品的专业知识，能为客户提供有深度的选择以及专门的技术知识和服务，一般适合与大零售商、专业商店和产业用户做交易。

2）商业批发商根据不同的经营方式可分为以下六类。

①工业品批发商。工业品批发商主要从事工业品的批发业务，所经销的产品具有一定的深度和广度。

②农产品收购批发商。农产品的生产者的规模较小，比较分散，农产品收购批发商专门收购农民和农场主的产品，再销售给使用这些农产品的企业。

③进出口批发商。进出口批发商从国内购买向国外销售，或从国外购买向国内销售。

④现购自运批发商。这类批发商从事商品的调集、储存和进行批货处理，但不提供信用条件和送货服务。零售商来购货，支付货款，自己承担运输。

⑤卡车批发商。这类批发商的规模一般都比较小，主要是执行销售和送货职能，经营品种是水果、蔬菜、啤酒等周转率高或易腐的食品类产品。

⑥承销批发商。这类批发商经营的商品通常是大宗货物（如煤炭和木材）和不按品牌而按等级销售的商品。他们既不储存也不送货，而是在进货时让生产者将商品直接从生产厂家运到购买者手中。交易对象主要是工业用户和其他中间商。

> **小思考**
>
> 请说出这些商品最适合的批发商类型：糖果、塑料制品、汽车、农产品、立体声设备、煤炭、水管。

（2）代理商和经纪人。代理商和经纪人是为自己的委托人代购代销商品，按销售额提取一定比例报酬的非独立批发商。他们对自己经办的商品没有所有权，主要替那些不具备销售能力或没有在某地区派遣销售人员的厂家销售产品，销售对象主要是工业用户、其他批发商和零售商。代理商和经纪人提供的服务项目较少，因此其成本往往比商业批发商低。

1）代理商。代理商有多种形式，如生产商代理、销售代理和采购代理。生产商代理是代表生产者销售产品的代理商。他们不拥有产品所有权，但会和生产者签订有关价格政策、销售区域、提供信用条件、交货和佣金比例等方面的正式合同。销售代理是销售一个厂家的全部产品，或者在厂家的全部市场上销售一条或一条以上的产品线。他们有权制定价格、销售条件、广告推销甚至产品设计等业务，主要适用于那些销售能力弱的小型生产者。采购代理是指代表客户采购商品。他们一般与客户有长期的合作关系，替客户采购，负责收货、验货、储运直至交货。

2）经纪人。经纪人是受委托安排买卖双方的合同和沟通他们之间的联系的中间商。经纪人不拥有产品的所有权，不承担货主责任和价格变化的风险。与代理商不同的是，经纪人与委托人之间的关系通常不是持久性的，当经纪人促成一项交易之后，这种关系便告终止。经纪人一般涉及证券、房地产、广告和保险领域。

（3）生产者的分销部或办事处。这类批发商是生产者自己的销售部，是专门经营其批发销售业务的独立机构，也是批发商的主要类型之一，可分为两种类型：一种是销售业务部，没有仓储设施和产品库存，只销售产品，经营方式类似承销批发商；另一种是销售经营部，有仓储设施和产品库存，经营方式类似提供全面服务的商业批发商。

9.2.2 零售商

零售商是将商品或劳务直接销售给消费者或最终用户的中间商，是生产者和消费者之间的桥梁和纽带，零售商的对象是众多的消费者。在分销渠道中，零售商居于终点阶段，他们从生产者或批发商那里小批量购进商品，再直接向消费者零星、多品种销售商品，每次销售的量小、交易频繁，在交易过程中或结束后要向购买者提供相应的销售服务。

零售商的业务活动，不仅可以帮助生产者扩大产品销售、开拓市场，而且可以及时地向生产者反馈市场供求信息以及消费者对商品的意见、建议等，有利于生产者进行产品改进。因此，无论是在国民经济的宏观还是微观方面，零售商都起着重要的作用。

1. 零售商的职能

零售商是生产者与消费者或批发商与消费者之间的中间环节。其职能主要体现在以下两个方面。

（1）为生产者承担风险，促进销售，提供信息。零售商对于生产者来说，是承担所有权风险的买卖中间商，并为生产者或批发商减轻了流通过程中（如储存、运输方面）的费用和风险等负担。零售商利用人员推销、广告宣传以及促销活动等各种营销手段来促进产品销售，扩大产品市场占有率，还向生产者提供有关零售市场上消费者、竞争者和市场状况等有价值的信息。

（2）以多种方式为消费者服务。零售商将不同生产者的产品汇集在一起供消费者挑选、向消费者传播商品信息；在适当的条件下向消费者提供赊购、分期付款等信用条件或者送货上门等。

2. 零售商的类型

（1）根据所有权的归属不同分类，零售商可分为连锁商店和独立商店两种类型。

1）连锁商店。连锁商店是一个经销同类商品、统一标识、统一管理、集中采购的商业集团，由多个零售单位组成，实行标准化的经营模式。连锁商店因为集中大批量进货，享受数量折扣，运输费用低，实现了规模经济，所以成本低，售价也相应较低。连锁商店是20世纪零售业最重要的发展之一，大量出现了百货商店、食品店、药店、鞋店和妇女服装商店等，具有较强的竞争力。

2）独立商店。独立商店是拥有所有权的小型零售商店。面对强大的零售业竞争压力，已有不少独立商店通过不同的途径寻求联合，以增强竞争实力。有的通过契约方式与其他零售店建立了组织合作，有的与批发商建立了自愿联合组织，有的则与生产者建立了特许经营关系。

（2）根据是否购置店铺进行商品交易分类，零售商可分成店铺零售商和无店铺零售商两种类型。

1）店铺零售商。店铺零售商就是有固定的营业场所的零售商。这是零售商的基本类型，其主要形式如下。

①百货商店。百货商店一般经营的产品种类非常多，每一种商品的规格也多，有相当不错的深度和广度。店内的每一个部门都是自负盈亏、相对独立的单位，都是经营一条产品线的部门或一个专业化的商店。百货商店一般都坐落在城市的闹市区，规模大，满足消费者在同一地点选购多种商品的需要。

②购物中心。购物中心一般规模较大，经营的产品品种较多，但价格较高，是集购物、休闲、娱乐和餐饮服务于一体的现代化场所，能提供良好的购物环境和周到完善的服务。

③专业商店。专业商店通常经营一类产品或有限的几类产品，产品线窄而深，但所涵盖的花色品种比较齐全，能有效地满足特定目标市场的需要，如服装店、运动器材店、面包店、家具店等。有些专业商店专门包销某些名牌产品。

④超级市场。超级市场规模大，经营范围广，销售量大，成本相对较低，一般采取开架自选的经营方式，经营的商品主要是食品、杂货和家庭日用品等。目前，超级市场正在向规模更大、经营品种更多、为顾客提供更多便利的方向发展。

⑤折扣商店。折扣商店出售标准商品，价格低于一般商店，毛利较少；薄

利多销，销售量较大；提供的商品基本上都是最流行的知名品牌。

⑥便利店。便利店规模小，营业时间长，一般位于住宅区附近，经营品种多是周转快的方便商品或易耗品，主要是满足消费者的不时之需。

⑦样品目录陈列室。样品目录陈列室运用商品目录和折扣原则，销售可供选择的毛利高、周转快的有品牌商品，如珠宝、电动工具、照相机、皮包和运动器材等。它是零售业较热门的新方式之一。

> **小知识　关于超级市场你了解多少**
>
> 　　你也许认为超级市场的布局设计大多是牛奶放在一边，面包放在另一边，这样消费者不得不穿过超级市场，但那已经是几年以前的事了。现在超级市场里每平方米的空间都经过科学的设计，它包括灯光、音乐、色彩和气味的效果，以最大边际收益摆放你最有可能购买的商品。超级市场对30 000多个典型产品进行展示以诱惑消费者进来，有意地移动它们的位置，以及把鼓鼓的商品袋子运出门外。
>
> 　　大多数超级市场入口处摆放的是农副产品或鲜花，这样消费者可以感受到一种新鲜愉快、色彩鲜艳而美丽的氛围，然后他们继续往前走就进入了正如有位专家所描述的——"溢出杂乱的热情洋溢的歌剧。有许多种选择，它们使你感到放松，使你觉得自己是一个厨师，正在挑选最新鲜的肉、最美味的绿色蔬菜、最好的作料，即使你的小推车已经塞满了熟悉的蛋糕、面粉和从未听说过的陌生的爆米花与小虾。"这种方法非常有效，因为只有31%的消费者是照着清单来购物的，平均有2/3的商品是不经过计划就购买的。

2）无店铺零售商。无店铺零售商就是没有固定营业场所或营业场地的零售商。这种类型的零售商前景广阔，发展很快，其主要形式如下。

①直接销售。直接销售是利用推销员上门推销产品的一种零售方式，如挨门挨户推销、逐个到办公室推销、家庭推销会推销。现代的直接销售有三种模式：一对一推销、一对多推销和多层次营销。例如，安利公司就是依赖于这种销售方法，使它的洗发水、清洁剂、牙膏和其他家庭清洁用品遍布40多个国家，拥有250万销售人员和84亿美元的销售额（截至2019年度的数据）。

②直复营销。直复营销起源于邮购和目录营销，是指使消费者在家、办公室或非零售地点可以买到商品的方法。其特点是通过各种媒介和消费者进行沟通，直接从目标顾客或潜在顾客那里获得订单，是一种正在发展的营销方式。其主要形式有邮购、电话营销、电视直销、电子购物、网络购物。使用这些方法的顾客受传统购物环境的束缚较小，因此受时间约束和居住在郊区的消费者最有可能成为直复营销顾客。

③自动售货机。自动售货机是利用售货机向消费者出售商品的一种方式，是零售的一个新兴的但很重要的形式。自动售货机往往被安置在工厂、办公室、大型零售商店、加油站、街道等地方，主要出售软饮料、咖啡、糖果、香烟和报刊等商品。其最大优点是：向顾客提供24小时售货，为消费者提供了方便。但经营成本高，从而价格也较高。

④购物服务公司。购物服务公司是一种为特定委托人服务的零售方式。特定委托人主要是指一些大型组织如学校、医院、协会和政府机关的雇员，他们作为购物服务公司的成员，有权向一组选定的与购物服务公司有约定的零售商购买，并获得一定的折扣。例如，有一位顾客想买一台录像机就可以从购物服务公司领取一种表格，拿到经过批准的零售商那里以折扣价购买。然后，该零售商要向购物服务公司支付一小笔费用。

> **小案例 9-1** 喜茶加盟店的扩张
>
> 　　2012年，喜茶HEYTEA起源于广东江门，原名皇茶ROYALTEA，为了与层出不穷的"山寨"品牌区分开来，故全面升级为注册品牌喜茶HEYTEA。喜茶为芝士现泡茶的原创者。自创立以来，喜茶专注于呈现来自世界各地的优质茶香，让茶饮这一古老文化焕发出新的生命力。2019年年底一线城市加盟的店铺有300多家，二线城市加盟的店铺有100多家，三线城市加盟的店铺将近100家，由此可见，喜茶在全国各个城市的店铺数量有500多家，其中上海、广州、深圳等地的加盟店数量比较多。

【训练与练习】

1. 收集实际生活中代理商和经纪人的信息，并比较分析他们的不同之处。
2. 举例说明什么是店铺零售商，什么是无店铺零售商。
3. 用营销的观念分析你身边的超市是怎样布置的。

9.3 分销渠道策略

9.3.1 影响分销渠道选择的因素

　　分销渠道的选择和构筑是企业的重要决策，对企业营销的成败关系甚大。因此，在选择和构筑分销渠道时不仅要对渠道成员的中间商进行多方面的分析和研究，而且要考虑和研究对分销渠道设计、管理和调整具有影响的其他一些主要因素，如产品、市场、企业和环境等。

1. 产品因素

　　产品性质、种类、档次、等级的不同，都会影响企业分销渠道的选择。一一般来说，对于易腐、易损、易污染的产品和体积大的产品都要求企业直接销售或建立短的、层次少的分销渠道；对于体轻身小、价格低、完全标准化的产品企业可选择多层次的分销渠道；对于需要安装和维修服务的产品一般由公司的特许中间商销售；对于技术含量高、有专门用途的产品也经常由企业的分销处销售，因为中间商缺乏必备的专业知识。

2. 市场因素

市场因素包括市场潜量、购买力大小、零售商规模的大小以及竞争者和中间商，这些因素与渠道类型的选择有密切关系。购买力大的大城市、大型百货商店可直接从企业进货，采取最短的渠道。购买力小的地区和商店必须通过批发环节。

（1）竞争者因素。渠道选择还会受到竞争者使用渠道的影响。有的公司使用与竞争者相同的渠道决策，如中关村电子一条街上的许多计算机厂家。有的公司避开竞争者常用的渠道，如对新上市的日用品采取上门推销的方式。

（2）中间商因素。渠道选择还要考虑不同类型的中间商在经营过程中的优劣。在选择中间商之前，要根据自己企业的整体布局和特点确定选择的条件和标准。

3. 企业因素

生产者本身的规模、信誉、能力、控制渠道的愿望和可能提供的服务水平都会影响渠道类型的选择。企业规模大、信誉高、资金雄厚，常可自由选择分销渠道，或与中间商合作，或自己组织分销队伍。否则，只能依靠中间商提供销售服务。此外，生产集中、消费分散的产品，或生产分散、消费集中的产品，也离不开中间商的支持。

4. 环境因素

对渠道选择有影响的环境因素包括国家的政策、法律、经济形势、技术水平、地理环境、交通运输条件、民族习惯等。例如，我国的烟草、化肥的专卖政策，使得这些产品的生产者必须按照专卖的程序选择分销渠道，其分销自由度就大大下降了。而现代技术的进步也极大地改变了分销系统，出现了诸如电话销售、电视销售、电子商务、网络营销等一系列新的分销模式。

9.3.2 分销渠道的设计

分销渠道的设计与选择是企业的重要决策之一，目的是实现企业的目标，从而更好地实现企业利润等营销目标。分销渠道设计合理，选择适当，能使产品更快地流转到消费者手中；若设计不合理，选择不当，就难以尽快拓展市场，产品就会较长时间地停留在生产者手中，影响再生产的进行。分销渠道的设计主要包括确立分销渠道的目标、确定可供选择的主要渠道方案、评估主要渠道方案等。这里只介绍前两种，渠道方案评估考虑经济性、可控性和适应性三个标准，这里不再详述。

1. 确立分销渠道的目标

渠道的目标是以对目标市场的服务水平来描述的。

首先，要了解企业的目标市场中消费者对渠道的要求，即他们在什么地方购买、何时买、为何买和如何买企业的产品，也就是消费者对购买地点、购买的便利性以及对交货速度、产品附加服务等的要求。它通常包括这些方面：每次购买的批量大小、等候的时间、地点的便利、产品花色品种的多样化和服务的支持。

其次，企业在设计渠道时，对目标市场的需要，要结合企业本身的资源条件来把握可行性和运作成本，以消费者能够接受的价格来满足他们的要求。渠道设计的九项目标如表 9-1 所示。

表 9-1　渠道设计的九项目标

目　　标	操作说明
顺畅	最基本的功能，直销或短渠道较为适宜
增大流量	追求铺货率，广泛布局，多路并进
便利	应最大限度地贴近消费者，广设网点，灵活经营
开拓市场	一般较多地倚重中间商，待站稳脚跟之后，再组建自己的营销网络
提高市场占有率	渠道保养至关重要
扩大品牌知名度	争取和维护客户对品牌的信任度与忠诚度
市场覆盖面积和密度	独家分销和密集性分销
经济性	要考虑渠道的建设成本、维系成本、替代成本及收益
控制渠道	厂家应扎扎实实地培养自身能力，以管理、资金、经验、品牌或所有权来掌握渠道主动权

资料来源：邹树彬.分销渠道管理[M].广州：广东经济出版社，2000.

企业合理确定渠道目标，要考虑市场需求以及产品、竞争者、环境和企业政策等其他影响渠道选择的因素，统筹安排，为企业产品到达目标市场提供最佳途径。

2. 确定可供选择的主要渠道方案

企业确定了目标市场后，就必须选定几个主要渠道方案。渠道方案的选择涉及三种因素，即中间商类型、中间商数目和渠道成员的职责。

（1）确定中间商类型。中间商有批发商和零售商两种基本类型。企业必须识别、明确可以利用的中间商类型。根据目标市场及现有中间商的状况，参考同类产品经营者的经验，设计自己的分销渠道方案。通常的选择如下：

1）直销渠道。直销即企业扩大自己的直接销售团队，采用直销的方式联系消费者，销售产品。

2）间接渠道。企业与中间商合作，克服在现代化大生产条件下产销之间在时间、空间、信息、价格及供求数量、花色品种等方面存在的矛盾，仍然是十分重要的。

（2）确定中间商数目。企业必须确定在每一渠道层次上中间商的数目。企业通常有密集性分销、选择性分销和独家分销三种选择。

1）密集性分销。密集性分销是使企业的产品在尽可能多的零售商店销售，多为日用消费品和通用性工业品厂家采用。

2）选择性分销。选择性分销是在同一目标市场上选择一家以上的中间商销售企业的产品，而不是选择愿意销售本企业产品的所有中间商，通常多为信誉良好的企业和希望以某些承诺来吸引中间商的新企业所采用。由于经销商数目较少，企业容易与经销商形成良好的业务关系，控制度高，成本也较低。

3）独家分销。独家分销是指在某一目标市场，在一定时间内，只选择一家最合适的中间商销售本企业的产品。通过授权，独家分销商不得经营竞争者的品牌，生产者能够严格控制自己的服务水平及中间商的服务水平。独家分销多用于汽车、大型电子产品和有特色品牌产品的分销。

中间商数目的确定如图9-10所示。

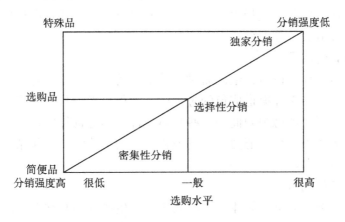

图9-10 中间商数目的确定

（3）界定渠道成员的职责。生产者和中间商要在有关的渠道成员的权责利方面达成协议，包括价格政策、销售条件、中间商的区域权利、各方应承担的责任以及具体的服务安排。渠道成员要严格遵守达成的协议，在承担相应责任的前提下，拥有相应权利，并享受相应利益。

> **小案例 9-2　公司的渠道选择方案总是多**
>
> 　　某监测仪器制造商开发了一种能用于公用事业的新产品——音波监测器。现在的问题是如何以有效的方式将该产品送到用户市场。它有以下替代方案可供选择：(1) 借助直接邮寄和商业杂志，运用现有的推销人员销售产品；(2) 扩大企业推销队伍，同时分派各个推销员去与特定的用户接洽；(3) 依靠代理商推销产品，但该代理商必须熟悉不同行业及不同地区的情况；(4) 通过批发商销售产品，要求其进行一定的促销活动并拥有一定水平的存货。
>
> 　　资料来源：李先国.营销师 [M].北京：中国环境出版社，2003.

> **小思考**
>
> 　　想一想，如果请你设计口香糖的分销渠道，你是如何考虑的？如果是钢琴呢？为什么这两种产品的分销渠道不一样？

9.3.3　分销渠道的管理

　　企业在选择、确定分销渠道并付诸实施后，还应对所建立的渠道进行管理，管理工作主要包括选择渠道成员、激励渠道成员、评估渠道成员和根据市场变化调整渠道成员等内容。

1. 选择渠道成员

　　分销渠道设计好以后，生产商对分销渠道的成员必须进行慎重的选择。一般来说，生产商在选择渠道成员的过程中，不仅要考虑自己的实力、规模、产品特色，而且还要考虑中间商的一些具体条件，确定选择的标准。它主要包括渠道成员财务实力、分销能力、市场覆盖率、销售业绩、合作精神、信誉、发展前景和管理能力。

2. 激励渠道成员

　　在确定了渠道成员即具体的中间商之后，生产商还必须继续激励这些中间商，充分调动其积极性，不断提高经营水平。当然，促使中间商进入渠道的因素和条件已构成激励的一部分，但生产商仍需不断地对中间商进行监督、指导和鼓励。由于中间商与生产商所处的位置不同，考虑问题的角度也不同。因而激励的首要步骤，就是站在对方的立场上了解现状，而不应仅从自己的观点出发看待问题。

　　在如何激励渠道成员的问题上，生产商所采用的方式有很大不同，一般采取以下三种方式。

　　(1) 合作。大多数生产商正在设法获得中间商的合作。为了做到这一点，他们采用各种正面的激励，比如较高的毛利、特殊优惠、各种奖金、合作性的广告补助以及销售竞赛等。这些方法费用较高，但通常比负面的激励效果要好。如果中间商不合作的话，生产商通常会采取一些消极的手段，如减少中间商的利润、拖延交货甚至终止关系等。这种方法在中间商紧密依赖生产商的情况下是非常有效的。

（2）合伙。合伙是指一些生产者与中间商建立长期的伙伴关系。双方联合，共同出资建立分销机构，从而形成长久、稳定的合伙关系，保证双方的利益。

（3）分销规划。分销规划是较为先进的一种方式，是指生产商和中间商组成垂直营销渠道系统。它要求生产商真正从中间商的角度考虑中间商的需要、存在的问题、经营实力和弱点，然后据此制订分销方案，帮助每个中间商尽可能实现最佳的销售业绩。

3. 评估渠道成员

生产商除了选择和激励渠道成员，还必须定期检查渠道成员的工作业绩，检查的依据有销售定额的完成情况、平均存货水平、向客户交货时间、损坏和遗失货物的处理情况、在生产商促销与训练计划中的合作情况以及作为中间商对客户提供的服务情况等。生产商对表现好的中间商予以奖励，对表现不好的予以批评，必要时生产商还可更换渠道成员，以提高分销渠道的效率和保证营销活动的顺利进行。

一定时期内各渠道成员所实现的销售额是一项重要的评估指标。但由于他们面临的环境有很大的差异，因此在横向比较的同时，辅之以另外两种标准：一是将渠道成员的销售业绩与前期比较；二是根据每一渠道成员所处的市场环境和它的销售实力分别制定其可能实现的销售定额，然后与销售实绩比较。

4. 根据市场变化调整渠道成员

为了适应市场环境的变化，生产商往往需要对营销渠道进行不断的调整和改进，从经营的具体层次考虑，可能涉及增减某些渠道成员；从市场规划的层次考虑，可能涉及增减某些分销渠道；从系统设计层次考虑，可能涉及整个分销系统构建的新思路。

（1）增减某些渠道成员。一方面，对效率低下、经营不善和对整个渠道运行有严重影响的中间商，可考虑剔除；另一方面，可考虑选择合格的中间商加入渠道。在做这项决策时，生产商应注意渠道成员之间的相互关系和影响，分析增减某些渠道成员后企业的销售量、成本和利润是否朝着有利的方向变化。

（2）增减某些分销渠道。随着市场需求、环境和生产商自身经营的不断变化，生产商会发现某些分销渠道可能会失去作用，同时又需要新的分销渠道进入新的市场领域。所以，生产商在管理分销渠道的活动中应根据实际情况注意分销渠道的增减调整。

（3）调整整个分销系统。这是对生产商整个分销系统做重新的构建，可能是原有系统的解体。例如，生产商对战略目标和市场营销组合实行重大调整，就需要对营销渠道进行重新设计和调整；或者原有渠道冲突无法解决，造成极大混乱；产品由自销改为经销、由经销改为自销等。调整是为了解决矛盾冲突，增加获利机会，这一点是毫无疑问的。

【训练与练习】

1. 试着尽可能多地列出你所能想出来的影响渠道设计和选择的因素，并与其他同学进行对比。
2. 中间商的数目确定有几种选择？
3. 分销渠道的管理包括哪些方面？
4. 描述一下渠道成员的调整。为什么要调整？

9.4 分销渠道系统

分销渠道系统是一种专业化管理和集中计划的组织网络。渠道上的各个成员之间采取了不同程度的一体化经营和整合经营的方式，从而形成了一定的经营规模，提高了整个渠道的运行效率，有效地增强了环境适应力和市场竞争力。它主要包括垂直渠道系统、水平渠道系统、混合渠道系统。

9.4.1 垂直渠道系统

垂直渠道系统是由生产商、批发商和零售商通过不同的形式纵向整合组成的分销渠道系统。该系统所具有的经营规模、交换能力和避免重复经营的特性，使得它有可能实现规模经济，并与传统渠道系统展开有效的竞争。垂直渠道系统主要包括以下三种。

（1）公司式渠道系统。公司式渠道系统是指一家公司拥有并统一管理若干生产商、批发商和零售商，控制营销渠道的若干层次或整个分销渠道，综合经营生产、批发和零售业务。垂直一体化包括前向一体化和后向一体化。例如，一家大工业公司拥有和统一管理若干生产单位和商业机构，采取的是工商一体化（前向一体化）的方式。一些大的零售商统一管理若干批发商和生产商，采取的是商工一体化（后向一体化）的方式，综合经营零售、批发和加工生产等多项业务。

（2）管理式渠道系统。管理式渠道系统是指由渠道中实力最强或规模最大的企业出面组织、协调和管理整个渠道运作的垂直渠道系统。正是因为这样，吉列和宝洁等公司能够在有关商品展销、货柜位置、促销活动和价格政策等方面很容易地与它们的中间商取得良好的合作。

（3）契约式渠道系统。契约式渠道系统是指由不同层次的生产商和中间商通过合同契约的形式来统一行动，整合组成以求取得更大的经济和销售效果的垂直渠道系统。近年来，这种渠道系统获得了很大的发展，是市场经济中最引人瞩目、发展最快的营销渠道系统，主要包括批发商组织的连锁商店、特许专卖机构以及零售商合作组织。这里仅介绍前两种。

1）连锁商店。连锁商店是指由同一公司所有，统一经营管理，经营相同或相似的商品大类，实行集中采购和销售，有相似或相同的建筑风格和标志的两个或两个以上分店组成的零售商店。它是20世纪零售业的一个重要发展。由于连锁商店规模大，具有大量采购、大量销售的能力，在进行业务洽谈时处于优势地位，能争取到较优惠的条件和较低的价格，从而售价也较低。连锁商店可分为直营连锁、自愿连锁和零售合作社几种类型。其中，直营连锁属于同一所有者，自愿连锁是独立商店通过契约形式建立的连锁店，零售合作社仅是零售商组成的集中采购组织。准确地说，连锁商店是一种组织形式，而不是经营方式。

2）特许专卖机构。特许经营是指特许权授予人与特许权被授予人之间通过一种持续的契约关系授权受许人使用特许授权人已经创建的品牌、产品或独特的经营方法等。为此，特许经营人为了拥有使用品牌、产品或独特的经营方法的权利需要向特许授权人支付费用。通常，特许经营人在一次性支付首期使用费后，以后每年按销售收入的一定比例支付特许权使用费，一般为总收入的3%~7%。目前特许经营有两种基本形式：产品及商标的特许经营和企业经营形式的特许经营。在产品及商标特许经营中，经销商同意销售由生产商或批发商提供的产品，这种方法已经被汽车卡车业、软饮料包装业和轮胎汽油服务行业广泛使用。企业经营形式的特许经营是特许授权人和特许经营人之间一种持续密切的商业关系，不仅使用特许人的商号，还有全套的经营方式、指导和帮助，包括商店选址、产品和服务的质量控制、人员培训等。这种经营方式常适用于餐馆、旅馆和照相馆等。麦当劳就是特许经营形式中最成功的例子。

小案例 9-3　如家酒店特许经营

如家酒店集团于2002年由创始人季琦创立，2005年换帅为孙坚，2006年10月在美国纳斯达克上市。作为中国酒店业海外上市第一股，如家始终以顾客满意为基础，以成为"大众住宿业的卓越领导者"为愿景，向全世界展示着中华民族宾至如归的"家"文化服务理念和民族品牌形象。截至2019年9月30日如家全国加盟酒店数量已经达到3 314家，形成了业内领先的大型连锁酒店网络体系。

9.4.2 水平渠道系统

水平渠道系统是指两个或两个以上企业自愿组成短期或长期合作关系，共同开拓新的市场营销机会的渠道系统。这些成员可能是缺乏资金、先进技术、生产设备、营销设施，或者是由于风险太大而不愿单独冒险，或者是由于期望能带来更大的协同效应等。公司间的合作行动可以是暂时性的，可以是永久性的，也可以创立一个专门的公司。

9.4.3 混合渠道系统

混合渠道系统又称为多渠道营销系统，是指一个公司建立两条或更多的分销渠道以达到一个或更多的细分市场的一整套方法。今天，随着消费者市场的进一步细分，可能和可以采取的渠道不断增加，越来越多的公司采取这种渠道系统。通过多渠道营销系统，生产商有三方面的好处：第一，扩大了市场覆盖面，获得更多的细分市场；第二，降低了渠道成本；第三，可以满足客户对不同渠道的需要。

【训练与练习】

1. 你所在的城市有没有特许经营的例子？哪一个行业特许经营的情况比较多？
2. 到你身边的市场去转一转，然后想一想：可口可乐是怎样从生产商"手中"转移到你手中的？其他你熟悉的商品呢？
3. 顾客可以从大型超市、综合商店和电器专卖店甚至网上买到手机，分析一下这是哪一种渠道系统。

学习指导

通过本任务的学习，学生能掌握分销渠道的设计流程，在理解了分销渠道的重要性以后，能在具体分析实际情况后提出几种主要渠道方案并进行选择，进而能对渠道的管理、调整做出全面的规划。

习题与练习

一、名词解释

分销渠道　批发商　零售商　密集性分销　选择性分销　独家分销
垂直渠道系统　水平渠道系统　混合渠道系统

二、单项选择题

1. 像麦当劳、肯德基等公司通过特许经营而建立的销售网络属于（ ）。
   A. 管理式渠道系统　　　　　　　　B. 公司式渠道系统
   C. 产权式渠道系统　　　　　　　　D. 契约式渠道系统

2. 顾客通过银行或其他金融机构向代理商支付账单，代理商扣除佣金后再付给制造商。这属于渠道流程中的（ ）。
   A. 实体流程　　B. 所有权流程　　C. 付款流程　　D. 信息流程

3. 渠道流程管理中最核心的是（ ）。
   A. 实体流程（物流管理）　　　　　B. 所有权流程
   C. 付款流程　　　　　　　　　　　D. 信息流程

4. 企业分销渠道中中间机构层次的数目构成了（ ）。
   A. 分销渠道系统　　　　　　　　　B. 分销渠道长度
   C. 分销渠道宽度　　　　　　　　　D. 分销渠道深度

5. 通常不必要实行直接营销的产品是（ ）。
   A. 顾客定制的产品　　　　　　　　B. 建筑材料
   C. 易腐烂的产品　　　　　　　　　D. 标准化产品

三、多项选择题

1. 影响市场营销渠道设计的因素主要有（ ）。
   A. 顾客特性　　B. 产品特性　　C. 中间商特性　　D. 竞争特性

2. 垂直渠道系统包括（ ）等几种模式。
   A. 管理式渠道系统　　　　　　　　B. 公司式渠道系统
   C. 股权式渠道系统　　　　　　　　D. 契约式渠道系统

3. 企业激励中间商的方式主要有（ ）。
   A. 设立奖项　　B. 库存保护　　C. 提供市场基金　　D. 开拓市场

4. 划分销售区域的好处包括（ ）。
   A. 拓宽目标市场　　　　　　　　　B. 鼓舞营销员的士气
   C. 提高客户管理水平　　　　　　　D. 有利于销售绩效改进

5. 下列属于中间商购买行为的有（ ）。
   A. 购买全新品种　　　　　　　　　B. 选择最佳卖主
   C. 寻求最佳条件　　　　　　　　　D. 重购

四、简答题

1. 分销渠道中的流程有哪些？

2. 分销渠道的功能有哪些？
3. 直接渠道与间接渠道的区别是什么？
4. 选择性分销渠道应考虑哪些因素？
5. 批发与零售有何区别？其种类有哪些？

五、案例分析

LG 电子公司的渠道策略

LG 电子公司从 1994 年开始进军中国家电业，其产品包括彩电、空调、洗衣机、微波炉、显示器等品种。LG 电子公司把分销渠道作为一种重要资产来经营，通过把握渠道机会、设计和管理分销渠道，拥有了一个高效率、低成本的销售系统，提高了其产品的知名度、市场占有率和竞争力。

1. 准确进行产品市场定位和选择恰当的分销渠道

LG 家电产品系列种类较齐全，其产品主要集中在中高端。与其他国内外品牌相比，它最大的优势在于其产品性价比很高，消费者能以略高于国内产品的价格购买到不逊色于国际著名品牌的产品。因此，LG 将目标定位在那些既对产品性能和质量要求较高，又对价格比较敏感的客户。LG 选择大型商场和家电连锁超市作为主要分销渠道。因为大型商场是我国家电产品销售的主渠道，具有客流量大、信誉度高的特点，便于扩大 LG 品牌的知名度。在一些市场发育程度不是很高的地区，LG 则投资建立一定数量的专卖店，为其在当地市场的竞争中打下良好的基础。

2. 正确理解分销渠道与自身的相互要求

LG 对渠道商的要求包括：渠道商要保持很高的忠诚度，不能因渠道反水而导致客户流失；渠道商要贯彻 LG 的经营理念、管理方式、工作方法和业务模式，便于彼此的沟通与互动；渠道商应该提供优质的售前、售中、售后服务，使 LG 品牌获得客户的认同；渠道商还应及时反馈客户对 LG 产品及潜在产品的需求反应，以便 LG 把握产品及市场走向。渠道商则希望 LG 制定合理的渠道政策，造就高质量、统一的渠道队伍，使自己从中获益；LG 还应提供持续、有针对性的培训，以便渠道商及时了解产品性能和技术的最新发展。另外，渠道商还希望得到 LG 更多方面的支持，并能够依据市场需求变化，及时对其经营行为进行有效调整。

3. 为渠道商提供全方位的支持和进行有效的管理

LG 认为企业与渠道商之间是互相依存、互利互惠的合作伙伴关系，而非仅仅是商业伙伴。在相互的位置关系方面，自身居于优势地位，无论从企业实力、经营管理水平，还是对产品和整个市场的了解上，厂商都强于其渠道经销商。所以在渠道政策和具体的措施方面，LG 都给予经销商大力支持。这些支持表现在两个方面：利润分配和经营管理。在利润分配方面，LG 给予经销商非常大的收益空间，为其制定了非常合理、详细的利润反馈机制。在经营管理方面，LG 为经销商提供全面的支持，包括信息支持、培训支持、服务支持、广告支持等。尤其具有特色的是 LG 充分利用网络对经销商提供支持。在其网站中专门设立了经销商 GLUB 频道，不仅包括 LG 全部产品的技术指示、性能特点、功能应用等方面的详尽资料，还传授一般性的企业经营管理知识和非常具体的操作方法。采用这种方式，LG 既降低了成本又提高了效率。

然而经销商的目标是自身利润最大化，与 LG 的目标并不完全一致。因此，LG 对渠道商进行有效的管理，提高其经济性、可控制性和适应性。渠道管理的关键在于价格政策的切实执行。为了防止不同销售区域间的窜货发生，LG 实行统一的市场价格，对渠道商进行评估时不只考察销售数量，更重视销售质量，同时与渠道商签订合同来明确双方的权利与义务，用制度来规范渠道商的行为，防止某些经销商为了扩大销售量、获取更多返利而低价销售，从而使经销商之间保持良性竞争和互相制衡。

4. 细化营销渠道，提高其效率

LG 依据产品的种类和特点对分销渠道进行细化，将其分为 LT 产品、空调与制冷产品、影音设备等分销渠道。这样，每个经销商所需要掌握的产品信息、市场信息范围就缩小了，可以有更多的精力向深度方向发展，更好地认识产品、把握市场、了解客户，最终提高销售质量和业绩。

5. 改变营销模式，实行逆向营销

为了避免传统营销模式的弊端，真正做到以消费者为中心，LG 将营销模式由传统的"LG→总代理→二级代理商→零售商→用户"改变为"用户←零售商←LG＋分销商"的逆向模式。采用这种营销模式，LG 加强了对经销商特别是零售商的服务与管理，使渠道更通畅。同时，中间环节大大减少，物流速度明显加快，销售成本随之降低，产品的价格也更具竞争力。

资料来源：(《构建营销渠道优势角逐中国加点市场——LG 的启示》，杨志宁，《经济管理》2002 年第 7 期)

【分析讨论】

1. 分析 LG 电子公司的渠道策略。
2. 分销渠道的选择应该注意哪些问题？

六、营销链接

中国企业分销渠道建设的五个趋势

实训应用

（一）实训项目

分销渠道策略。

（二）实训目的

1. 熟悉、掌握中小企业是如何选择分销渠道模式的。
2. 了解不同类型的工商企业现有渠道的结构、特点以及物流系统的作业和设计等。
3. 了解电子网络商店的设备、机制、送货、运行、交易和管理等。
4. 了解企业现有渠道的运行状况、存在的问题以及是如何化解渠道矛盾和冲突的。

（三）实训指导

1. 将学生分成若干小组，对本市不同行业的企业进行分类，如超市、连锁店、配送中心、大卖场、仓储等。各小组自主选择一个行业，就调查的目的、内容统一制作调查问卷。
2. 对所选行业内的企业进行走访，了解渠道选择、运行和管理的情况。
3. 根据调查数据，总结走访企业的渠道状况和渠道选择的一般模式。
4. 根据对企业的实地调查，指出该企业渠道设计、运行及管理中的优势和劣势。
5. 在此基础上，针对该企业分销渠道策略中存在的问题，提出具体的改进办法。
6. 各小组拿出自己的渠道改进方案，接受老师和同学的提问。

（四）实训组织

1. 在教师的指导下，全班学生分成若干小组。每个小组以5～7人为宜。
2. 小组中的成员在组长的安排下合理分工，分别收集不同的资料和数据。
3. 每个小组的数据收集要依据统一的标准。
4. 收集完数据后进行整理、加工。
5. 小组成员进行充分的讨论，形成较为一致的看法，最后由组长负责报告的撰写。

（五）实训考核

1. 在全班公开展示各小组的渠道改进方案和调查报告。
2. 请教企业的有关人员对此方案的看法，接受评价。
3. 向有关企业的负责人做一次汇报，探讨方案实施的可行性。
4. 邀请有关专家，评出优胜者。

部分习题参考答案

一、单项选择题

1. D 2. C 3. A 4. B 5. D

二、多项选择题

1. ABCD 2. ABD 3. ABCD 4. BCD 5. ABC

学习情境4

任务10 制定促销策略

学习目标

知识的掌握

1. 了解促销与促销策略。
2. 熟悉促销组合的基本内容及其功能。
3. 掌握促销的基本工具（人员推销、广告、营业推广、公共关系）及其在实际工作中的运用。

技能的提高

1. 提高信息沟通的能力。
2. 提高正确选择各类促销工具的能力。

任务导入

学校附近有一家文具店，五一就要到了，请为这家文具店制订一个迎五一的促销方案。快来试试你的策划能力。

案例引导

从微电影到全民约酒："五粮液，让世界更和美"

五粮液集团于1997年8月19日成立于四川省宜宾市，主要生产大曲浓香型白酒。五粮液用小麦、大米、玉米、高粱、糯米五种粮食发酵酿制而成，在中国浓香型白酒中独树一帜。作为"酒王"的高端白酒品牌，五粮液也在广告及营销方式上悄然发生着改变。在"品牌年轻化"的大趋势下，2017年中秋，以"五粮液，让世界更和美"为主题的营销，通过微电影、纪录片、视频营销、微博微信营销、电商促销、线下活动推广等各种营销手段，从微电影到全民约酒，从线上玩到线下,"酒王"开始真正走进寻常百姓家。

资料来源:百度文库 2017 年十大网络营销成功案例盘点,https://wenku.baidu.com/view/a9c98762b42acfc789eb172ded630b1c59ee9b21.html。

【问题引入】

1. 五粮液集团采用的主要促销策略有哪些?其目标是什么?
2. 分析五粮液集团所采用的促销策略的特点。

10.1 促销与促销组合

10.1.1 促销的概念

促销是"促进销售"的简称,就是营销者将有关企业及产品(品牌)的信息通过一定的手段传递给广大消费者和最终用户,促进其了解、信赖、偏爱并购买本企业的产品,从而达到扩大销售的目的。因此,促销的实质是营销者与购买者或潜在购买者之间的信息沟通。

企业促销的主要方式有四种:人员推销、广告、营业推广和公共关系。其中后三种又称为非人员推销。

小知识

AIDA 模式表明购买者要经过知晓(awareness)、兴趣(interest)、欲望(desire)和行为(action)的连续反应阶段。这是基于目标沟通对象的反应模式都假设购买者要依次经过认知、情感和行为三个阶段。

10.1.2 促销的基本策略

所有的促销策略都可以分为两种基本的类型:推式策略和拉式策略。企业常常根据自己的实际情况运用这两种策略中的一种或是综合运用这两种策略。

1. 推式策略

推式策略是指企业侧重运用人员推销的方式把产品推向市场的促销策略。运作方向是通过以人员推销为主的促销组合,由生产商推向中间商,再由中间商推向消费者,让产品一层一层地从分销渠道最终渗透到消费者,如图 10-1 所示。

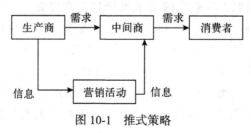

图 10-1 推式策略

推式策略一般适用于产品单位价值高，产品性能和使用方法需要做示范；或者市场比较集中，流通环节少，销售渠道短的产品；或者企业的规模小，没有能力进行完善的广告计划。推式策略的主要方法有：带样品或产品目录走访消费者，实物展销，举办应用产品的讲座等。

2. 拉式策略

拉式策略是指企业侧重运用非人员推销的方式把消费者拉过来的促销策略。拉式策略主要通过广告、公共关系、营业推广等促销组合激发消费者的购买兴趣，产生购买欲望进而采取购买行为，以扩大企业的销售。消费者被激发的需求和购买动机，拉动整个渠道系统，由零售商到中间商一层一层地最后传递到生产商，如图10-2所示。

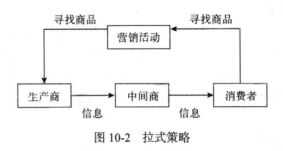

图 10-2　拉式策略

拉式策略一般适用于产品单位价值低，流通环节多，销售渠道较长，市场范围大的便利品；或者产品富有特色，具有差异化的市场机会；或者产品经过展示报道的刺激，能够激起情感购买动机，消费者会迅速采取购买行为；或者企业有充分的资金，有能力支持广告活动计划。拉式策略的主要方法有：通过广告宣传，介绍产品的性能、特点、价格和购买渠道；参加产品订货会、展销会；通过代销、试销的方法促进销售；树立品牌，加大售后服务的宣传力度，增强消费者对产品和企业的信任度等。

小案例 10-1　小米，该和饥饿营销说再见了？

小米手机自问世以来，一直以其高性价比的产品性能吸引着人们的眼球。在小米手机正式发售后不久，小米公司开始采用饥饿营销模式，限制出售手机，变推式策略为拉式策略。凭借这一策略转换，小米摒弃了在市场渠道投放广告的传统销售手段，节省了大量成本，以低价策略在竞争中抢占先机，并且刺激消费者对产品的需求，成为家喻户晓的手机品牌，创造了巨额利润。随着时间的推移，小米产品的可购买性成为小米公司的一个软肋。在信息技术高度发达的时代，新产品的更新换代层出不穷，小米多数的新产品只能通过饥饿营销以及每周一次的限时抢购获得。通常，小米公司在发售产品前会收到数以百万计的登记信息，但是一种产品实际上只有几万件库存可供购买，在产品发售之日，不到 5 秒钟便被抢购一空。有的消费者甚至等待数月也难以抢到自己心仪的产品，甚至有些产品被黄牛大量囤货，高价转卖，这也严重损害了小米在潜在消费者心目中的形象。2017 年，小米公司推出第 6 代小米手机（小米 6），公司表示，小米 6 将会加大产量，不再使用饥饿营销，保障广大消费者的需求都能得到满足。

资料来源：小米，该和饥饿营销说再见了？http://tech.sina.com.cn/t/2016-09-28/doc-ifxwevmc5775516.shtml。

10.1.3 促销组合

促销组合就是企业根据自己产品的特点和市场营销的目标，综合考虑各种影响因素，对人员推销、广告、营业推广和公共关系这几种促销方式的选择、运用与组合搭配，即如何确定促销预算及其在各种促销方式之间的分配。

企业在制定促销组合和促销策略时，主要是综合考虑以下四种因素。

1. 产品因素

从产品的特点看，不同性质的产品消费者的购买目的不相同，那么企业所采取的促销组合和促销策略也就不同。通常，技术复杂、单价昂贵的工业用品或生产资料用品，因购买批量较大、市场相对集中，以人员推销为主，其他的促销方式为辅，如生产设备、计算机等高技术产品。推销人员的现场介绍、操作演示、售后安装、调试等技术保障使客户深入了解产品，达到良好的促销目的。反之，结构简单、标准化程度较高、价格低廉的消费品，因市场范围广，购买批量大，以广告和营业推广为主，以人员推销和公共关系为辅。对于中间商而非最终个人消费者，仍需以人员推销为主，如图 10-3 所示。

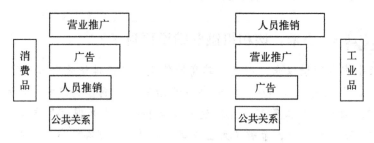

图 10-3 促销工具对不同产品的相对重要性

2. 市场因素

不同的市场条件下，规模、类型、消费者数量不同，那么企业相应地会采取不同的促销组合和促销策略。从市场规模来看，范围广、规模大的市场，如全国甚至全球市场，多采用广告形式；规模小、地域狭窄的市场，则以人员推销为主，便于建立长期的固定的客户关系。从市场类型来看，消费者市场的顾客数量多且分散，通过广告可以用较低的相对成本达到广而告之的效果；产业市场上的顾客数量少，分布集中，购买批量大，技术性较强，适宜用人员推销，从而建立关系。此外，在制定本企业的促销组合和促销策略时，还应考虑到竞争者的促销方式，避免雷同。

3. 产品的市场生命周期

在产品市场生命周期的不同阶段，企业的促销目标和重点有所不同，采取的促销组合和促销策略自然也不同。

在引入期，促销的目标是使用户认识产品，主要通过广告在各种传媒上大力宣传新产品的品牌、特性、功能、服务等，增进用户对刚投入市场的新产品的了解。

在成长期，消费者和用户已经认识和了解了产品，销售量开始迅速上升。促销策略仍以广告为主，但重点应从提高产品知名度转移到提高产品的消费者偏好、突出介绍产品的竞争性特点，树立品牌形象，同时辅之以其他促销方式，扩大销售，提高市场占有率。

在成熟期，促销的主要目标是巩固市场，力图使企业的产品在竞争中处于优势。这时消费品的促销广告应强调产品的价值和给消费者或用户带来的附加利益，同时还应配合使用营业推广等促销工具，以坚定消费者在成熟期继续购买本企业产品的信心。工业品则需要更多地使用人员推销，挖掘潜在市场，巩固老用户，争取新用户。

在衰退期，市场需求已饱和，企业的促销目标是尽快销出存货，减少库存。这个时期应大量削减原有产品的促销费用，仅针对某些老用户保持一定份额的营业推广开支，配合少量提示性广告，采取收缩战略，以便顺利退出市场。

> **小思考**
>
> 想一想：在你的购物经历中是否有营销人员试图说服你购买其产品？你为什么没买，是对产品没兴趣还是沟通方式令你反感？

4. 促销预算

促销预算即企业在确定促销组合和促销策略的活动上所花费的费用预算。它决定着组合的规模，影响着促销的效果。一般来说，在满足促销目标的前提下，应尽可能地减少促销费用。经常采用的促销预算方法有量力而行法、竞争对等法、目标任务法、销售百分比法等。无论是哪一种方法，都要考虑到企业的实际情况，不同的企业、不同的产品、不同的竞争格局都有所不同。企业要根据自己的促销目标和实际能力，全面衡量各方面的条件，采取既经济又有效的促销策略。

【训练与练习】

1. 何谓促销？请举例说明。
2. 促销有哪些作用？
3. 推式策略和拉式策略有何区别？举例说明。

10.2 人员推销

10.2.1 人员推销的概念

人员推销是指企业通过派出销售人员与一个或几个以上可能成为购买者的人交谈，进行面对面的陈述，以推销产品，促进和扩大销售的一种促销活动。在人员推销活动中，推销人员、推销对象和产品是三个基本要素。其中推销人员、推销对象是推销活动的主体，产品是推销活动的客体，通过推销人员与推销对象之间的沟通、洽谈，将产品推销出去，从而达成交易，实现销售产品的目的。与非人员推销相比，人员推销最大的不同点是与潜在用户的直接接触。此时，信息沟通是双向的，推销人员可以马上得到反馈并做出相应的反应。所以，人员推销的过程既是一个产品转移的过程，也是一个信息沟通的过程。

10.2.2 人员推销的特点

1. 信息的双向沟通

在人员推销过程中，一方面推销人员将有关产品的特性、功能、用法、价格及售后服务等方面的信息介绍给消费者；另一方面推销人员通过交谈，观察和了解到消费者对产品的性能、质量、价格、服务等方面的意见和态度并将其及时反馈给企业，以便企业更好地满足消费者的需求。

2. 针对性强

与非人员推销相比，人员推销更具有针对性。一方面推销人员直接针对潜在的消费者施展各种推销技巧，带有一定的倾向性，目的是推销产品，促成购买；另一方面推销人员与消费者直接接触，针对产品提供各种服务，帮助消费者解决问题，满足他们的需求。人员推销针对性强，可以减少浪费，促销的效果也比较明显。

3. 方式灵活

在推销过程中，推销人员不仅可以通过面对面的交谈观察到消费者的态度和反应，揣摩其购买心理的变化过程，还可以及时发现问题，调整自己的促销重点和方式、方法，从不同层面适应不同消费者的需求，以促成销售。

4. 保持友谊协作的长期性

推销人员通过直接见面、长期交往与消费者建立了良好的友谊。而企业与消费者之间密切的关系，消费者对推销人员产生的亲切感和信任感，都易于使消费者对企业增进了解、对产品产生偏爱，有助于企业与消费者建立长期、稳定的买卖关系，促进产品的销售。

当然，企业采用人员推销时，也应该注意到人员推销方式占用人数多，费用高，因而成本也较高。同时，人员管理也比较困难。因此，企业需要综合运用其他的促销方式，制定恰当的促销策略。

10.2.3 人员推销的步骤

人员推销的步骤如图10-4所示。

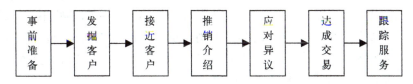

图10-4 人员促销的步骤

1. 事前准备

人员推销工作的第一步，是做好推销前的准备。首先，推销人员要对本企业的产品特点和用途有深入的了解，不仅要清楚产品的优点，而且也要明白与同类产品相比所有的不足之处。其次，推销人员要尽可能多地了解用户的情况，如可能的采购量，决策者是谁，采购习惯等。不了解对方底细就贸然推销，成功的概率极小。再次，推销人员还要了解竞争对手的产品特点、竞争能力和行业地位等。最后，推销人员的准备工作还包括推销人员的心理准备、确定介绍方法、选择接触方法（登门拜访、打电话等）、制订推销访问计划以及准备需携带的物品等。总之，知己知彼，百战不殆。

2. 发掘客户

寻找潜在的客户是人员推销最重要的一步。这一步的工作是研究潜在的消费者，选择极有可能成为客户的人，即潜在客户。这类客户必须有需求意愿、有购买能力、有使用能力和购买的决策权、有接近的可能性等。寻找潜在客户的方法很多，比如通过市场调研，咨询现有客户、供应商、银行、商会等；通过报纸、杂志、电视、网络等广告寻求；通过亲朋好友的介绍、公共档案、电话号码簿、工商企业名录、公司档案获得。推销人员应把重点放在那些值得开发的客户上，要进行排查和确认，以免浪费时间和资源。

3. 接近客户

初次见面的良好印象往往是成功推销的关键因素。推销人员要注意自己的仪表、服装，懂礼貌，有教养，做到稳重而不呆板，谦虚而不自卑，敏捷而不冒失。首先，唤起客户的注意，比如和客户谈论其最关心的问题，唤起顾客的情趣，把客户的注意力从其手头工作吸引到自己这儿，再吸引到自己的产品上，激发客户的兴趣。其次，取得客户的信任，从感情上缩小和他们的距离。通过交谈观察、把握客户的心理，投其所好地对客户的需求加以引导，激发其对本企业产品的兴趣。接近客户通常采取的方法有拉关系接近、赠送样品接近、熟人介绍接近以及以调查的方式接近等，可以是一对一、一对多，也可以是磋商式、研讨式等。

4. 推销介绍

在大多数情况下，推销介绍除了要向客户讲解相关产品的特点和优势，还包括产品的展示。在这一过程中，推销人员不但应指出产品的特点和利益，以及它们如何优于竞争者的产品，有时甚至也要指出本产品的某些不足，或可能出现的问题以及如何减免或防范等。推销人员要关注客户的反应，在讲解的过程中要以客户利益为前提介绍产品的性能，可提请潜在客户亲自演练、使用，以引起兴趣，激发需求，最终促成销售。

5. 应对异议

推销人员要随时准备回答潜在客户在任何时候都可能提出的异议或问题，比如关于产品质量、价格和服务等方面。推销人员此时应该采取积极的措施去消除可能影响销售的那些反对意见，要在充分尊重客户的前提下，进一步指出产品的其他特点，或提示公司可提供的特别服务，进行有针对性的解释和说明，以消除客户的疑虑。

6. 达成交易

一旦解决潜在客户所提问题后，推销人员就要准备达成最重要的目标——成交，就是要使客户同意购买自己推销的产品。在洽谈过程中，推销人员要善于看准时机，给予对方成交的机会。有些买主不需要全面的介绍，介绍过程中如果发现对方有愿意购买的表示，应立即抓住时机，签约成交。为了促成交易，推销人员还可以进行必要的诱导，比如赠送小礼品、打折、额外的一些优惠条件等。

7. 跟踪服务

产品售出后，推销人员必须予以跟踪，以确保产品按时、按质、在良好状况下送到用户手中，并确保产品能正常地使用。良好的事后跟踪是保证客户满意，培育忠诚客户，树立企业形象所必不可少的环节。对一些重要的客户，推销人员要特别注意与之建立长期合作关系，了解他们的满意度。帮助客户解决问题，提供各种必要的售前售后服务，尤其是企业与企业之间的交易，关系营销的重要性正在与日俱增。

在实际工作中，推销人员应灵活掌握上述推销过程，根据实际情况，可以将一些步骤根据客户的反应加以合并、越过，或者有的步骤可以加强。但对于大笔的生意，上述步骤一般不可少。

> **小思考**
>
> 你最近遇到的一次人员推销是在哪里？是什么产品？你有通过人员推销引起你的兴趣而产生购买行为的购买经历吗？说一说你为什么买或不买。

10.2.4　人员推销的形式

1. 上门推销

上门推销是最基本的人员推销形式，是指促销人员主动走访客户，当面与某个客户交谈，向其推销产品。

2. 柜台推销

柜台推销是指促销人员以定点、直接销售的方式，运用专业的销售技巧，将产品卖出，并保持不间断服务客户的过程。

3. 会议推销

会议推销是指促销人员从公司的客户数据库中筛选出目标客户，运用组织会议的形式，直接针对目标人群进行推销，它减少了广告宣传的盲目性和不确定性，节约广告宣传资源，资源利用效率高。

10.2.5　人员推销的策略

推销人员应根据不同的促销对象、促销场景和不同产品，巧妙而灵活地采用不同的促销策略，审时度势，吸引消费者的注意，激发消费者的购买欲望，以达成交易。人员推销的策略主要有以下三种。

1. 试探性策略

试探性策略是推销人员在不了解顾客需求的情况下，用事先准备好的语言或手段，对顾客进行试探，以观察顾客反应的策略。这种策略一般用于初次接触。因为推销人员没有弄清顾客的需求和真实意图，所以要先讲一些与推销关系不太大的试探性的话，观察对方的反应，然后根据实际反映采取具体的应对措施。例如，见面时先问顾客："最近企业效益如何？"如果顾客回答"可以""不错"，则可断定企业的产品生产、销售及财务状况都可以，因而原料或生产工具方面有需求，这样下一步就可以过渡到企业产品的推销上。相反，如果顾客回答"不好"，那就意味着产品积压、生产压缩、财务状况不佳，需求不大，再谈下去也没有必要了。

2. 针对性策略

针对性策略是指推销人员已基本掌握消费者的某些情况和需求，有针对性地进行产品宣传，介绍其特性和用途，以引起消费者的兴趣和好感，劝其购买的策略。这一策略多用于洽谈过程中，推销人员根据不同消费者的喜好，有的放矢地介绍产品。如果消费者求美心理强烈，推销人员就要重点宣传商品的款式、造型、色泽、美观；如果消费者喜欢求实，则应突出介绍商品的牢固、耐用、实用。

3. 诱导性策略

诱导性策略是指推销人员运用能刺激消费者某种需求的说服方法，诱导消费者采取购买行为的一种策略。这种策略对推销人员要求较高。推销人员要事先设计出鼓动性、诱惑性强的购货建议，这样能唤起、诱发消费者的潜在需求，激起消费者迫切要求实现这种需求的强烈愿望，然后不失时机地向消费者介绍产品的效用，说明所推销产品正好能满足这种需求，从而诱导消费者购买。

10.2.6 推销人员的管理

1. 推销人员的招聘

推销人员的数量和销售量、成本有着极大的关系。一般来说，人员增加，销售量和成本也会同时增加，所以企业要根据具体情况确定推销人员的数量。推销人员的选择标准可从企业产品的类型和特点、消费者认可的条件、销售人员的基本素质和专业知识等方面来确定。推销人员的招聘途径和渠道主要有内部招聘、公开招聘、委托专业机构招聘等。推销人员的录用也应视企业的具体情况而定。大型企业程序较为复杂，一般分为申请、面试、调查、体检和录用等步骤；规模小的企业往往会省略若干程序。

2. 推销人员的培训

企业一般要有计划、有目的地对推销人员进行培训。培训的内容不仅要包括企业的历史和发展、行业和市场的特点、产品的知识，而且要包括销售技巧、客户管理和一定的经济法律知识。培训的方法有讲解、示范模拟、实践等，培训讲师将其综合运用并不断重复，以提高推销人员各方面的素质，使其逐步成长为合格的推销人员。

3. 推销人员的考核评估

科学而合理的考核和评估是加强推销人员的管理、衡量推销人员工作业绩的重要手段。推销人员的销售工作报告、销售业绩、消费者和社会公众对推销人员的评价、企业内部人员对推销人员的评价等都可作为考核评估的依据。

【训练与练习】
1. 人员推销的概念是什么？
2. 你怎样认识人员推销的特点？举例说明。
3. 举例说明人员推销策略中的试探性策略是指什么。

10.3 广告

10.3.1 广告的概念

广告的定义很多，一般认为，广告是指企业（广告主体）用一定的费用，通过一定的媒介，把有关产品和企业的信息传递给广大现实的、潜在的消费者的一种非人员推销的促销手段。广告的目的是促使消费者认识、偏爱直至购买本企业的产品。自从我国改革开放以来，越来越多的企业认识到信息的重要性，广告作为传递信息的有效工具，自然成为发展速度最快的沟通方式，也越来越多地为企业所用。

10.3.2 广告媒体

广告媒体是广告宣传的载体。不同的广告媒体，它的涉及面、频率和效果也有很大的区别。

1. 广告媒体的种类

广告媒体的种类很多，不同类型的媒体具有不同的特征。在现代的营销活动中，最常用的广告媒体有以下几种。

（1）报纸。报纸这种广告媒体的优点是：发行量大，影响广泛，读者众多；传播迅速、及时；制作方便，成本低廉；可信度高。其缺点是：接触时间短，内容庞杂，容易分散对广告的注意力；印刷简单，吸引力低。

（2）杂志。杂志具有一定的专业性和针对性，是各种专门产品良好的广告媒体。它的优点是：对象明确，针对性强；发行量大，宣传面广；专业杂志的读者比较容易接受新事物；印刷精美，易于引起注意。其缺点是：发行周期长，时效性差；读者面较窄，传播范围受限制。

（3）电视。电视作为广告媒体出现的时间不长，但因为图文并茂，发展很快，成为最重要的广告媒体之一。它的优点是：形象、生动、逼真，艺术感染力强；宣传范围广，影响面广，随着电视节目深入千家万户；表现手法灵活多样，可重复播放。其缺点是：制作成本高；播放时间短，观众对广告的印象不深；电视节目多，容易分散观众的注意力。

（4）广播。广播媒体的优点是：传播迅速、及时；制作简便、费用低；通俗易懂，听众广泛；形式灵活，适应性强。其缺点是：时间短，只有声音，给观众留下的印象不深；广告的吸引力不够集中。

（5）新媒体。新媒体是相对于传统媒体而言，是继报纸、杂志、广播、电视等传统媒体之后发展起来的新的媒体形态，是利用数字技术、网络技术、移动技术，通过互联网、无线通信网、有线网络等渠道以及电脑、手机、数字电视机等终端，向用户提供信息和娱乐的传播形态和媒体形态，如数字杂志、数字报纸、数字广播、手机短信、移动电视、网络、桌面视窗、数字电视、数字电影、触摸媒体、手机网络、短视频等。相对于报纸、杂志、电视、广播四大传统意义上的媒体，新媒体被形象地称为"第五媒体"，又称为数字化新媒体。

新媒体的特征是：具有交互性与即时性，海量性与共享性，多媒体与超文本，个性化与社群化。

此外，还有一些其他的广告媒体，如户外广告、交通广告、空中广告、楼宇、社区、医院、娱乐场所媒体，公交车视频等，都是各有利弊。不同的广告媒体特点不一样，传播的效果、效率、覆盖范围等必然千差万别，企业只有进行合理的选择，才能发挥不同广告媒体的不同效果。

小案例10-2　百雀羚新神作：一镜到底海报设计，堪比007

一镜到底是导演们拍电影常用的手法，但是百雀羚竟然将它用在了广告上！2017年，一张长图广告名为《一九三一》，长427厘米，看完大概需要6分钟。百雀羚凭借它，在母亲节杀出重围，这张长图广告一夜之间风靡了整个朋友圈。

小思考

搜索有关广告商的网站，找出当前最大的广告商。哪些企业是中国的大广告商？哪些企业是全球的大广告商？

2.广告媒体的选择

选择广告媒体不仅要考虑各种广告媒体的特点，而且要考虑到企业产品性质、特征、促销目标、成本预算等方面。正确地选择合理的广告媒体是广告过程中一项非常重要的工作。选择广告媒体应考虑的因素如下。

（1）本企业产品的特征和性质。因为各种媒体在覆盖面、传播速度、展示、可信度、注意力和吸引力等方面各有利弊，所以应根据企业产品和服务的特征和性质而定。

（2）目标市场的顾客接触媒体的大体习惯。不同媒体对不同性别和不同年龄段的顾客，效果差别很大。因此要注意接受者的特征，有针对性地选择广告对象易于见到和接受的媒体，增强沟通效果。

（3）广告的内容和产品的销售范围。产品的投放时间和所销往的地区与广告的宣传范围、宣传时间要一致。例如，只在某一地区销售的产品，在地方电视台或地方报刊做广告就可以了，而销往全国的产品，就应该在中央电视台或全国性的报刊上登广告，虽然费用差别很大，效果却是一样的。

（4）广告的预算。广告预算是指企业从事广告活动而花费的费用。不同广告媒体的费用差别很大，所以企业要选择的是成本效益最佳的媒体工具。究竟选用哪一种媒体，要根据成本、效益综合考虑，并做出广告预算。不仅要比较费用和所宣传人次的关系，而且要考虑广告在媒体上保留的时间和接受者接触的次数。

总之，企业要根据实际情况，综合考虑各种影响因素、广告媒体的优缺点，尽量选择效果好、成本低的广告媒体。

10.3.3 广告效果的测定和评价

实施广告策略的最后一步是广告效果的测定和评价。它包括广告的传播效果测定和评价以及广告的销售效果测定和评价。

广告的传播效果是指广告对于消费者知晓、认知、偏好的影响。一般在广告推出前后都可进行测定和评价。推出前，企业请有关专家和具有代表性的目标顾客进行评价，听取意见和观察反应；推出后，企业可对顾客进行调查，了解具体的反应。其采用的方法有实验测试法、消费者反馈法和组合测试法。

广告的销售效果是指广告推出后对企业产品销售的影响。因为影响销售的因素很多，所以销售效果比传播效果难以评价。它一般是通过测定广告费用份额产生的声音份额⊖，来大致了解由此获得的注意度份额，并最终测定由注意度份额决定的市场份额。

> **小知识** **色彩传递的信息**
>
> 色彩在食品偏好中起着重要的作用。一项调查表明：当被调查的家庭主妇分别品尝了放在棕色、蓝色、红色和黄色四种容器中的咖啡后（所有咖啡都是一样的，并对被调查者隐瞒了品牌），大约75%的主妇认为放在棕色容器中的咖啡味道过苦；大约85%的主妇认为红色容器中的咖啡最浓；几乎所有的主妇感觉蓝色容器中的咖啡味道较淡，而黄色容器中的咖啡几乎无味。
>
> 有学者曾做过有关跨文化的颜色比较的深入研究。他们对中国、韩国、日本及美国的消费者进行调查，发现亚洲人往往把灰色和廉价联系在一起，这恰

⊖ 声音份额（share of voice，SOV）是一个广告学概念，也称"媒体比重占有率"，表示企业在特定时间范围内与竞争对手相比在广告总曝光率中所占的份额。

> 恰和美国人相反，美国人认为灰色象征着贵重且品质高。亚洲人认为紫色为富贵之色，美国人却认为紫色有廉价感。不过，各国消费者不约而同地认为，蓝色、红色、黄色和黑色分别与高品质、爱、幸福及力量联系在一起，认为绿色象征着纯洁与值得信赖。
>
> 资料来源：钱旭潮，等. 市场营销管理[M]. 北京：机械工业出版社，2005.

【训练与练习】

1. 列出你最感兴趣的五则广告。是什么让你感兴趣？是色彩、画面、人物，还是内容、产品？
2. 广告媒体的种类有哪些？举例说明。
3. 想一想广播这种媒体对什么样的营销商较为适合。

10.4 营业推广

营业推广也称销售促进，是指企业运用各种短期性的刺激工具，能够迅速鼓励和刺激消费者与中间商购买、经销其产品和服务的促销活动。因为它是直接针对营业额而开展的促销活动，所以我们称为营业推广。与其他促销方式不同，营业推广多用于一定时期、一定任务的短期特别推销。

10.4.1 营业推广的特征

营业推广是人员推销、广告和公共关系以外的能够刺激需求、扩大销售的各种促销活动。一般来说，它有以下几个特征。

1. 效果显著

营业推广中的有奖销售、折扣券、免费赠送等各种促销形式，只要选择恰当，就会收到明显的销售增加的效果，而不会像广告和公共关系那样需要一个较长的时期才能见效。

2. 辅助方式

营业推广是非正规性、非经常性的促销方式，不像人员推销、广告和公共关系是常规性的方式，它只是一种辅助和补充的方式。营业推广的很多方法都表现出强烈的吸引氛围，告诉消费者购买该产品可以带来的额外好处，所以能在短期内取得明显的效果，但它一般是配合其他方式一起使用，或者说营业推广的配合能使其他促销方式更好地发挥作用。

3. 产品贬低

采用营业推广的方式促销，似乎告诉消费者这是一次永不再来的机会，进而打破消费者的购买惰性和正常的需求动机，促使消费者迅速购买。但是，这样的一些做法也难免显出企业急于出售产品的意图。如果频繁使用或使用不当，可能会使消费者产生疑虑，怀疑所售产品的质量、价格等。所以，企业在运用这种促销形式时，要特别注意选择恰当的时机和方式。

10.4.2 营业推广的方式

营业推广的方式多种多样。企业应根据营业推广的目标、市场类型、竞争状况和各种营业推广方式的费用和效果，选择适合本企业的营业推广方式。营业推广包括以消费者为对象和以中间商为对象两种不同的方式。

1. 以消费者为对象的营业推广方式

（1）赠送样品。赠送样品即企业向消费者免费供应某种产品或服务，可以有条件赠送，如要求其提出意见或描述使用的感觉，也可以无条件赠送，如上门赠送、邮递、附在其他商品中、在商店周围或闹市地区散发等。这是一种推销新产品最有效但费用也最高的促销方式。

（2）优惠券。优惠券是送给消费者的一种可按优惠价格购买某种商品的购物券，以此吸引消费者更多地购买促销产品，或尝试所促销的新产品。优惠券可以附在商品或广告中赠送，也可以邮递。

（3）奖品。奖品是指对购买产品达到一定数量或数额的消费者提供各种获奖机会，如现金、旅游或其他物品等，可以通过不同的形式设置获奖机会，如竞赛、抽奖、游戏等。这种方式可以促进消费者对公司或产品的关注，从而促进目标市场的消费者尝试购买或重复购买。

（4）包装兑现。包装兑现是对消费者收集某种商品包装的奖励。例如，收集到一定数量的某种啤酒瓶盖，就可兑换啤酒或其他物品等，以此来刺激消费者更多地购买这种商品。

（5）惠顾回报。当消费者的消费达到一定的数量、金额时，用现金或其他方式按比例进行回报。例如，很多的航空公司都有"惠顾乘客计划"，规定乘坐飞机的里程数达到一定的数目时，可得到一次免费的航程。

（6）现场表演或陈列。在销售现场专门布置货架或橱窗介绍某种产品，并现场表演，以此吸引消费者的注意力，营造热烈的气氛，同时介绍产品的性能、特点等，直接刺激消费者的购买行为。

除此以外，还有有奖销售、廉价包装、赠品印花等方式。

2. 以中间商为对象的营业推广方式

（1）购买折扣。购买折扣是对第一次购买、一次性购买数量大或多次购买累计达一定数额的中间商给予一定的折扣，数量越多，折扣越大。折扣可以直接支付，也可以从货款中扣除，还可以赠送一定的产品作为折扣。企业可以通过这种方式来刺激和鼓励中间商大批量地进货。

（2）销售竞赛。在中间商中开展销售竞赛，奖励进货数量大或进货比例领先的中间商，以此推动中间商积极主动地经销本企业的产品，大量进货，多次进货，从而促进销售。

（3）促销资助。促销资助是指企业给予中间商用于促销过程中的一种补贴，用以弥补中间商在制作产品广告、张贴产品信息的通知或者布置产品陈列等方面的支出以及部分运输费用等。这种方式一方面为中间商支付了一定的费用，另一方面也加深了中间商对产品的了解，加强了企业和中间商的关系，使中间商能更好地推销产品并回答消费者的问题。

（4）展销会。企业可以通过参加各种形式的展销会来促进产品的销售，集中、重点展出本企业的产品，并进行现场的示范操作，或将部分陈列品馈赠参会者，以吸引中间商了解产品，进而当场订货或会后订货。

此外，还有合作广告、培训人员、联合促销等方式。这些措施都能有效地加强企业和中间商之间的联系，促使中间商积极地经销本企业的产品。

【训练与练习】

国庆节期间，不管是商家还是厂家，都纷纷推出各种销售促进措施吸引消费者，期望增加销售额。面对众多商场推出的"买100返30礼券""买200返100购物券"等活动，某商场推出了更加诱人的优惠套餐，在全场打九折的基础上，购物满100元直接返还20元现金，满200元返还45元现金，满500元返还180元现金。这种销售促进活动促销力度很大，引起了许多消费者的注意，整整一周的时间，该商场天天全场爆满。请根据以上资料分析并回答以下问题。

1. 什么是营业推广？
2. 该商场采取的是哪种类型的营业推广？
3. 你认为该商场还可以采取哪些具体的营业推广方式？

10.5 公共关系

10.5.1 公共关系的概念

公共关系简称公关，来自英文 public relations。一般认为，公共关系是一种社会关系，指企业运用各种传播手段与社会公众沟通信息，使企业和公众互相了解，以取得公众的理解、支持和合作，建立和保持良好的"企业形象"，为企业的营销活动创设一个和谐的外部环境。与营业推广相比，公共关系注重的是长期效果，属于间接传播促销手段。

公共关系活动的主体是一定的社会组织，比如企业、机关和团体等；活动的客体也就是活动的对象，既包括企业外部的顾客、竞争者、新闻界、金融界和政府各有关部门及其他社会公众，又包括企业内部职工、股东。他们之间关系的好坏直接或间接地影响企业的发展。

一方面，企业要把为公众、为社会服务的信息传递给整个社会和公众；另一方面，要把公众与社会对企业的评价、意见等信息反馈给企业，以便企业采取有效的措施，挽回或提高企业的声誉。企业的声誉是企业最重要的"无形资产"，因为企业的声誉能转化为企业产品的声誉。例如，企业声誉好，消费者就往往会信任企业经营的产品，从而有利于提高产品的声誉；企业声誉差，消费者就很难对其产品产生好感。可见，一个企业要取得经营成功，就必须重视提高企业声誉的公共关系。

10.5.2 公共关系的作用

公共关系是一种长期的活动。企业追求的是长期稳定的关系，以真诚合作、平等互利、共同发展为原则，协调和改善企业的社会关系环境。其作用主要有收集信息、参考咨询、协调关系和服务社会等四个方面。

1. 收集信息

在变幻莫测的市场环境中，来自各方的信息是企业生存和发展所必不可少的资源。通过公共关系的手段监测企业所处的微观环境和宏观环境，收集的有关信息都会直接或间接地影响企业的经营决策。比如微观环境中产品的形象信息，就是消费者对本企业产品的综合反映和评价；企业的形象信息，是社会公共以及企业的内部公众对企业的印象和评价。又如宏观环境中的政治、经济、文化和科学技术等方面的重大变化，会对企业经营决策产生影响。

2. 参考咨询

公共关系一方面收集信息，了解企业的产品、企业的行为与公众的需求、期望是否一致；另一方面对收集到的各种信息进行综合研究，及时向企业的经营管理者提供参考咨询，帮助决策者分析和判断经营方案的可行性、适应能力和应变能力，同时提供可靠的依据。比如公共关系从全局和社会的角度参与企业经营目标的确定，通过外部和内部各种信息的反馈来修改和完善目标以适应不断变化的市场。

3. 协调关系

采用公共关系的手段、企业可以将有关信息及时、准确、有效地传播给特定的公众对象，有利于美化企业的形象，提高企业的信誉；有利于企业与公众相互理解，消除误会，排除矛盾，维护企业的声誉；有利于协调企业与外部的关系及企业内部的关系，包括企业与员工的关系、企业内部不同部门之间的关系等，增强企业的凝聚力。

4. 服务社会

公共关系以一定的利益关系为基础，既要主客体双方平等互利、共同发展，也要协调和兼顾公众的利益，以维护和发展良好的社会关系。所以公共关系通过广泛、细致、耐心的宣传教育以及为全体社会公众提供优惠性、赞助性的服务，来表明企业的良好社会道德和社会责任，使社会公众通过自己的亲身感受而对企业产生好感，进而认同和接受企业的产品、行为等，并使企业的生存和发展拥有良好的外部环境，利于企业在激烈的竞争中获胜。

10.5.3 公共关系的活动方式

无论在企业内部还是在企业外部，公共关系都负责信息的传递、沟通和协调工作。在此过程中企业必须本着诚实可信和互惠的原则，一方面要让社会公众得益，另一方面要实现本企业的既定目标，两者之间互相依存，在利益根本上是一致的。另外，公共关系活动中，企业必须真诚而坦荡地面对公众，任何虚假的信息都会使企业的形象受到损害，从而背离公共关系的本意。

在企业内部，公共关系处于决策层和职能部门之间，或管理层与基层之间，负责相互关系的沟通；在企业外部，公共关系处于企业与公众之间，对内代表公众，对外代表企业，负责他们之间信息的沟通。所以，公共关系有着一定的活动方式，具体如下。

（1）宣传报道。宣传报道是公共关系最重要的活动方式，即企业利用新闻媒介宣传介绍企业的经营思想、产品质量、服务项目等内容，如新闻报道、专题通讯、经验介绍和记者专访等，或者通过名人、明星等扩大影响。这种方式客观真实，时效性强，而且宣传范围广，影响力大，效果较好。

（2）参与社会活动。企业通过积极广泛地参加各种社会活动或对公益、福利活动进行赞助，提高知名度，赢得社会公众的信任和支持，树立良好的企业形象，如为残疾人举行义演，开展拯救濒危野生动物的义卖活动等。

（3）建立与政府机构、供应商、中间商等有关组织的联系，深化交往层次，注重感情投资，创造良好的社交氛围，如座谈会、招待会、联欢会等，以求得其了解和协助。

（4）建立同有关社会团体以及在社会上有一定影响的人士之间的联系，如消费者协会、各行业协会，以及著名科学家、教授、学者、明星、记者等。

（5）组织宣传展览。企业通过编制本企业的宣传性的文字或图像资料，组织展览，从不同侧面充分展示企业的形象，使更多的公众了解企业，传播自己的管理经验、经济效益、社会贡献和荣誉、成就等，向公众表明本企业在不断进步，努力为社会做出贡献。

（6）正确对待公众对本企业提出的各种意见。通过开办各种咨询业务、制定调查问卷、设立热线电话、进行民意测验等，建立良好的信息沟通网络，为企业的经营管理提供决策的依据，并且能根据公众的需求更好地为社会公众服务。

（7）建设企业文化，导入企业形象识别系统（corporation identity system，CIS）。企业应有计划、有步骤、有重点地建设企业文化，提高员工素质，大力开展同企业员工的公共关系，活跃文化氛围，美化环境，树立企业形象，导入企业形象识别系统，吸引外界注意。

【训练与练习】

1. 想一想，近几年来有没有你知道的哪家公司由于某种情况导致公共关系失败的例子。
2. 公共关系的作用是什么？
3. 比较一下公共关系和营业推广的区别。
4. 如果你能上网，请访问一些企业的网站，用下列几种因素评价其促销方面的有效性：
- 网站是否很容易找到？
- 这家公司有让你产生兴趣的产品吗？
- 想一下，这家公司网站的促销因素有没有创意？
- 你是否有冲动在这家公司的网站上购物？

学习指导

通过本任务的学习，学生能掌握促销和促销组合的基本形式，在理解了促销对企业的重要性以后，能根据企业的产品特点和具体的促销目标对人员推销、广告、营业推广和公共关系这四种方式进行选择、编配和运用，并对促销组合的整合方案进行评估、选择，进而能对整体的促销策略进行决策、管理和做出全面的规划。

习题与练习

一、名词解释

促销　促销组合　推式策略　拉式策略　人员推销　广告　营业推广　公共关系　新媒体

二、单项选择题

1. 沃尔玛公司开设了一家环保商店来满足消费者拯救环境的愿望。这种做法属于公共关系工具中的（　）。

A. 新产品宣传报道　　　　　　B. 产品发布
C. 公益赞助　　　　　　　　　D. 事件赞助

2. IBM 公司在超级计算机"深蓝"与俄罗斯象棋大师卡斯帕罗夫之间的对抗赛中所取得的有利免费宣传报道，相当于 IBM 花费 1 亿多美元做宣传所能取得的效果。这种做法属于公共关系工具中的（　）。

A. 新产品宣传报道　　　　　　　　B. 产品发布

C. 公益赞助　　　　　　　　　　　D. 事件赞助

3. 某果汁是依顾客购买橙汁数量的差别，提供不等的退费优待，即买 3 罐退 50 美分，买 5 罐退 1 美元，买 12 罐退 3 美元。这属于（　）类型的退费优待。

A. 同一厂商多种产品的购买优待　　B. 单一商品购买优待

C. 相关性商品购买优待　　　　　　D. 同一商品重复购买优待

4. 企业为吸引消费者而采取的只要消费者在购买某种特定商品的同时支付赠品的部分费用即可获得赠品的销售促进方式是（　）。

A. 赠送样品　　B. 付费赠送　　C. 折扣优惠　　D. 零售补贴

5. 4C 理论用（　）取代了传统 4P 理论中的促销，强调企业应重视与顾客的双向沟通。

A. 沟通　　　　B. 顾客　　　　C. 成本　　　　D. 便利

三、多项选择题

1. 公共关系的主要工具包括（　）。

A. 新产品宣传报道　　　　　　　　B. 产品发布

C. 消费者教育　　　　　　　　　　D. 赞助

2. 价格折扣包括（　）。

A. 现金折扣　　B. 数量折扣　　C. 功能折扣　　D. 季节折扣

3. 确定销售队伍规模的方法包括（　）。

A. 销售百分比法　　　　　　　　　B. 销售能力法

C. 市场潜力法　　　　　　　　　　D. 工作量法

4. 在已知准顾客接纳了你的交易建议后，应该以下列方式询问（　）。

A. "那么，你买了吧，好吗？"　　　B. "你需要多少？"

C. "什么时候要货？"　　　　　　　D. "你需要什么规格的？"

四、简答题

1. 促销有哪些作用？

2. 企业制定促销组合时应考虑哪些因素？

3. 人员推销的步骤主要是哪些？

4. 主要的广告媒体有哪些？

5. 营业推广有哪些特征？

6. 公共关系的活动方式有哪几种?

五、案例分析

士力架品牌的整合营销传播：从横扫饥饿开始

士力架不仅是当今世界上最大的条状糖品牌，也是最古老的品牌之一。早在20世纪20年代末，年轻的玛氏公司（Mars Inc.）就开始开发条状糖，并谋求发展。士力架的取胜之道就是其融合了普通条状糖的成分，如巧克力、牛轧糖、焦糖、花生等。但与普通条状糖相比，士力架在人们生活中充当的角色更像是正餐而不是甜点。士力架获得了持续的成功，尽管其最初的价格是普通条状糖的4倍。随后10年间，玛氏公司在全球市场对士力架进行了大众营销。

1979年，特德·贝茨（Ted Bates）广告公司创造了"士力架横扫饥饿"这一广告语，直接体现了士力架能够饱腹的特点。作为正餐替代品，士力架以年轻的男运动员为目标顾客。

曾有一则经典的平面广告展示了一位母亲带着士力架去送儿子参加橄榄球训练的场景。士力架在市场饱和之前，一直持续增长，但最终还是面临销售增长停滞和市场份额下降的困境。于是，玛氏公司决定为士力架寻找新的战略方向。它启动整合营销活动，以期在保留品牌精髓的同时，通过吸引新市场实现更大的增长。

环球网络公司（BBDO）以士力架数十年来建立的独特品牌联想"横扫饥饿"为基础，帮玛氏公司打造了一场成功的整合营销活动。尽管"士力架横扫饥饿"这句著名的口号一直用于吸引年轻男性目标群体，但BBDO发现这个标语太有局限性了。新的标语"饿的时候，你就不是你自己了，士力架横扫饥饿"使品牌能够更好地匹配消费者的普遍情感诉求——饥饿，这是与广大消费者息息相关的感觉。

士力架的"饿的时候，你就不是你自己了"全球活动，通过大量的传统大众传媒在80多个国家发布了数十则不同的广告。这场活动还邀请了当地的知名人士开展宣传。在一则令人印象深刻的广告中，棒球教练罗宾·威廉姆斯在指导队伍时胡言乱语，面对原本激烈的比赛他却说要用温柔打败对手。在另一则广告中，美国喜剧女王罗西尼·巴尔扮演的伐木工人刚抱怨说她的背疼，就被起重机搬动的一根巨大圆木打倒在地。还有一则介绍新款士力架的广告是扑克玩家肯尼的朋友宣称："饥饿的肯尼很让人扫兴。"在英国，饥饿把更衣室中的橄榄球运动员变成了女演员琼·科林斯和斯蒂法妮·比彻姆。在拉丁美洲，饥饿让自行车越野赛运动员变成了墨西哥歌手安娜希。"饿的时候，你就不是你自己了"这句广告语也席卷了Facebook、Twitter和其他社交网络。在英国，名人们在推特上发布了一些完全不符合他们特点的信息：超模凯蒂·普莱斯发布了关于量化债券市场流动性和政治经济的内容；足球运动员里奥·费迪南德在Twitter谈起了编织毛衣的乐趣；板球队员伊恩·博瑟姆滔滔不绝地谈论学习大提琴；拳击手阿米尔·可汗发布了有关集邮的信息。这些名人在发布奇怪的 Twitter 之后，又紧跟着发布显示他们正在吃士力架的信息，伴随着那句"饿的时候，你就不是你自己了"的广告语。

士力架的促销活动突出体现了其跨越多种媒体平台的灵活性，例如，平面和户外广告、有或没有明星代言。有一则广告是 3 名短跑运动员一起在跑道上准备就位，但其中一人面向了错误的方向，另一则广告表现了 4 名组成人墙的足球运动员都捂着肚子，唯独一人凝视远方。这些广告最后都会以一个表现士力架被切开的横截面和广告语"横扫饥饿，做回自己"的简单画面结束。

这场活动不仅展示了在不同媒体类型之间的整合，还实现了现代促销活动的一次重要举动——通过内容共享来实现整合。例如，像"贝蒂·怀特超级碗比赛现场"这样的广告让这种方式开始流行起来。该品牌发布的其他广告、Twitter 和社交媒体信息也同样刺激了共享。例如，士力架 1 100 万名 Facebook"粉丝"经常收到这样的推送："漫长的下午，是时候把你偷偷藏起来的士力架吃掉了"，并配以图片展示放在公司办公桌抽屉里的士力架。通常情况下，数以千计的"粉丝"会为这样的消息点赞，然后转发让更多的人看到。

4 年之后，玛氏公司继续用"士力架让你满意"和"横扫饥饿，做回自己"这两句广告语向这场著名的全球促销活动注入各种新元素。玛氏公司是如何将这场促销活动扩大至如此广泛和全球规模的呢？其广告标语"横扫饥饿"直接触及了一个全人类都面临的问题——当一个人饿着肚子的时候，他就可能会出现反常表现。"来自花生的力量永远是这个品牌的核心"。

有力的传播活动使士力架超过了 Trident 口香糖和玛氏公司自己的品牌 M&M's，成为全球最畅销的甜品类零食。包含士力架黑巧克力、士力架杏仁巧克力、士力架黄油花生巧克力、小士力架和士力架冰淇淋巧克力等众多品类的士力架为玛氏公司 330 亿美元的年销售总额贡献了 35 亿美元。所有的一切表明，结合鲜明品牌个性和有力情感诉求的整合营销信息可以具有长久的活力。

资料来源：王月辉，杜向荣，冯艳. 市场营销学 [M]. 北京：北京理工大学出版社，2017.

【分析讨论】
1. 士力架整合营销传播的主题是如何设计的？
2. 士力架的整合营销传播运用了哪些方式？
3. 借鉴士力架的成功经验，思考进行整合营销传播时应该注意的问题。

六、营销链接

铂爵旅拍、新氧医美：
洗脑营销

实训应用

（一）实训项目
促销策略。

（二）实训目的
1. 熟悉、掌握中小企业是如何进行促销组合策略选择的。
2. 通过了解各种企业现有促销组合的运行状况、存在的问题，学生进一步理解和掌握促销组合的策划理论、技巧和方法，培养学生的促销策划能力。
3. 帮助学生掌握促销组合策略的基本工具：人员推销、广告、营业推广、公共关系在不同类型的工商企业中的实际运用。
4. 学生通过对产品进行调查研究，充分认识产品的特点，根据消费者需求的差异，观察消费者心理的变化，对其进行推销策划。
5. 培养学生促销组合的分析能力、市场促销的能力以及团队协作能力。

（三）实训指导
1. 将学生分成若干小组，对本市不同行业的企业进行分类，如超市、连锁店、配送中心、大卖场、仓储等。各小组自主选择一个行业，就调查的目的、内容统一制作调查问卷。
2. 对所选行业内的企业进行走访，了解促销组合的选择情况。
3. 根据调查数据，总结走访企业促销组合的现状和促销基本工具选择的一般模式。
4. 根据对企业的实地调查，指出该企业促销组合策略运用中的优势和劣势。
5. 在此基础上，针对该企业促销策略中存在的问题，提出具体的改进办法。
6. 各小组拿出自己的促销策划方案，接受教师和同学的提问。

（四）实训组织
1. 在教师的指导下，全班学生分成若干小组。每个小组以 5~7 人为宜，确定一名组长。
2. 小组中的成员在组长的安排下，合理分工，根据所学的促销组合策略，结合所选企业的实际情况、市场状况，选择某一产品的市场设计促销组合方案。
3. 每个小组的数据采集要依据统一的标准。
4. 与生产商的销售代表进行接触并收集数据，然后对数据进行整理、加工。
5. 小组成员在一个月内完成前期的调研，然后进行充分的讨论，形成较为一致的看法，提交书面的促销组合策划方案。
6. 接受教师和企业销售代表的质疑，进行修改，最后定稿。
7. 各小组在教师的指导下组织促销方案的实施。

(五)实训考核

1. 资料收集的完整性、选择对象的有代表性。
2. 促销方案制订的合理性和可行性。
3. 小组成员之间分工完成情况、团队协作情况。
4. 对促销过程的控制能力。
5. 邀请相关人员,评出优胜小组。

部分习题参考答案

一、单项选择题

1. C 2. D 3. D 4. B 5. A

二、多项选择题

1. ABCD 2. ABCD 3. ABD 4. BCD

学习情境5

营销方案策划与营销管理

任务11　策划营销方案

学习目标

知识的掌握

1. 了解市场营销策划的含义与特点。
2. 熟悉市场营销策划的内容。
3. 掌握市场营销策划书的撰写方法。

技能的提高

1. 具备市场营销策划实践训练的能力。
2. 具备撰写市场营销策划书的能力。
3. 具备营销策划人员的基本素质。

任务导入

虚拟一个企业，为这家企业的某个产品上市做一份市场营销策划书。

案例引导

OPPO：哥卖的不是手机，而是情调！

有人说OPPO的营销和苹果有得一拼，言过其实也好，言尽其实也罢，但OPPO在国产手机中的成功是有目共睹的。

致力于全球战略的OPPO品牌，迄今已在全球100多个国家进行了注册，OPPO品牌旗下的各类产品在中国、美国、韩国，以及西欧、东南亚市场的销售业绩蒸蒸日上。对于追求现代生活方式的消费者，OPPO可以提供比其他品牌更高品质、更可炫耀的数字产品，OPPO始终把产品的精美、以人为本的设计和消费者享受到的自由、时尚的生活作为执着的追求。

OPPO品牌自成立伊始便致力于数码产品的研发与创新，密切关注最新时尚元素，在产品上更加重视操作的人性化与工业设计的精致唯美。OPPO凭借良好的品牌形象、准确的市场定位、稳定可靠的产品品质，以及传递给消费者的可炫耀性使用体验，在竞争激烈的数码市场脱颖而出，博得了众多年轻人的喜爱与追捧。而OPPO手机的推出，将继续引领潮流风尚，为消费者提供更多心动的选择。

推崇年轻文化，从不单纯地为迎合市场而违背自身的品牌定位，这是OPPO品牌营销思路的核心。坚守自己的风格和定位，这一点，OPPO与其他一些全球知名品牌如出一辙。OPPO的品牌营销策略坚定地走着自己的路线，同时积极与全球知名品牌加强合作，一直处于行业的领先地位。

2008年年初，OPPO以其年轻化的战略为基点开始与NBA合作，OPPO选择NBA作为合作伙伴，一方面固然是看中了NBA的巨大影响力，另一方面更是出于对NBA激情四射、坚持不懈与不断进取等专业体育精神的认同。与OPPO一样，如今NBA选择合作伙伴最看重的并不仅仅是企业的规模与财力，作为一个行业内的领航者，寻求品牌文化上的共鸣亦是其专业标准中的重要部分，因此无论是目标群体，还是发展潜力，OPPO与NBA都可以说是志同道合。

OPPO后续推出的一系列广告更是叫人拍案称绝。"享自由·辞职篇"就是其中一个很好的例子。伴随着小红莓乐队的《dreams》开场，一名女孩在一个古老城市的休闲馆坐着，随后咨询了路边的老人，好像在询问去某地的方向，女孩拿着OPPO手机与马路歌手合影后，按照老人指点的方向走上一座古桥，站在桥上，女孩流露出幸福的笑容，呼吸着自由的空气，显示一种沉醉于大自然的感觉。女孩打开OPPO手机——三个月前她已经向不如意的公司提出了辞职，并打电话给自己的好友，对方告诉女孩"做你喜欢的"，这就是女孩这么自由的原因，也就有了女孩今天的一幕，她在古桥上张开双臂，仰视天空，发出自由的声音，一种全新的生活在不远的地方等待着她，重获自由后将激情与自我融合得如此完美无缺，难怪有人调侃，OPPO卖的不是手机，而是情调。

资料来源：世界经理人，htpe://mkt.icxo.com/htmlnews/2010/11/28/14248830.htm。

【问题引入】

1. 结合OPPO手机营销实例，分析：就市场营销而言，什么是市场？OPPO手机的市场如何界定？

2. OPPO手机的市场需求如何？如何对其进行管理？

11.1 市场营销策划概述

在现今社会日趋激烈的市场竞争中，商场如战场，企业越来越重视竞争的战略、策略和艺术，而市场营销策划则成为最有效的商战武器。它成功地使许多已濒临绝境的企业起死回生；它成功地把默默无闻的"丑小鸭"变成了行业的"白天鹅";它也成功地造就了市场中稳居龙头的王牌骄子。这就是市场营销策划的奇迹和魅力所在。

11.1.1 策划与市场营销策划

1. 策划的内涵

策划的思想及实践活动源远流长。真正意义上的策划的雏形出现于古代军事领域,在我国古代和古希腊神话当中都有所体现。春秋战国时期,策划十分盛行。

策划是社会组织和个人对未来活动进行的计划、打算和筹划,是制定计谋和策略的过程,对各项事业或活动做出决策前的谋划、构思和设计活动。现今,人们赋予了策划更广泛的内容与含义,策划已经渗入到各项社会活动当中。这里,我们对策划进行如下定义:策划就是为达到一定的目标,在调查、分析有关材料的基础上,遵循一定的程序,对未来某项工作或事件事先进行系统、全面的构思、谋划,制订和选择合理可行的执行方案,并根据目标要求和环境变化对方案进行修改、调整的一种创造性的社会活动过程。它包括以下几个要素。

(1)必须有明确的目标。目标不是指标,它要体现出某种价值。策划如果没有明确的目标,就成了一些无目的构思的拼凑,无法实现其价值。但明确不等于精确,目标提供的是策划方向,不能仅限于眼前利益的诱惑,而迷失大方向。

(2)要包含确定的信息。信息是策划的根据,也是产生创意的启示。信息的价值在于存在着内在的"解释因素"。而能不能对信息做出有价值的解释,在于人所掌握的知识和具有的智慧。我们应用科学的观点来运用信息进行策划。

(3)必须有新颖的创意。策划的内容及手段必须新颖、奇特,扣人心弦,能够打动受众的心。好的创意要弱化思维定式,转换思维角度。策划不是天才的想象物,而是掌握了正确思维方法的人长期持续思考的产物。

(4)必须有实现的可能性。策划不是天马行空,应当在现有人力、财力、物力及技术条件下有实现的可能性,否则再好的策划也是空谈。

> **小知识** **策划与计划的区别**
>
> 策划不同于计划。策划是研究"去做什么"和"怎样去做",包含策略和计划两个方面,是一种围绕既定目标而开展的具有崭新创意的设计。计划是研究"做什么",是一种围绕既定设计而组织实施的具体安排。其区别可概括如下(见表11-1)。

表 11-1 "策划"与"计划"的区别

策划	必须有创意	自由，无限制	掌握原则与方向	去做什么和怎样去做	灵活，变化多端
计划	不一定有创意	范围一定，按部就班	处理程序与细节	去做什么	灵活性小

2. 市场营销策划的内涵

市场营销策划简称营销策划，是策划的一个分支。在众多的策划活动中，营销策划扮演着独特的角色。营销策划是一种具有创意性的专业实践，它通过人们主观的理念加工，以一种新颖的形式将营销理论演变为具有针对性的操作程序。

市场营销策划的定义可以表述为：市场营销策划是指企业内部或外部的策划人员，在对企业营销环境准确分析的基础上，有效运用各种资源，为整个企业、企业的某一商品或企业的某一次营销活动做出的计策谋划和计划安排，是对企业将要发生的营销行为进行的超前决策。

市场营销策划是建立在市场营销学理论基础之上的，以企业营销行为为经，以策划所涉及的方方面面为纬，编织成市场营销策划的基本体例。要准确地理解营销策划的含义，必须掌握营销策划的五个基本要点。

（1）市场营销策划的对象。市场营销策划的对象可以是某个企业整体，也可以是企业的某种商品或某项服务，还可以是一次活动。

（2）市场营销策划的目标。市场营销策划的目标是策划人所希望达到的预期结果，是策划人把策划的意图具体化后形成的具体行为目标。

（3）市场营销策划的基础。市场营销策划是以企业自身及其所处的营销环境为基础的，在对这些方面进行研究后才能设计相应的策划方案。

（4）市场营销策划的资源。市场营销策划的资源是策划人在策划时，可控制和使用的一切人力、物力和财力，任何市场营销策划都必须充分考虑和合理运用企业现有的资源。

（5）市场营销策划的表现形式。市场营销策划的表现形式是文字报告——营销策划书，其结构由市场环境分析和营销活动设定两部分组成。

市场营销策划立足于市场营销学的基本理论，综合多门学科的精华，形成其特有的体系和框架。市场营销策划既可以是关系到企业全局的营销战略策划，也可以是对某个具体营销项目的战术策划。市场营销策划上承整个企业的发展战略和竞争战略，下接具体实施部门的实施细节。它是连接企业整体战略与营销部门实施细节的一座桥梁。

11.1.2 市场营销策划的特点

市场营销策划是一门复合型的学科，是由多门学科知识综合、交叉、碰撞而形成的新的应用知识体系。它既是一门科学，也是一门艺术。其特点主要表现在以下几个方面。

1. 创新性

市场营销策划实质上是一种经营哲学，是市场营销的方法论，因而是一门创新思维的学科。作为创新思维的学科，市场营销策划强调思维的转变，主要包括：将简单线性思维转变为复合性思维；将集中的思维转变为发散思维；将孤立、静止的思维转变为辩证、动态的思维。创新思维是一种复杂的辩证思维过程，它表现为积极的求异性、敏锐的洞察力、创造性的想象力、独特的知识结构以及活跃的灵感。创新思维是营销策划生命力的源泉，它贯穿营销策划活动的方方面面和策划过程的始终。

小案例 11-1　西铁城手表开拓澳大利亚市场

在澳大利亚一家发行量颇大的报纸上，某日刊出一则引人瞩目的广告，意思是说某广场空投手表，捡到者等于免费奉送。这一下子引起了澳大利亚人的广泛关注。空投那天，直升机如期而至，数千只手表从高空天女散花般地纷纷落下，早已等候多时的来自四面八方的人们沸腾了，那些捡到从几百米高空扔下的手表的幸运者发现手表依然完好无损、走时准确时兴奋不已，一个个奔走相告。西铁城的这一伟大创举成为各新闻媒体报道的一大热点。从此，西铁城手表世人皆知，西铁城手表的质量更是令人叹服！

资料来源：http://www.pinlue.com/article/2020/05/1601/4710518968013.html.

---

2. 系统性

系统论是 20 世纪中期发展起来的一种科学理论，它认为：凡是由相互联系和相互作用的各种因素所组成并具有特定功能的总体都是一个系统。任何系统都不是它的组成因素的简单相加，而是这些因素在特定联系方式和数量配比下形成的有机总体。

市场营销策划是一项系统工程，是一项要求投入大量智慧和精力的脑力劳动。市场营销策划实质上是运用企业市场营销过程中所拥有、控制、可用的资源构造一个新的营销系统工程，并对系统中的各个方面根据新的经营哲学和经营理念进行轻重缓急的排列组合。

3. 超前性

市场营销策划是事先决定做什么、如何做、由谁做、何时做，因此具有超前性的特点。市场营销策划凭借现实世界的各种资料，进行主观分析、抽象思维，通过一定的理论和创意对未来进行预测，并在此基础上对未来做出安排。

> **小案例 11-2　格兰仕应对"非典危机"**
>
> 当"非典"最初在广东开始蔓延的时候,格兰仕公司认为这是事件营销与社会营销的关键时刻。几天后,市场调研结果表明:市民消毒杀菌的健康意识在逐步增强。这是推出光波炉提升消毒杀菌能力概念的绝佳机会,格兰仕可以借此机会重新定义微波炉的功能,重新定义微波炉市场,"新大陆"也许就此被发现。
>
> 格兰仕公司抢在其他同类企业之前采取行动,通过电视、报纸、网站以及终端海报、单页等形成立体宣传攻势,在市场上形成格兰仕光波炉"消毒杀菌"冲击波。一时间,家中已经有一台微波炉的还会再买一台光波炉对口罩、手套、内衣等物件进行消毒。某外企为员工团购光波炉作为福利,某食堂增购光波炉。格兰仕光波炉脱销,国美、苏宁店负责人均喜报格兰仕光波炉热销,各大商店格兰仕专柜出现排队抢购光波炉现象等,格兰仕光波炉成为街头巷尾谈论的热门话题。
>
> 资料来源:张昊民.营销策划[M].北京:电子工业出版社,2005.

4. 可行性

同其他类型的策划一样,市场营销策划也必须具备可行性。市场营销策划不能天马行空,必须是经过努力可以实现的设计。市场营销策划不仅要提供思路,而且要在此基础上形成策划方案。无法实现或操作的方案,创意再好也没有任何价值,只能是海市蜃楼。

11.1.3　市场营销策划的内容

市场营销策划包含丰富广泛的内容,依据不同的分类标准可以划分为不同的类别,以下是三种常见的划分方法。

1. 以市场发展程序为标准划分

以市场发展程序为标准,市场营销策划可以分为市场选择策划、市场进入策划、市场渗透策划、市场扩展策划、市场对抗策划、市场防守策划、市场撤退策划等。

市场选择策划是对如何有效地选择目标市场所做的策划;市场进入策划是为产品成功地进入市场所做的策划;市场渗透策划是为争取现有市场增加购买所做的策划;市场扩展策划是为扩大现有产品的市场面、开拓新市场而做的策划;市场对抗策划是关于怎样与主要竞争对手相抗衡的策划;市场防守策划是怎样抵制竞争产品、巩固现有市场的策划;市场撤退策划是怎样有计划地退出现有市场的策划。

2. 以策划的对象为标准划分

以策划的对象为标准,市场营销策划可以划分为企业策划、产品策划和服务策划等。

企业策划是对企业整体所进行的策划,是综合性的策划,主要目的在于树立良好的企业形象,提高企业的综合实力和竞争能力。产品策划是对产品的开发和销售等活动所进行的策划,主要目的在于销售新产品或增加销售量。服务策划是为了更好地满足顾客需求所进行的策划,主要目的在于推销其服务并且提高企业的知名度和美誉度。

3. 根据市场营销活动的特点和发展趋势划分

根据营销活动的特点和发展趋势,市场营销策划可分为市场营销战略策划和市场营销战术策划。以下分别对这两个部分进行阐述。

(1)市场营销战略策划。市场营销战略策划的任务就是站在战略经营单位的角度分析形势,制定目标和计划。市场营销战略策划是市场营销人员依据经营战略的要求进行的市场机会研究、市场细分、目标市场选择和市场定位的策划。市场营销战略策划是市场营销策划中至关重要的具有方向性、全局性和综合性的谋划。市场营销战略策划的内容包括战略目标策划、市场定位策划、市场竞争策划以及企业形象策划。

(2)市场营销战术策划。市场营销战术策划侧重于企业营销活动的可操作性,是为实现企业的营销战略所进行的措施、项目与程序的策划。市场营销战术策划的主要内容可以根据4P市场营销组合,划分为产品策划、价格策划、渠道策划、促销策划。战术性市场营销手段有两个重点:一是对各种市场营销手段能够根据市场定位战略的要求,形成浑然一体的市场营销组合;二是依据市场营销组合的要求,对各种市场营销手段进行分别策划,使它们能够适应目标市场及其需求的特点。

小案例 11-3 丰田的失误

"智者千虑,必有一失。"历来以广告技术著称于世的日本丰田汽车公司曾连续发生两次重大失误,给公司声誉造成了不利影响。

先是在澳大利亚推广宽体轿车事件。由日本一家广告公司制作的这则广告的画面上有一位怀孕的妇女,腆着大肚子坐在汽车里,广告语是:"没有比坐在丰田轿车里更舒服的了。"

这则广告发布之后立即遭到了强烈抗议。澳大利亚广告委员会裁定,丰田公司的这则广告严重侵犯了怀孕妇女的尊严,违反了《广告法》,该委员会将对此进行处理。

一波未平,一波又起。丰田公司再次出现重大失误,但地点是离澳大利亚遥远的南非。为了表现丰田公司小吨位卡车行车稳、牵引性能好的特点,丰田公司的广告上展示了这种汽车和站不稳的猪蹄子相对比的诙谐广告用语。但是

> 由于丰田公司事先没有调查清楚，不知道南非有相当数量的穆斯林。南非的穆斯林看到丰田公司的广告之后提出强烈抗议。为了挽回损失，丰田公司修改了广告，把猪换成了鸡、才得以让广告频繁地在南非播放。
>
> 资料来源：http://www.docin.com/p-72543245.html.

1）产品策划。企业要靠产品满足消费者和用户的需要与欲望，占领市场。作为营销组合第一位的产品因素，其策划对企业成败起决定性作用。它主要是解决企业能否推出满足消费者需求的产品。产品策划是指企业从产品开发、上市、销售至报废的全过程的活动及方案。产品策划也可称为商品企划。产品策划从类型上说，包括新产品开发、旧产品的改良和新用途的拓展等三方面的内容；从现代营销观点上说，其过程和内容应包括产品创意、可行性评价、产品开发设计、产品营销设计、产品目标等方面的策划。企业做好了产品策划，就等于成功了一半。

2）价格策划。价格是市场营销组合中最重要的因素之一，是企业完成其市场营销目标的有效工具。价格策划就是企业产品在进入市场过程中如何利用价格因素来争取进入目标市场，进而渗透甚至占领目标市场，以及为达到营销目标而制定相应的价格策略的一系列活动及方案、措施。企业在产品进入阶段、渗透阶段和占领阶段应采用不同的价格策略。成功的价格策划能激发消费者的购买欲望，为企业带来利润。

小案例 11-4　小米手机 1 999 元定价策略

2011 年 8 月 16 日，200 余家媒体以及 400 多名"粉丝"齐聚北京 798D-PARK 艺术区，共同见证发烧友级重量手机小米手机的发布。雷军先极其详细地介绍了小米手机的各种参数，展示了其优点。在激起人们的兴趣之后，临近结束时，他用一张庞大醒目的页面公布了它的价格——1 999 元。

作为首款全球 1.5G 双核处理器，搭配 1G 内存，以及板载 4G 存储空间，最高支持 32G 存储卡的扩展，超强的配置却仅售 1 999 元，让人们为之一震。小米运用的定价策略有以下两种。

1. 渗透定价策略

渗透定价策略是指在新产品上市之初将价格定得较低，吸引大量购买者，扩大市场占有率。

由低价产生的两个好处是：首先，低价可以使产品尽快为市场所接受，并借助大批量销售来降低成本，获得长期稳定的市场地位；其次，微利阻止了竞争者的进入，增强了自身的市场竞争力。当然，低价利微投资回收期较长，不利于企业形象的树立，有可能招致反倾销报复。

1 999 元就能够买到相当不错的智能手机，这对消费者来讲是一种很大的诱惑，小米手机第一次网上销售被一抢而空更能说明高性价比对消费者的诱惑，这为小米手机提高市场占有率有很大的优势。

2. 心理定价策略

1）尾数定价，即保留价格尾数，采用零头标价，将价格定在整数水平以下，使价格保留在较低一级档次上。

2）招徕定价，即利用消费者的求廉心理，以接近成本甚至低于成本的价格进行商品销售的策略。

小米手机在产品的定价过程中熟练地运用了多种新产品定价策略，最终敲定小米手机售价 1 999 元。

通过细致的市场调研并合理地运用了多种新产品定价策略，小米手机最终定价 1 999 元，实践证明这个价格发挥了其应有的作用。

资料来源：https://eduai.baidu.com/view/28753749852458fb770b56ad.

3）渠道策划。产品要通过一定的方式、方法和路线才能进入消费者和用户手中，渠道便是企业使其产品出生产地点向销售地点运动的途径。因此，企业要进行一系列活动策划。成功的分销渠道策划可能会给企业带来滚滚财源。

4）促销策划。促销策划是市场营销战术策划中不可或缺的重要一环，是企业完成其营销目标的必备工具，目的是通过一定的促销手段促进产品销售。促销策划就是把人员推销、广告、公共关系和营业推广等形式有机结合，综合运用，最终形成一种整体促销的活动方案。

11.1.4 市场营销策划的基本程序

不同的策划对象、不同的策划时间、不同的策划背景都要求形成不同的策划方案，所以市场营销策划在实践中没有完全固定的程序和规范，也没有一成不变的框架。但是我们仍然需要掌握市场营销策划的基本规律，这对我们的实践活动起到指导作用。一般来说，按照市场营销策划的实际操作来划分，市场营销策划的基本程序可以分为四大步骤，即策划前的准备、创意与策划、推销与实施以及评估与修正，如图 11-1 所示，每个步骤中又包含各自所要求的行动方案，这就是完整的市场营销策划的基本程序。

1. 确定目标

目标是行动的方向，市场营销策划是一种目标导向性很强的活动，它是为解决企业营销中的问题而进行的一种运筹谋划性的工作。制定目标是整个营销策划过程的起点，而制定目标本身也是一个策划过程。

明确营销策划的目标，首先要了解策划动机。即使针对同一策划对象，策划动机不同，使用的策划方案的侧重点不同，也会有不同的目标和效果要求。比如，同样是对产品进行促销策划，一个是为了提高销售量，而另一个则是为了树立良好的企业形象。这样,两种不同的动机就要求不同的策划重点,前者应把重点放在销售促进上,而后者则应把重点放在形象的宣传方面。

明确营销策划的目标,还要明确策划的主题。开始策划作业前,必须明确策划主题。主题明确化一般要经过挖掘、过滤、选择和确定四个阶段。挖掘主题要求策划人员尽可能多地将营销问题挖掘出来,在此基础上对挖掘出来的主题进行过滤,过滤掉那些相对不重要的策划主题,专注于解决重要的问题。策划主题的选择还要经过多方当事人的沟通与交流,最后确定好主题。

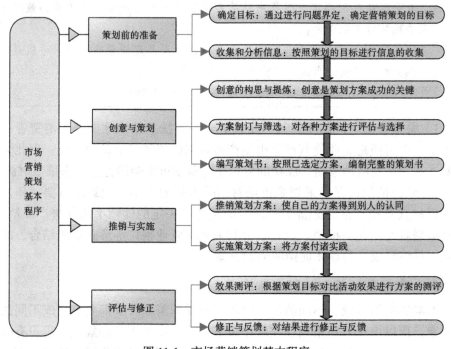

图 11-1　市场营销策划基本程序

2. 收集和分析信息

这一步是通过调查与分析了解企业的营销环境,了解企业所拥有的资源,为企业的营销策划提供真实可靠的信息。值得注意的是,确定目标有时是在收集和分析信息之后提出来的,确定目标与收集和分析信息这两个环节往往交叉反复进行。信息的收集与分析可以通过第一手资料和第二手资料进行。第一手资料是指通过市场调查,如观察、问卷、座谈、访问等,获得的直接的资料;第二手资料是指通过查阅有关文件、大事年表、财务报表、发表的刊物、经营计划、统计资料、网络资源等文字材料而获得的资料。

在获得大量信息资料后,策划人员要对企业进行外部营销环境的分析、内部营销环境的分析、企业资源的分析等,一般采用 SWOT 分析法,借助计算机应用软件 SPSS、SAS、Access 等。策划人员通过分析，找出企业外部的机会与威胁、内部的优势与劣势，从而更好地为策划服务。

3. 创意的构思与提炼

创意是策划中必不可少的要素，是否有创意也是策划与计划的区别所在，一个没有创意的方案只能称作计划而不是策划。在初步确定了企业的营销策划目标之后，策划人员应利用获得的各种资料，运用不同的创意方法进行创意构思，对策划对象进行系统设计，分析创意的可行性并进行提炼。作为一个策划人员，训练自己灵活地对信息进行收集、整理、加工、组合的能力是提高策划能力的关键。

4. 方案制订与筛选

通常情况下，策划人员需要制订几个不同的方案以供选择。营销策划方案的制订是营销策划的实质性程序，也是极富创意的过程。在制订了多种方案后，策划人员必须认真评估方案的优劣，并从中选定一个可行的方案。

可行的方案需要包含三个必要条件：第一，方案具备可操作性。每一个策划方案都会受到现实条件的制约，在选择方案时，一定要以现有资源为前提，"可行的"创意往往比"最好的"创意还要理想。第二，方案要得到高层主管的信任与支持。因为策划方案的实施需要大量投入，而效果往往不是立竿见影的，如果没有高层主管对策划方案的信任与支持，方案的实施很难继续下去。第三，方案的执行需要其他职能部门的全力配合。要使方案能顺利推行，除了高层主管的支持，还需要获得财务、销售、人事、生产等部门的认同与配合。这就需要有关部门进行有效的沟通，使方案得以顺利实施。

5. 编写策划书

经过反复沟通、调整后的策划方案最终要通过策划书的形式表现出来。营销策划书是表现和传达营销策划内容的载体，它既是营销策划活动的主要成果，也是企业进行营销活动的行动计划。

关于编写策划书，在下一节中将会系统地介绍，这里不赘述。

6. 推销策划方案

策划方案在拟定完成之后，有时需要向其他部门或领导介绍，并要得到他人的认同，这一过程就是推销策划方案。推销策划方案时应注意两个要点：第一，要充分做好推销前的准备工作。准备工作包括对人和对物两个方面的准备。对人，是指策划方案实际上是针对人的一项提案，策划方案能否通过关键在于"人"。对物，是指在进行模拟演练的时候，要确保演练的内容与策划书的内容相一致，对所需的一切工具应提前准备妥当。第二，临场发挥是关键。现场汇报时，在对策划方案做了简要介绍的基础上，一定要做到重点突出，吸引受众的眼球，使自己的讲解能够引起评审委员的共鸣。

7. 实施策划方案

企业的营销策划完成以后，要通过企业的营销管理部门组织策划方案的实施。营销策划方案的实施是指营销策划方案在实施过程中的组织、指挥、控制与协调活动，是把营销策划方案转化为具体行动的过程。一般来说，策划人员不直接参与策划方案的实施。但在策划方案的实施过程中，策划人员要充分运用自己的组织、协调能力，使各部门分工明确、密切协作。

在实施阶段，要注意三个方面的问题：第一，稳定性与灵活性相结合。任何策划方案的实施都充满变数，营销策划方案也不例外。一般情况下，应尽量保持策划方案的稳定性，但遇到突发事件时，可适当进行调整。第二，交替性与交叉性相结合。策划过程不是做手术，有时需要多个步骤交叉进行，而不能一刀切，这样也可以大大提高营销效果。第三，全面贯彻与不断反馈修正相结合。策划方案能否全面实施，关系到企业目标能否顺利实现，在实施过程中，还必须及时反馈实施情况，一旦出现问题，应及时调整策略和行动。

8. 效果测评

策划方案的实施，应从构思到行动，都不断检查与总结，逐步落到实处，从可操作性与收益风险的角度不断发现问题，进行改进与深入。市场营销策划方案实施以后，需要对其效果进行测评，这样有利于完善市场营销策划方案，使之处于一个良性的循环状态。

测评营销策划效果包括项目考评、阶段考核与最终考评。对于每一个完成的项目都要按照一定的标准进行考核，及时发现和解决问题。当项目完成得不理想时，管理者要首先找出原因，然后提出解决问题的方案，必要时还应对整个策划方案进行修改。阶段考核一般在一个标志性的项目完成以后进行，也可以按年度实施。最终考评是对营销策划实施的结果进行分析，比较营销策划的期望值与实际结果之间的差异。一般来说，效果测评和修正与反馈这一过程是密切结合的。

9. 修正与反馈

对营销策划方案的修正与反馈可以事中和事后两个方面进行。前者在方案实施的过程中，通过项目测评或阶段考核得出的结论，进行修正与反馈；后者在方案实施结束后，在对营销策划的经过和结果进行充分分析的基础上，对出现的问题进行弥补或修正，并将其有效地反映在下一次营销策划中。

【训练与练习】

1. 什么是营销策划？
2. 营销策划的基本程序包括哪些？

11.2 市场营销策划书的设计与撰写

策划人员的最终劳动成果将通过市场营销策划书的形式得以体现。市场营销策划书既是艰苦的营销策划工作的最后一环，也是下一步实施营销活动的具体行动指南。市场营销策划书对整个营销策划活动的顺利开展起着重要作用。

11.2.1 市场营销策划书概述

1. 市场营销策划书的含义与种类

市场营销策划书也叫作市场营销企划书，是营销策划方案的书面表达，是策划人员劳动成果的结晶。市场营销策划书的撰写涉及企业的任务、目标、业务发展、新业务开发等各个方面，需要调动所有内在和外在的因素，因而是一项相当复杂的工作。有了一流的策划，还要形成一流的策划书，否则优秀的策划就不能得到完整的体现，也会导致营销策划内容难以被人理解。

营销策划书按照呈报对象的不同，可以分为内部营销策划书和外部营销策划书。内部营销策划书是呈报给企业的各级领导，供其作为决策依据的策划书。多数情况下，内部营销策划书是绝密的。外部营销策划书是呈报给企业的顾客或经营伙伴等与企业经营相关的个人、组织或机构的策划书。外部营销策划书是非绝密文件（但对一般公众仍旧保密）。

2. 市场营销策划书的作用

任何一种营销策划，我们只要通过阅读营销策划书的内容，就可以了解策划者的意图与观点，懂得如何操作、实施营销策划方案。总的说来，营销策划书有以下几个方面的作用。

（1）营销策划书能够准确完整地反映营销策划的内容。策划人员要在策划书中记录自己思考的结果，以便他人执行或实施方案，因此需要对自己搜集到的资料进行整理和归纳，使之形成系统的书面方案，准确完整地反映自己的策划思想。

（2）营销策划书能够充分有效地说服决策者，使决策者认同该营销策划方案，并按照策划书的内容进行实施。

（3）营销策划书能够作为执行和控制的依据，可以使营销职能部门在操作过程中提高行动的准确性和可控性。

11.2.2 市场营销策划书的结构与内容

市场营销策划书没有一成不变的格式，它根据产品或营销活动的不同要求，在策划的内容与编制上也有变化。但是，从市场营销策划方案编写的一般规律来看，市场营销策划书的基本结构有以下几项。

1. 封面

封面是营销策划书的脸，阅读者首先看到的就是封面，因而封面要能给人留下深刻的第一印象。策划书的封面可提供这些信息：策划书的名称，被策划的客户，策划机构或策划人的名称，策划完成日期及本策划适用时间段，编号。

2. 前言

前言或序言是策划书正式内容前的情况说明部分，内容应简明扼要，篇幅以不超过一页纸为宜，字数可以控制在 1 000 字以内。其内容主要是：第一，接受委托的情况，如 A 公司接受 B 公司的委托，就 2019 年度的广告宣传计划进行具体策划；第二，策划的概况，包括本次策划的重要性与必要性，策划的过程及要达到的目的。

3. 目录

目录是策划书各部分标题的清单。封面引人注目，前言使人开始感兴趣，那么，目录就务必让人读后了解策划书的全貌。列目录时要注意，目录中所标页码与实际页码必须一致，否则会损坏营销策划书的形象。

4. 摘要

摘要是对营销策划项目所做的一个简单而概括的说明。阅读者应能够通过摘要大致理解策划内容的要点。摘要的撰写同样要求简明扼要，篇幅不能过长，一般控制在一页纸内。另外，摘要不是简单地把策划内容予以列举，而是要单独成一个系统，因此策划人对其遣词造句等都要仔细斟酌，要起到一滴水见大海的效果。

5. 正文

正文是营销策划书中最重要的部分，具体包括以下几方面内容。

（1）营销策划的目的。营销策划目的部分主要是对本次营销策划所要实现的目标进行全面描述，它是本次营销策划活动的原因和动力。比如《长城计算机市场营销策划书》中，对策划的目的说明得非常具体。它首先强调"9000B 的市场营销不仅仅是公司的一个普通产品的市场营销"，然后说明"9000B 营销成败对公司长远、近期利益和长城系列产品的重要性，要求公司各级领导及各环节部门达成共识，高质量地完成任务"。这一部分使整个方案的目标方向非常明确、突出。

（2）竞争战略分析。着重分析以下因素：

1）宏观环境分析。它着重对与本次营销活动相关的宏观环境进行分析，包括政治、经济、文化、法律、科技等。

2）竞争者分析。它主要分析本企业主要竞争者的有关情况，包括竞争产品的优势、劣势，竞争产品营销状况，竞争企业整体情况等。

3）消费者分析。它主要对产品消费对象的年龄、性别、职业、消费习惯、文化层次等进行分析。

4）供应商分析。它主要分析本企业有关供应商的状况、讨价还价的能力及其对本次策划活动的影响。

5）潜在进入者分析。它主要对可能进入本行业的潜在进入者进行分析，探讨其可能的发展对本次营销策划活动的影响。

6）替代品分析。它主要搜集替代品的相关资料，分析其对本企业产品的竞争影响。

（3）市场机会与问题分析。营销方案是对市场机会的把握和策略的运用，因此分析市场机会就成了营销策划的关键。只要找准了市场机会，策划就成功了一半。

1）营销现状分析。策划人员对企业产品的现行营销状况进行具体分析，找出营销中存在的具体问题点，并深入分析其原因。

2）市场机会分析。策划人员根据前面提出的问题，分析企业及产品在市场中的机会点，为营销方案的出台做准备。

（4）确定具体行销方案。策划人员针对营销中问题点和机会点的分析，提出达到营销目标的具体行销方案。行销方案主要由市场定位和4P组合两部分组成，具体体现以下两个主要问题。

1）本产品的市场定位是什么？

2）本产品的4P组合具体是怎样的？具体的产品方案、价格方案、分销方案和促销方案是怎样的？

（5）预算。这一部分记载的是整个营销方案推进过程中的费用投入，包括营销过程中的总费用、阶段费用、项目费用等，其原则是以较少投入获得最优效果。用列表的形式标出营销费用也是经常被运用的方法，其优点是醒目易读。

（6）行动方案控制。策划人员把策划活动的全部过程拟成进度表，具体到何日何时要做什么都标注清楚，以便在策划过程中进行控制与检查。进度表应尽量简化，在一张纸上拟出。此外，还要标注人员分配及场地安排，具体说明营销策划活动中每个人负责的具体事项及所需物品和场地的落实情况。

6. 结束语

结束语在整个策划书中可有可无，它主要起到与前言呼应的作用，使策划书有一个圆满的结束，不致使人感到太突然。

7. 附录

附录的作用在于提供策划客观性的证明。凡是有助于阅读者对策划内容理解、信任的资料都可以考虑列入附录中。但是，可列可不列的资料还是以不列为宜，这样可以更加突出重点。

附录的另一种形式是提供原始资料，如消费者问卷的样本、座谈会原始照片等图像资料。附录也要标明顺序，以便阅读者查找。

11.2.3　市场营销策划书的撰写技巧

市场营销策划书和一般的报告文章有所不同，可信性、可操作性以及说服力是市场营销策划书的生命力所在，因此，市场营销策划书撰写的技巧主要在于提高上述两个"性"和一个"力"。下面介绍在市场营销策划书撰写过程中常用的一些基本技巧。

1. 合理使用理论依据

策划方案要建立在一定的理论基础之上，并且要为读者所信服。理论依据要与现实有逻辑对应关系，万万不可堆砌理论，这样不仅不能提高可信性，反而会给人脱离实际的感觉。

2. 适当举例

在编写营销策划书或进行策划书推销时，可以适当举例来证明自己的观点。这里的举例既可以有正面的案例，也可以有反面失败的案例。一般来说，举例以多举成功的例子为宜，适当选择一些国外先进的经验与做法以印证自己的观点是非常有效的，但要掌握好"度"。

3. 合理利用数字、图表

数字、图表都是比较直观的表现方式。数字给人感觉精准、可以信赖；图表非常直观，不言自明。利用数字说明问题、运用图表帮助理解，能够为策划书增加亮点。策划书是一份指导企业实践的文件，其可靠程度如何是决策者首先要考虑的。任何一个论点最好都有依据，而数字就是最好的依据。在策划书中利用各种绝对数和相对数来进行比较对照是绝对不可少的。要注意的是，各种数字最好都有出处以证明其可靠性。

4. 重点突出

再完美的营销策划书也不可能面面俱到，包含太多构想、目标的策划书，在实践中无法执行，将是一份失败的记录。一个优秀的策划人员一定不能贪心，应该把构想浓缩。适当舍弃是重要的策划书撰写技巧。

5. 有效利用版面设计

版面设计在一定程度上影响着市场营销策划书的视觉效果，而视觉效果的优劣影响着策划效果的发挥。因此，有效利用版面安排也是撰写策划书的技巧之一。

版面设计包括打印的字体、字号大小、字距、行距、黑体字与艺术字的采用以及插图、颜色、边框、底纹和页眉页脚等。如果整篇策划书的字体、字号完全一样，没有层次之分，那么这份策划书就会显得呆板，缺少生气。总之，通过版面设计可以使重点突出、层次分明、严谨而不失活泼。

6. 注意细节，完善策划书

这一点对于策划书来说十分重要，但往往被人忽视。如果一份策划书中错字、别字连续出现的话，阅读者怎么可能对策划人员抱有好的印象呢？要注意这些细节：一是错字、漏字，这类错误往往很隐蔽，但是会严重影响阅读者对策划人员的印象；二是专用术语的英文表达方式，错误率较高；三是纸张的好坏与打印的质量都会影响策划书。因此，对打印好的策划书要反复仔细排查，不允许有任何差错出现，对企业的名称、专业术语等更应仔细检查。

【训练与练习】

1. 市场营销策划书的作用有哪些？
2. 市场营销策划书的基本结构有哪些？

学习指导

市场营销策划是一门实践性很强的学科，本任务深刻地反映了这一特性。市场营销策划是与实践联系非常紧密的部分。通过本任务的学习，学生要了解市场营销策划的含义与特点，熟悉市场营销策划的内容，掌握市场营销策划书的撰写方法。为了掌握本任务的内容，学生可以采取理论与案例相结合、历史资料与现实调查相结合的方法来巩固本任务的学习成果。对于本任务的学习，除了掌握基本的名词术语含义，更重要的是树立重视营销策划的意识，学会分析、评价以及撰写营销策划书的思路和技巧。

习题与练习

一、名词解释

市场营销策划　市场营销战略策划　市场营销战术策划　市场营销策划书

二、单项选择题

1. 策划的核心是（　）。
   A. 目标　　　　　B. 决策　　　　　C. 创意　　　　　D. 信息
2. 为方便顾客夏天及时洗衣服，海尔集团推出了"小小神童"洗衣机，这种做法是（　）。
   A. 产品开发　　　B. 市场渗透　　　C. 市场开发　　　D. 产品竞争

三、多项选择题

1. 市场营销策划的特点包括（　）。
   A. 创新性　　　　B. 系统性　　　　C. 超前性　　　　D. 可行性
2. 市场营销战略策划包括（　）。
   A. 战略目标策划　　　　　　　　　B. 市场定位策划
   C. 市场竞争策划　　　　　　　　　D. 价格策划

四、判断题

1. 市场营销策划是连接企业整体战略与营销部门实施细节的一座桥梁。（　）
2. 市场营销战术策划包括战略目标策划、市场定位策划、市场竞争策划以及企业形象策划。（　）

五、简答题

1. 市场营销策划的特点是什么？
2. 市场营销策划书的基本结构包括哪些方面？

六、案例分析

EyeMo 企业如何制定营销组合策略

EyeMo 在香港地区的滴眼剂领域中始终保持着领先地位，在消费者调查中，EyeMo 一直是名列第一的品牌，并且拥有最高的广告知晓度。不过，作为市场领导者，它也面临着一些挑战。

首先，过去两年的销售额显示整个滴眼剂市场规模呈现缩减趋势，与此同时，品牌的增长也进入停滞期。其次，消费者调查数据显示，最经常使用 EyeMo 的是 30～39 岁年龄组的人，这个年龄组恰好是属于上一代的滴眼剂的使用者。年龄在 20～29 岁的白领女性中电脑与互联网的重度频繁使用者被认为是最经常使用滴眼剂的人，但这些人更喜欢竞争品牌的年轻形象。

公司对 20～29 岁的年轻白领女性进行了调查，想了解她们的消费习惯。调查主要从以下三方面进行。

首先，她们关心什么？调查显示，对她们中的大多数人来说，一份典型的工作意味着至少在办公室待 8 小时，并且长时间在电脑前日光灯下工作，她们通常感到眼睛疲劳和发痒，而几滴滴眼剂可以缓解这些症状，不过她们通常认为这是无关紧要的小毛病，一忍了之。令她们无法忍受的是不好的个人形象和不受人欢迎。

其次，跟她们交流最有效的方式是什么？数据表明，现有的网上活动中，电子邮件的使用率是 100%，并且一些聊天工具也被比较广泛地使用。

最后，她们是如何使用媒体的？对于 EyeMo 的目标受众来说，互联网和电子邮件不仅仅是为了完成工作进行信息搜索的工具，也是获取许多乐趣和相关资讯的渠道。

在以上调查的基础上，公司决定针对目标受众的特点制订一个促销方案，该方案的目标是：将营销的重点转移到经常使用滴眼剂的人群；创造出使用滴眼剂的必要性的驱动力；转化 EyeMo 品牌形象以吸引年轻的用户，非常需要维护长期顾客关系。

【分析讨论】

请结合上述有关材料帮助企业制定营销组合策略。

七、营销链接

1. 叶茂中冲突战略，http://yemaozhong.com/。

2. 补充阅读：

西凤天长地久系列酒的
陕西市场营销策划书

实训应用

（一）实训项目

策划创意案例演讲赛。

（二）实训目标

通过策划创意演讲赛进一步理解并掌握创意是策划的核心。

（三）实训指导

要求学生收集企业某个项目的营销策划案例，如企业市场调研策划、市场定位策划、市场竞争策划、企业形象策划、顾客满意策划、产品策划、品牌策划、价格策划、分销策划、促销策划、知识营销策划、关系营销策划、网络营销策划、整合营销策划等，并改写成演讲稿，有叙有议有点评，以演讲的形式发言。

（四）实训组织

把全班分成6人一大组或以寝室为组，先自报选题，收集资料，然后各小组评出2名学生参加全班决赛。

（五）实训考核

要求每名学生完成"策划创意案例演讲稿"，小组交流，全班评比。

部分习题参考答案

二、单项选择题

1. C   2. A

三、多项选择题

1. ABCD   2. ABC

四、判断题

1. √   2. ×

学习情境5 Learning context

任务12 营销计划的执行与控制

学习目标

知识的掌握

1. 掌握市场营销计划、组织、实施、控制的基本概念。
2. 理解营销计划的制订原则、营销组织的演变及其形式、影响市场营销计划有效实施的具体因素以及市场营销控制的方法。
3. 了解营销审计的特点和基本步骤。

技能的提高

1. 在理论结合实践的基础上,能够学会拟订市场营销计划,学会执行与控制营销计划。
2. 初步学会设计营销管理方案。

任务导入

一项营销活动的成功在很大程度上靠的是有效管理,虚拟一个企业,对该企业营销活动的计划、组织、实施、控制情况提出方案并进行营销评估分析,写出分析报告。

案例引导

TCL集团家电营销网络组织与管理

从1981年组建以来,TCL集团的发展,特别是以彩电为代表的家电产品的营销,与其营销网络的建设和不断完善密切相关。可以说,营销网络的组织与控制关系到TCL的盛衰。

TCL有一套完善的网络营销组织体系。为配合彩电产品的全国市场销售,1993年TCL正式组建了TCL电器销售公司,成为全国最早建立和拥有自己独立营销网络的电子企业之一。销售公司成立后，按照大区—分公司—经营部—分销商的组织结构，步步为营，精耕细作，把网络一直建立到农村的城乡接合部。因此，TCL营销网络已经成为中国家电最为庞大、最为细腻的营销服务网络。

TCL集团对营销网络的管理主要是从以下几方面展开的。

（1）对营销人员的管理。TCL集团强调员工要有共同的企业核心价值观，并且切实把"为员工创造机会"这一口号深植于对营销人员的管理中，信任员工，在网络组织结构中将权力下放，产品价格在一定范围内的变化完全由营销人员决定；TCL不仅依靠企业文化实现营销目标，还在激励机制的完善上达到了精神和物质的有机结合，从而激励营销人员自发的工作激情和创造能力。

（2）对经销商的管理。TCL认为，管理好经销商的关键在于只有双方具有共同的对未来的期望，才会有稳定的合作与"双赢"。在营销网络建立之初，经销商对TCL产品不甚了解，信心不足。为此，TCL采取了"赎买"政策，保证经销商完成经营任务指标，若因TCL产品的销售情况不好使得经销商未完成指标，不足部分则由TCL公司补足。这样，TCL就取得了经销商的信任，激励经销商努力开拓市场。

（3）对营销结构的管理和调整。TCL的家电营销网络通过多年的发展演练已逐步成熟，而为适应市场的变化，1998年TCL开始推行营销网络扁平化，实行了两大举措：一是"管理重心下沉"，营销网络管理从集权走向分权，在销售公司已分解为七个大区进行管理的基础上，又将分公司由原来的销售平台转变为管理平台。二是"销售重心下移"，就是把销售中心下放到各基层经营部，经营部主权增加。1998年TCL着手加强"航空港"营销平台的改造，充分发挥企业营销网络的兼容力和扩张力。TCL还在分公司、经营部层面开辟多元化产品的"绿色通道"，整合集团优势，实行财务、仓储等服务资源共享，这使多种产品能快速切入市场，为集团提供更大的生存空间和发展机遇。

TCL家电营销的销售服务是营销网络体系中的重要一环。其表现为：①全面落实完善售后服务网络，建立售后服务基金；进一步推进"千店工程"的建设，将服务网络延伸到每个乡镇，甚至每户家庭。②与经销商合作推出"送货上门，上门调试"服务。③提出"以速度战胜规模"的方针，产品出厂后最快5天之内可到用户手中。TCL承诺，哪里有王牌彩电，哪里就有王牌服务。

管理手段的现代化是TCL集团家电营销网络管理的一大特点。尽管TCL营销网络的管理理念逐步趋向成熟，并向更高一层迈进，但企业发展不但要有新的管理理念，同时还要有先进的管理手段，而管理现代化要求信息电子化和网络化。因此，对TCL来说，管理现代化工作就不仅仅是一个计算机或网络建设的问题，更是一个如何从根本上提高营销管理水平、如何管理好庞大的营销渠道的经营问题，由此加强TCL的速度经济和网络的规模经济，提高TCL的核心竞争力。

资料来源：http://www.dontgiveup.cn/html-233596-1.html，2010-03-17。

【问题引入】
1. TCL 集团是如何组织自己的家电营销网络的？
2. TCL 集团是从哪几方面展开对营销网络的管理的？
3. TCL 集团是如何利用"速度"和"规模"来增强自己的竞争优势的？

12.1 市场营销计划

12.1.1 市场营销计划的概念

市场营销计划是指企业在对营销环境进行调研分析的基础上，围绕预期任务和目标对相应的策略、措施和步骤进行明确规定及详细说明的过程。

商场如战场，营销活动当然更需要精心制订严密而科学的计划；从另一个角度看，营销计划是指导、协调营销活动的主要依据。

12.1.2 市场营销计划的种类

市场营销计划依据不同的分类标准可以划分为不同的类别，以下是四种常见的划分方法。

1. 按计划的形式划分

从形式上看，市场营销计划可分为正式市场营销计划和非正式市场营销计划。前者是由企业的专门计划人员或管理人员按一定程序制订，并形成格式相对规范的计划书文本，作为企业营销管理的指导性准则。后者一般由企业的高级管理人员制订，并根据市场环境的变化而随时调整、修改的设想和打算，一般不形成文件式的文本，但它经过修改和完善，可成为制订正式市场营销计划的基础。

2. 按企业机构层次划分

按企业的机构层次，市场营销计划可分为企业整体计划和各部门围绕营销而制订的计划。

3. 按时间的跨度划分

按时间的跨度划分，市场营销计划可分为三种：长期计划，时间跨度一般为 5 年以上；中期计划 1～5 年；短期计划，即年度内运作计划和适应性计划。

4. 按内容和功能划分

按内容和功能划分，市场营销计划可分为销售计划、促销计划、分销计划、价格计划、包装计划、品牌计划和新产品开发计划等。

12.1.3 制订计划的原则

计划要周密而具有科学性，因而制订计划时就应遵循一定的基本原则，这些原则主要如下。

1. 充分体现企业的发展战略

企业的发展战略是企业发展的总目标，它规定了市场营销的战略方向。市场营销计划作为市场营销战略的具体化、程序化和科学化的运行方案，自然应当与企业发展战略的方向和实质保持一致。比如，一个企业如果把建立跨行业、跨地区、跨国界的企业集团作为发展目标，其长期营销计划就应确定目标期望实现片区市场的个数、扩展目标市场的次序及其占有的市场份额等，特别是在中短期的计划中应定出具体的量化指标。

2. 遵循市场规律

企业的发展战略是相对稳定长远的，但市场千变万化，因此，制订营销计划之前应对市场做充分的调研和认真的研究，不能闭门造车，也不能照搬其他企业或本企业以往的营销计划。

3. 切实可行

计划是行动的指南，因此计划的内容，包括总的任务、量化指标、基本步骤、具体程序等都应当切实可行，方法措施具有可操作性，否则计划如同一纸空文。

4. 重点突出，表意明确

营销计划应抓住营销中的关键性问题予以说明，如产品的定位，定位的品种、产量、质量指标，销售量、利润完成额、市场占有率，新产品的开发、促销，以及市场的拓展等重点事项应作为计划的主要内容，并应规定得具体、明确，目标任务应规定具体的量化标准。对于不能或不宜量化而需用语言表述的目标任务，应表意准确，避免歧义而使执行者产生误解，给计划的执行和以后的检查带来困难。

12.1.4 营销计划书的内容及结构

营销计划的基本内容，一般在结构上以小标题的形式标示出来。营销计划书文本一般包括如下主要项目。

1. 计划提要

计划书的开头，一般提纲挈领写明计划提要。营销计划的提要又叫计划概要，指的是对主要的营销目标和有关建议所做的简短叙述。该部分应当反映整个计划的核心内容，以便阅读计划的人迅速把握该计划的要点。

2. 市场营销现状

市场营销现状即展示营销活动的有关背景。其主要包括如下几方面。

（1）市场形势。市场形势即市场的基本情况，主要包括市场规模、近年来增长或减少的总额、不同地区或细分市场的分布及变化，以及消费群体的需求、消费观念和购买行为的动态及趋势等情况。

（2）产品销售情况。产品销售情况即过去几年中有关产品销售的数量、价格、利润和差额等方面的资料。

（3）竞争形势。竞争形势指的是市场主要竞争者的基本情况，主要包括竞争者的目标、规模、市场占有率、产品质量、品牌、营销策略和主要手段，等等。

（4）分销情况。分销情况即各销售渠道的销售及变化情况，主要包括各经销商的经销能力及其变化，以及激励经销商所需要投入的费用及交易条件等。

（5）宏观环境。宏观环境即社会经济、政治、法律、技术、文化、人口等对市场营销的影响。

3. 机会与问题分析

围绕产品进行的机会与问题分析，主要包括对机会与威胁、优势与弱势，以及所面临的问题等进行分析。机会与威胁是来自外部的因素，优势与弱势则是企业内部的因素，它们都可能左右营销战略的实现和企业的发展。特别要注意分析机会和问题各方面的轻重缓急，以便计划的执行者扬长避短、避免威胁并把握机会。

4. 经营目标

经营目标是营销计划的核心内容，它指导着营销策略和行动方案等的制定。经营目标包括财务目标和市场营销目标。财务目标主要由即期利润目标和长期投资收益率目标组成；市场营销目标主要包括销售额、单价水平、市场占有率、分销网覆盖面等。在制定目标时应注意：首先，应以量的形式表示，具有可测量计算和衡量的标准，有应完成的期限规定等；其次，各个目标应该具有内部统一性，财务目标必须转化为营销目标；再次，目标要制定得对员工既有挑战性又有激励性，因此各类目标应有层次性和可行性，依次提高而又可行的目标，可以极大限度地调动和激发员工的最大积极性。

5. 市场营销战略

市场营销战略是对如何实现计划目标的主要营销途径所做的说明。每一目标都可以通过多种途径去实现，比如，以增加销售收入为目标，可通过提高产品的平均价格，也可用增加销售总量来实现。企业营销管理者必须从种种可供选择的策略中做出选择，包括目标市场、产品定位、市场营销组合策略及新产品开发等。在市场营销战略的制定过程中，营销部门要与其他有关部门沟通、合作，以确保制订的战略方案能够顺利付诸实施。市场营销战略主要由以下三部分组成。

（1）目标市场战略。目标市场战略指的是企业进入所选择的目标市场的策略。营销计划的该部分主要阐明企业及其品牌、产品准备进入的细分市场的情况，主要包括不同细分市场的顾客对营销行为的反应、偏好、盈利潜力，以及企业对顾客需求的满足程度等，并在此基础上选择进入市场的最佳方式。

（2）营销组合战略。市场营销组合战略指的是根据目标市场需求特征以及市场定位和预期目标的要求，整合企业内外一切营销资源，制订包括产品、价格、渠道和促销等因素在内的一体化最佳组合方案。在针对目标市场设计营销组合时，往往有多种不同的方案可供选择，计划制订者应辨明主次，择优选择。

（3）营销预算。营销预算即执行有关营销战略所需的费用、用途和理由。在制定战略的过程中，营销部门的一项重要工作是与其他有关部门、人员讨论、协商，争取理解、支持与合作。比如与采购部门、研究和开发部门以及生产部门、财务部门沟通，了解、确认他们执行计划有什么问题与困难，能否解决以及打算如何解决，哪些方面可以做得更好等。

6. 市场营销战术

市场营销战术也叫行动方案，指的是将营销战略具体化为整套的战术或具体行动，即回答营销战略实施过程中将要做什么、谁去做、责任人是谁、何时做、将花费多少成本以及达到什么要求等。整个战术行动方案一目了然，有利于营销计划的执行和控制。

7. 损益预测

损益预测指的是根据行动方案编制的收支预算方案。其收入栏列出预计的单位销售数量、平均净价；在支出栏，列出分成细目的生产成本、储运成本以及各种营销费用。收入与支出的差额即预计的盈利。上级管理部门对该预算方案审查批准或修改批准后，便成为有关部门购买原材料、安排生产、配备人力资源、支出营销费用等的依据。

8. 营销控制

营销计划的最后一部分为控制，指的是对营销计划的执行过程和进度如何进行管理而进行的说明。

营销控制通常的做法是把目标和预算按月或季度来制定，以便于主管部门对计划执行情况随时进行监督检查，及时了解各个阶段的销售成绩，发现未能达到目标的部门、环节和原因，以便要求其做出解释和提出改进措施。

在有些营销计划的控制部分还包括针对意外事件的应急预案，做到有备无患。应急预案一般扼要地列举可能发生的各种意外、危害程度及发生概率，以及应当采取的预防措施和必须准备的善后措施。

【训练与练习】

请搜集一份营销计划书，说明营销计划书的内容有哪些。

12.2 市场营销组织

12.2.1 市场营销组织的概念

市场营销组织是指企业内部为实现企业的目标而实施市场营销计划的职能部门。

市场营销组织在不同的企业往往有不同的称谓。许多企业的市场营销组织往往不只是一个职能部门，因为营销活动需要企业内部不同职能部门合作才能完成。因此，市场营销组织的范围往往难以明确界定。其各职能部门各有明确的职能分配、人员分工，并规定其职责和授予其不同的权力，整个组织形成协调的整体，以保证营销活动有序而合理地进行。

12.2.2 市场营销组织的演变

现代市场营销组织是长期演进的产物。西方企业内部的营销组织大体经历了五个阶段。

第一阶段：单纯的销售部门。20世纪30年代以前，西方企业大多采取这种形式。那时的企业以生产为中心，不重视市场营销。销售部门的职能仅仅是销售产品，无权决定生产什么、销售什么、生产多少、销售多少等，企业的规划和目标由生产部门和财务部门制定。

第二阶段：销售兼营销的部门。20世纪30年代以后，随着市场竞争日趋激烈，企业特别需要经常、连续的调研，广告宣传和为顾客服务，这些工作即营销工作。因此，大多数企业在以推销观念为指导思想的同时，开始聘请一些有专门经验的营销人员来从事这类营销工作，但其营销工作在销售部门中是辅助性的。

第三阶段：独立的营销部门。随着企业的不断发展，营销调研、新产品开发、广告宣传、销售促进、顾客服务等营销工作越来越重要，这是原来的销售人员所难以胜任的，这时独立的营销部门便应运而生。在这个阶段，市场营销部门与原来的销售部门是相互合作、相互独立、相互平行的职能部门。

第四阶段：现代市场营销部门。虽然销售部门和市场营销部门的工作目标是一致的，但这两个平行、独立的部门之间往往在竞争的同时互不信任。销售部门往往热衷于追求短期目标，致力于完成眼前的销售任务；营销部门则倾向于长远目标，即从满足消费者长远需求出发，来规划和开发产品并实施相应的营销策略。销售部门和营销部门二者之间如此冲突，最终将导致二者合并为一个部门，即现代市场营销部门。该部门由营销经理领导，开展包括销售在内的全部营销工作。

第五阶段：现代市场营销企业。现代市场营销部门成立后，企业的市场营销活动成为一个整体，显示了巨大的优越性。但是，企业的其他部门往往各自强调其工作的重要性,仍然不重视市场营销,这就形成多个中心。此时,一些明智的企业主管认识到,营销不只是一个部门的名称,企业所有部门都是"为顾客服务"的,当这种理念成为整个企业的指导思想并付诸实施时,企业也就成了现代市场营销企业。

12.2.3 市场营销组织形式

伴随着市场营销组织的演变,其组织的形式也得到相应的完善和发展。概而言之,可将市场营销组织的基本形式分为如下五种。

1. 职能型营销组织

职能型营销组织是最古老、最常见的一种营销组织形式,即按营销职能设置的营销组织,由各种职能的营销专家任经理而组成,如营销管理经理、广告与促销经理、销售经理、营销调研经理和新产品开发经理等,营销总经理负责协调他们的活动。这种组织把销售职能当作市场营销的重点,而广告、产品管理和研究职能则处于次要地位。其优点主要是管理层次少,便于组织协调,易于管理。产品品种少或销售地区集中的企业较适合采用该组织形式,但其效益太低,不能适应企业产品品种的增多和市场扩大的需要。其缺点有两点:一是缺乏对任何产品或市场负完全责任的人;二是各职能部门都要求使自己的部门获得比其他部门更多的预算和更重要的地位,因而给营销总经理带来协调方面的困难。

2. 区域型营销组织

区域型营销组织通常按地理区域安排和组织其市场销售力量,对于具有广泛的地域性市场的大型企业来说,采用该种组织形式较合适。大型企业除了设置职能部门经理外,一般还按地理区域范围的大小,分层次设置地区性经理,层层负责。有的大型企业对销售量较大的市场还特设当地市场专家,由他们负责研究该地区的市场消费需求和竞争状况,从而制订长期和短期的销售计划。

3. 产品管理型营销组织

产品管理型营销组织又叫品牌管理型营销组织,指的是在职能型营销组织的基础上增设产品经理的营销组织形式。生产种类多、品牌产品多的企业多采用该种组织形式。

产品经理的主要任务:一是制订产品营销计划,如制定产品的长期经营策略和竞争策略,制订年度营销计划;二是监督计划的实施并纠正实施中的偏差;三是检查计划的执行结果;四是收集产品的市场信息并进行销售预测,如收集关于产品性能、顾客及经销商对产品的看法以及产品遇到的新问题、新的销售机会等情报;五是发起产品改进和新产品的开发行动,以适应不断变化的市场需求;六是做好产品促销工作,比如与广告代理商和经销代理商一起研究广告的文稿设计、节目方案和宣传活动，激发推销人员和经销商经营该产品的兴趣和对该产品的支持。

产品管理型营销组织的优点：一是产品能够较快地成长；二是对市场出现的问题能够迅速做出反应；三是名气小的产品在产品经理专管下可引起市场的注意。

但是这种组织也存在缺点：一是产品经理职权有限，得靠说服的方法来取得其他职能部门的合作；二是产品经理虽是自己所经营产品的专家，但很难成为其他职能的专家；三是产品经理任期通常较短，使产品营销计划缺乏长期连续性，影响产品长期优势的建立。对于这些缺点，可采取改进措施，如明确产品经理的职责范围；按企业的主要产品设立各产品事业部下辖职能部门等；以产品小组代替产品经理，产品经理即使工作调动也不会给小组的工作带来太大影响；取消次要的产品经理，让每一个产品经理兼管两个或多个次要产品。

4. 市场管理型营销组织

市场管理型营销组织指的是按市场专业化设立市场经理来建立营销组织的组织形式。

企业将产品销售到差异性很大的各个市场时，产品经理的作用就尤为突出。但他一般不是一线指挥员，而是参谋人员，主要负责分析主管市场的动向、分析企业应当向市场提供什么样的产品，制定不同特色市场的营销、拓展方略，以及制订主管市场的长期营销计划。衡量一个市场经理的工作业绩，主要看市场份额的增加状况，而非单纯的市场盈利状况。

市场管理型营销组织的最大优点是：使企业按照满足顾客的需求来组织和安排营销活动，而不是把重点集中在营销人员的职能、销售区域或品牌上。

5. 产品、市场管理型组织

产品、市场管理型组织指的是在营销组织中同时设置产品经理和市场经理的组织形式。这种形式的营销组织，可以克服产品经理对特色各具的市场熟悉不够和市场经理对各种产品了解不够充分等问题，生产多种产品、销往多个市场的企业宜采用该种营销组织形式。

在该种营销组织内，产品经理负责产品销售和盈利，市场经理从长远观点出发，培植和开发适应市场需要的产品，而不是只管推销某种产品。

这种营销组织也有其不足之处，即容易产生矛盾，特别是市场占有份额与市场利润之间的矛盾；还有如何组织销售人员的问题，是按产品还是按市场组织推销队伍；再就是责权难分等问题，如由谁负责制定产品在各个市场上的价格等。

12.2.4 营销组织与企业其他部门的矛盾及其化解

企业各部门之间尽管都是围绕企业的共同目标而开展工作，但在实现各部门的具体目标时，相互之间难免发生矛盾，只有化解矛盾，各部门真正积极配合，相互协作，才能更好地实现部门各自的目标，并真正实现企业的整体目标。

现代营销观念强调顾客，认为企业应以顾客为中心，不断满足顾客的需要，并期望其他部门都理解、支持并为之服务，但其他部门也许不以为然，这就需要企业、企业各部门对矛盾加以妥善处理，积极寻求化解矛盾的良方。

1. 与研究和开发部门之间的矛盾

营销部门由具有市场营销观念的人员组成，其关注的重心是顾客的满意和需求；研究和开发部门主要由科学家和技术人员组成，他们热衷于研究有挑战性的技术问题，不甚关心研究成本和产品销售。偏重营销的公司安排研究人员为适应市场的需要而设计新产品，但其研究可能只是对产品的改进和对现有技术的应用，产品生命周期较短。对此，研究人员应当既负责开发新产品，也注重成本和顾客的需求；营销人员既注意市场的需求，也协助研究人员开发顾客满意的新产品。两个部门应密切配合，经常联合举办研讨会，特别是对于新项目的上市，应互派人员交流看法，共同把开发的新产品推向市场。

2. 与工程技术部门之间的矛盾

工程技术部门较注重生产和产品的技术质量，设计产品工艺流程，以使生产和产品标准化，从而提高企业的经济效益；而营销人员则要求产品的品种、规格多样化，以满足顾客的多种需求，于是二者常出现矛盾。当需要用定制元件而非标准元件去生产特色产品时，矛盾更尖锐。一般来说，营销部门的主管懂得生产技术，这一矛盾则较少发生，因此营销部门的主管人员最好由懂生产技术的人担任，同时也要求两个部门的人员相互了解对方的业务知识，相互沟通，避免矛盾。

3. 与采购部门之间的矛盾

采购部门追求以最低成本购进质量、数量最优的原材料和零部件，购买的品种少、批量进货最容易实现这种价廉物美的效果，但营销部门往往从增加产品品种、规格型号以适合更多顾客的需要出发，希望采购部门的采购品种多、批量小。这样，两个部门各自追求的限度越大，之间的矛盾便越尖锐。另外，采购部门有时也埋怨营销部门对市场的预测有误，造成采购成本提高和存货积压。要解决这些矛盾，除了部门之间加强沟通、从全局考虑外，还可对成本与利润和潜在利润加以计算，以便两个部门各自调整其追求的限度，从而缩小或解决矛盾。

4. 与生产部门之间的矛盾

生产部门力求车间正常、均衡地运转和标准化生产；营销部门则希望生产车间经常变换产品的品种和规格，以适应顾客变化不断的多种需要，这就给生产部门出了难题并使成本增加。另外，营销部门也常常抱怨产品的质量问题而影响顾客和市场。此类矛盾的解决，除了需要企业确立以生产为导向和以营销为导向并重的方向发展，部门这一级应加强互相了解，特别是营销人员应更多地了解生产环节和工艺技术等。

5. 与财务部门之间的矛盾

营销部门与财务部门的矛盾主要在经费的使用上。营销部门用于广告、促销活动的经费预算属于长线投资，且不能保证该开支能否带来销售额，或其预测的销售额不能使财务部门相信。另外，财务部门往往认为营销人员急于大幅度削价是以获得订单而牺牲企业的盈利为前提的。因此，财务部门对营销部门的经费预算便使营销部门感到资金控制太紧，因而认为财务部门过于保守，拒绝向长期、潜在的市场开发投资，坐失许多良机。解决这些矛盾的主要办法是：加强对双方工作的理解，对潜在市场的调研和论证，以及对财务人员进行营销训练，并对营销人员进行财务训练。

6. 与会计部门之间的矛盾

会计部门对营销部门不及时提供销售报告不满，尤其不希望营销人员与客户达成特殊交易，因为这类交易往往需要特殊的会计手续。有的营销人员对于会计部门对不同产品上分摊固定成本的做法不满，产品经理常常觉得自己主管的产品实际盈利应高于账面上的盈利，原因在于会计部门摊派的间接费用不公；有的营销人员还希望会计部门提供有关各个分销渠道、各销售区域、各种订购数量等的销售额与盈利率的特别报告，而这些往往被会计部门以财会规定不允许而加以拒绝。对于此类矛盾，两个部门在坚持原则的前提下，应向对方及其员工加以解释，以求获得相互支持。

7. 与信贷部门之间的矛盾

信贷部门负责检查客户的信用状况，决定是否向信用状况差的客户提供信贷。而营销组织人员则认为，信贷标准定得太高，认为拒绝向信用暂时不佳的客户提供信贷意味着失去一大笔买卖和利润，主张信贷应灵活些，以免失去不该失去的顾客。对此，两个部门应加强沟通，以企业的最终利益为重，充分调研，严密论证，以科学的结论说服对方，才能取得相互支持。

【训练与练习】

1. 营销组织的演变形式有哪些？每一种形式有何特点？
2. 营销组织与企业其他部门之间存在哪些矛盾？其化解方式分别是什么？

12.3 市场营销实施

12.3.1 市场营销实施的概念

市场营销实施指的是把营销计划落实为具体的营销行动及其过程。

市场营销工作从制订营销计划开始，计划付诸实施才使营销工作有了实质性的步骤。首先，实施营销计划是一种行动，行动的主体是公司的全部人员，人是计划实施的关键因素，高明的决策者在实施计划时优先考虑的是人的因素，而不仅仅是财力和物力。因而人力资源调整、开发与管理，企业文化的营造等，是实施计划必然面对并且必须认真考虑的重要问题。其次，营销计划的实施是一个过程，不可能一蹴而就，在该过程中应采取许多具体措施，才能保证营销计划有效地实现。

12.3.2 市场营销的实施过程

市场营销的实施过程，主要包括以下相互联系的五方面的工作。

1. 制订行动方案

在实施过程中制订行动方案，指的是制定实施计划的细则。在市场营销计划中，已经制定了营销的战略和战术，其"战术"一般也称为"行动方案"，但它指的是对"战略"而言的行动方案，与实施过程中制订的"行动方案"不可同日而语。一般说来，营销实施中制订的"行动方案"，是对营销计划中的"行动方案"的具体化、细则化；营销实施中制订的"行动方案"更具操作性，任务和责任要落实到个人或小组，还应包括具体确切的时间表，等等，这些都是营销计划中的"行动方案"所不具备的。

2. 调整组织结构

营销实施的主体是企业的全体员工，包括各级管理人员和决策者。这些人员是以组织的形式聚合并发挥实施计划的作用，因此组织的结构及其功能如何，直接关系到营销计划的实施效果。一般说来，企业组织结构以下两大职能比较突出。

（1）明确人员的分工。组织将计划实施的任务分配给具体的部门和人员，明确规定他们的职权界限，这样便于有效地管理和有序地行动。

（2）发挥协调作用。通过企业内部的组织，可以有效地沟通信息，协调各部门和人员的行动。

3. 建立健全科学的绩效考评制度

绩效考评作为一种激励机制并形成稳固的制度，以及该制度是否科学合理，直接关系到计划实施的成败。比如，企业对各部门管理人员和员工的评估和薪水，如果以短期经营的利润为标准，则必然使他们的行为趋于短期化，并使他们失去为公司的长期目标而努力奋斗的驱动力。

4. 开发人力资源

既然实施计划的关键因素在人,因而人力资源的开发至关重要。其中包括考核、选拔、培训和激励等,一方面要做到人尽其才,在考核、选拔管理人员时,注意将适当的岗位安排给适合其位的人;另一方面要建立完善的工资、福利和奖惩制度,以激励员工的积极性。

5. 建设企业文化

企业文化指的是企业在生产经营活动中形成的本企业的价值观、作风、传统习惯、行为规范和规章制度以及各种文化活动和文化设施等的总和。

企业文化是企业内部全体人员共有并遵循的价值取向、基本信念和行为准则,企业文化一旦形成,便有相对的稳定性和连续性,它是企业内部的全体成员心悦诚服甚至超越金钱衡量地把自己的聪明才智和全部力量奉献给企业,毫无疑问,建设企业文化对营销计划的实施至关重要。

12.3.3 影响市场营销计划有效实施的因素

在计划实施的过程中,实施的效果自然令人关注。当计划在实施的过程中步履维艰、收效甚微时,企业的决策者和计划实施的监督部门,就应反思影响营销计划有效实施的原因。一般说来,影响市场营销计划有效实施的因素主要有以下几方面。

1. 计划脱离实际

在营销计划正式下发实施之际,以及在实施的过程中如出现行动不畅、收效甚微等情况,实施部门和企业的决策人员都应反思计划本身是否有问题。

计划本身最大的问题是计划脱离实际。因为营销计划通常是由上层的专业计划人员制订的,而实施则要依靠营销管理人员,他们之间往往缺少必要的沟通和协调,因而使计划出现以下脱离实际的情况。

(1)计划过于笼统而指导意义不强。如果制订计划的专业人员只考虑总体战略而忽视了实施中的细节,就难免使计划过于笼统而不具体,失去计划应有的指导意义。

(2)计划脱离实际而可操作性不强。专业计划人员往往不了解计划实施过程中的具体环节和可能出现的具体情况,因而所制订的计划脱离实际而可操作性不强。

(3)计划的预案性不强。一般说来,计划在先,实施在后,制订计划的人对后来的事不可能料算如神、滴水不漏,但一个好的计划应当对可能出现的困难有所预见,并在计划中对之有一定的预案设想,或在计划中留有余地,让实施计划的人员根据具体情况有调整计划的余地。如果制订计划的专业人员未与营销管理人员进行充分的沟通,就难以了解到营销计划在实施过程中可能遇到的困难。

2. 长期目标和短期目标的协调不当

营销计划，特别是其中的营销战略，一般着眼于企业的长期目标，即最少3～5年的营销部署。而具体实施这些计划的营销人员则通常关注短期工作绩效，如销售量、市场占有率或利润率等指标，许多营销部门也是以一次短期目标来评估业绩、决定薪酬和奖励。计划的长期目标和实施过程中对短期目标的注重，二者之间必然存在矛盾，影响营销计划的实施，因此应当保证二者之间的协调。

3. 存在变革阻力

当新制订的营销计划相对于旧的营销计划有了变革的内容时，实施新的营销计划就可能遭到有"恋旧情结"的保守势力的抵制。新旧营销计划的差异越大，新计划在实施过程中可能遇到的阻力也就越大。要想实施与旧的营销计划截然不同的新的营销计划，就得正确对待企业传统的继承与革新的辩证关系，克服阻力。

4. 缺乏具体明确的实施细则

计划尽管有些方面内容比较详细，但对于实施来说，它仍然是原则性和纲领性的，缺乏具体的可操作性，这就需要在实施过程中根据计划制定更为具体、可操作的细则。实施细则之所以有制定的必要，一是因为细则往往是针对某一方面、某一环节且细致入微，而计划是不可能面面俱到且细致入微的；二是因为计划在先，实施在后，其间市场情况必然有程度不等的变化，从这个角度而言，真可谓"计划赶不上变化"，而实施过程中制定的细则，正好可以在坚持计划原则的前提下针对新近发生的市场变化，对计划有所微调。由此可见，在实施过程中制定细则是何等重要，而许多企业的营销活动之所以面临困境，正是因为缺乏在计划的基础上制定切实可行而又富有可操作性的实施细则。

【训练与练习】

影响市场营销计划有效实施的因素有哪些？请举例说明。

12.4 市场营销控制

12.4.1 市场营销控制的概念

市场营销控制指的是市场营销管理部门在市场营销计划执行过程中，对偏离市场营销计划的行为加以限制和纠正，使全部市场营销活动向着预定目标进行的管理活动。

市场营销管理是一项系统工程，市场营销控制是市场营销管理的基本环节和重要步骤，即企业通过对营销活动的控制，来实现企业总目标。

在营销计划的实施过程中，常常会出现许多意外的偏离营销计划的情况，因此必须严格控制各项营销活动。市场营销部门的经理应当经常检查市场营销计划的执行情况，看计划与绩效是否一致，如果不一致或没有完成计划，就应找出其原因，并采取适当措施，以保证市场营销计划的完成。

制订营销计划与进行营销控制是相互关联的两项管理活动。一般说来，营销活动的第一步是制订计划，然后是实施计划和营销控制。营销控制不仅要对原计划中的营销目标执行情况进行监控，纠正偏差，必要时还应对原计划目标进行检验，以判断计划制订得是否合理和符合实际，即实践是检验真理的唯一标准。如在营销控制中发现原计划制订得不妥，便应及时修正计划或制订新的计划。

市场营销控制的内容有四种主要类型，即年度计划控制、盈利能力控制、效率控制和战略控制。

12.4.2 市场营销控制的步骤

根据工作的先后程序来划分，市场营销控制可分为如下五个步骤。

1. 确定控制目标

确定目标即设定应控制的对象，其主要包括两方面：一是对市场营销活动进行控制，即对营销过程本身进行控制；二是对被控制对象应实现的目标进行控制，即对营销过程的结果进行控制。对营销过程本身的控制，是对营销结果控制的重要保证。

确定控制目标既是营销控制的起点，又是营销控制的归宿。在确定目标时，应评价市场营销业务的各个方面，以使控制目标确定得切实可行。

2. 确定衡量标准

营销控制目标确立后，便要确立营销控制的衡量标准。该标准应当具体，才可使营销控制具有可操作性。在确定衡量标准时，应注意标准的量化，如利润金额、销售数量、市场占有率、顾客满意度的百分比等指标都应当具体明确。此外，还要充分考虑市场营销活动环境的动态变化，同一企业不同时期的控制标准不一定完全相同，不同的企业有不同的控制标准，不可盲目照搬。

3. 收集营销信息

信息的收集是营销控制中不可缺少的一个环节。信息收集最基本的内容和方法是收集与营销活动相关的原始资料，如定期的业务报告、定期的财务会计报表及其分析报告、原始账单、某项业务不定期的发展情况报告，等等；其次，还要收集市场竞争者的有关信息，了解市场的动态，征询客户的意见，等等。一种信息收集的方法是直接观察法，即定期或不定期地到现场了解情况，进行实地调查。企业选择哪一种方法，应根据实际情况而定。

4. 评估营销业绩

信息收集后的下一个步骤，便是对照计划中制定的营销目标，对信息所反映的被控制单位的营销业绩进行评估。如果营销业绩与计划中的目标一致或优于预期目标，则应总结经验加以推广；如未达到预期目标，则应查找其原因，这就要进入下一个步骤：纠正偏差。

5. 及时纠正偏差

营销业绩偏离营销计划的原因查找出来之后，营销控制便进入纠正偏差的阶段，这也是营销控制最关键的环节。营销管理部门应与各方面协商，制定修正偏差所应采取的措施，被控制单位平时就应未雨绸缪，建立比较完善的纠正机制，一旦发现营销业绩偏离营销计划，便应及时加以纠正。

营销控制是一个循环的过程，一个阶段的营销控制工作结束了，下一个阶段的工作又开始了。因此可以说营销控制是一个没有尽头、周而复始的管理程序；纠正行动也一样，既是上一个控制阶段的终点，又是下一个控制阶段的起点。

12.4.3 市场营销控制的类型

按照市场营销控制的目的、内容和方法的不同，美国的市场营销学专家菲利普·科特勒在他的《营销管理》中将市场营销控制的内容分为四类，如表12-1所示。

表12-1 控制内容

控制类型	主要负责人	控制目的	方 法
年度计划控制	高层管理人员、中层管理人员	检查计划目标是否实现	销售分析、市场份额分析、市场营销费用-销售额分析、财务分析、以市场为基础的评分卡分析
盈利能力控制	营销审计人员	检查公司在哪些地方赚钱、哪些地方亏损	盈利情况：产品、地区、顾客群、细分片、销售渠道、订单大小
效率控制	直线和职能管理者、营销审计人员	评价和提高经费开支效率以及营销开支的效果	推销效率、广告效率、促销效率和分销效率
战略控制	高层管理者、营销审计人员	检查公司是否在市场、产品和渠道等方面，正在寻求最佳机会	营销效果等级考评、营销审计、营销杰出表现、公司道德与社会责任评价

1. 年度计划控制

年度计划控制是指营销人员对照年度计划的目标检查营销业绩情况并在必要时采取修正行动的一种控制。年度控制的目的是确保年度计划中所制定的销售量、利润额和其他目标的实现。年度计划控制的内容主要包括以下五个方面。

（1）销售分析。销售分析指的是根据销售目标来衡量和评估实际销售情况。其衡量和评估主要采取以下两种方法。

1）销售差异分析，即分析销售目标在执行中造成未完成预期销售额的各种因素及其对销售效率所产生的相应作用。

2）地区销售分析，即从产品和销售地区等方面分析未能完成预期销售额的原因。

（2）市场份额分析。市场份额分析指的是对市场占有份额所进行的考察。因为企业的销售绩效不一定表明企业相对于竞争者的竞争地位。企业销售额的增加，可能是由于某时期的经济环境使所有的企业销售额都增加了，也可能是营销工作绩效较之竞争者有所提高。因此，营销管理者应密切注视企业的市场占有份额是上升还是下降，这才是衡量企业在市场竞争中领先或落后的依据。分析市场占有份额主要有如下三种方法。

1）分析总市场份额，即分析企业的销售额在全行业销售额中的百分比。

2）分析服务市场份额，即分析企业的销售额占企业所服务市场的总销售额的百分比。服务市场指的是所有能够和愿意购买企业产品的购买者。服务市场的份额大于其总的市场份额。

3）分析相对市场份额，即分析企业销售额与最大的竞争者相比所占的市场份额。

（3）市场营销费用–销售额分析。市场营销费用–销售额分析指的是对市场营销费用与销售额之间的比率所进行的分析。

年度计划控制必须控制与市场营销有关的费用，以求营销费用没有过多的支出。营销费用与销售额之间的比率分析，主要包括销售队伍的费用与销售额的比率、广告费用与销售额的比率、促销费用与销售额的比率、营销调研费用与销售额的比率、销售管理的费用与销售额的比率等。营销管理人员应密切注意这些比率，当一项费用对销售额的比率失去控制时，便应及时分析失去控制的原因并采取控制对策。

（4）财务分析。财务分析指的是对资本净值报酬率及其相关的分析。费用–销售额的比率应当放在总体财务构架中进行分析，以考察企业如何盈利。营销管理者应当利用财务分析来采取提高利润的战略，而不仅仅致力于扩大销售。

（5）以市场为基础的评分卡分析。以市场为基础的评分卡分析指的是对于企业业绩评分结果及其预警作用的分析。大多数企业主要采用两种评分卡：一是顾客绩效评分卡，它记录了企业历年来从顾客角度对企业绩效的衡量情况，其内容主要包括新增、丧失、赢回顾客的数量占平均顾客数量的比率，各类顾客对企业的认可态度等；二是利益方绩效评分卡，它记录了对企业业绩有重要利益和影响的各种人员，包括股东、员工、供应商、分销商、银行等对企业的态度。

2. 盈利能力控制

盈利能力控制指的是采取相应措施排除或削弱妨碍获利因素的营销管理活动。除了年度计划控制，企业还需要分析各地区、产品、市场、分销渠道和订货规模等方面的盈利水平，以进行利润控制。其分析方法即通过对财务报表和有关数据所做的一系列处理，把所获利润分摊到不同地区、不同产品、不同渠道或不同市场上，看其盈亏情况，从而为营销管理人员决定各种产品或市场营销活动是扩展、减少还是取消提供决策依据。

盈利能力分析主要步骤如下。

（1）确定职能性费用，即把营销总费用转化为各项营销职能的具体费用，并确定每项活动需开销的金额，主要包括销售产品、市场调研、广告宣传，产品的包装、仓储和运输，以及开账单和收款等活动所引起的费用。

（2）将职能性费用分配给各个营销实体。营销职能性费用的分配一般按分析目标，如产品、地区、渠道或市场等分别计算。

（3）编制各营销渠道的损益表，即用毛利减去职能性费用就是出售商品的利润。

（4）决定最佳改正方案。盈利能力分析的目的，是找出影响盈利的原因，以便排除或削弱不利因素，采取相应的改正措施。可供采用的措施很多，企业应在全面考虑之后选择最佳改正方案。

3. 效率控制

效率控制指的是对产品销售的地区和销售渠道、人员、手段等方面的销售效率所进行的控制。通过盈利能力的分析，可以显示出企业某一产品或地区所获利润的情况，如果盈利效益不佳，便应该对该产品或地区在销售人员、广告、销售促进和分销等环节加以控制。效率控制主要包括如下四方面。

（1）推销效率控制。推销效率即本地区推销人员的工作效率，各地区的销售经理应记录好本地区内销售人员工作效率的一些主要指标并加以分析，包括每个销售人员每天平均的销售访问次数、每次销售访问所需的平均时间、每次销售访问用于招待等的平均成本、每次销售访问的订货百分比、每次访问的实际收益、每段时间所增加新顾客的数量、每段时间丧失顾客的数量、销售成本对总销售额的百分比等。在对效益进行分析时，发现其中的某项指标不正常时，便应加以控制，如访问所用的招待费用就应与订货百分比等从动态平衡上加以控制；又如，发现推销人员兼服务工作时，就应将服务工作分配给工资较低的办事员做。

（2）广告效率控制。广告效率控制即对广告的效益加以改进。营销管理部门应当做好有关记录和统计，主要包括顾客对媒体和广告内容的注意和有效性意见，或观众对视频媒体的收视和网络的点击率，广告前后对产品态度的变化指标，受广告所激发询问的次数，广告成本等。根据广告效率的分析，营销部门应采取措施，不断提高广告效率，包括重新定位广告目标、进行广告试验，以及指导广告商家和媒体对广告的内容和传播途径进行创新等。

（3）促销效率控制。促销效率控制即对激发顾客购买兴趣和试用产品的促销方法加以改进的控制。为了提高促销效率，营销部门应对每一项促销成本和销售影响加以记录，主要包括优惠销售所占的百分比、每一销售额的商品陈列成本、赠券回收的百分比、因促销宣传而引起的询问次数等。通过分析，总结成绩，找出不足，还可比较不同促销手段的效果，从而选择最有效果的促销手段。

（4）分销效率控制。分销效率控制即对仓库位置、存货水平及运输路线和方式等加以控制的管理活动。营销部门应对物流成本与销售额的比例、订单错发率、开票错误的次数以及准时送货率等进行统计并分析，以寻求最佳仓库位置、最佳运输方式和运输途径，达到减少存货、加速存货周转的目的。

效率控制的目的在于提高人员推销、广告、促销和分销等市场营销活动的效率，市场营销经理必须关注若干关键比率，这些比率表明上述市场营销职能执行的有效性，显示出应该如何采取措施改进执行情况。

4. 战略控制

战略控制指的是对整体营销效果进行全面分析，以确保企业制定的目标、政策、战略和计划与营销环境相协调的管理活动。

市场营销环境复杂多变，企业制定的战略和计划很可能赶不上形势的变化，因而在企业市场营销战略实施过程中，营销部门应定期对整个市场营销活动进行全面的检查和评价，不断调整战略并修正营销方案。

企业对于营销的战略控制一般主要采取两种方法：营销效果等级评定和营销审计。

（1）营销效果等级评定。营销效果等级评定指的是对市场份额和盈利等方面所做的考评。企业可从顾客宗旨、整体营销组织、营销信息、营销战略导向和营销效率等五个方面进行考核，根据这五方面的考核结果编制营销效果等级评定表，由各营销经理和其他经理进行填写，最后综合评定。通过评定和分析，可以发现问题，各营销部门可据此制订一个修正计划，即调整战略和纠正与市场相违背的营销行为。

（2）营销审计。营销审计指的是对一个企业或一个业务单位的营销环境、目标、战略和活动所做的全面、系统、独立和定期的检查。营销审计的目的在于发现问题和机会，提出行动的建议和计划，以提高企业营销业绩。

企业一般都有财务会计审核，即在一定期间内对财务资料或事项进行考察、询问、检查等审核，然后根据所获得的数据按照专业标准进行分析并得出结论和提出报告。但营销审计尚未普及，有些企业往往只是在遇到危急情况时才进行营销审计，目的是解决一些临时性的问题；而在国外，则有越来越多的企业运用市场营销审计来进行战略控制。

营销审计通常由企业主管和营销审计机构共同完成，除了企业主管收集情况和意见，营销审计机构还应访问顾客、经销商和其他有关机构。在营销审计的过程中，首先需要拟定有关审计目标，确定资料来源、报告形式和时间安排等方面的详细计划。营销审计的内容主要包括如下几方面。

1）营销环境审计。营销环境审计可分为宏观环境和微观环境两方面。宏观环境主要包括人文、经济、自然资源、科学技术、政治法律、文化等方面的影响；微观环境又称为任务环境，主要包括市场、顾客、竞争者、分销商、经销商、供应商、营销服务性企业和社会公众等方面的影响。

2）营销战略审计。营销战略审计的内容主要包括企业使命、营销目标和目的以及营销战略，营销战略审计即评价它们对企业当前的和预测的营销环境的适应程度。

3）营销组织审计。营销组织审计的内容主要包括营销主管人员的权力与责任、营销组织的功能和效率，以及部门之间联系的效率等。该方面审计的目的是评价营销组织在战略方面所具备的能力。

4）营销制度审计。营销制度审计的内容主要包括检查企业的信息系统、计划系统、控制系统和新产品开发系统的工作质量。

5）营销生产率审计。营销生产率审计的内容主要包括盈利率分析和成本效益分析，目的在于检查各营销实体的盈利率和不同营销活动的成本效益。

6）营销功能审计。营销功能审计的内容即对营销组合的主要构成要素的评价，这些要素主要包括产品、价格、分销渠道、销售人员、广告、促销和公关宣传等。

（3）营销杰出表现。在营销战略上制定营销杰出表现年奖，鼓励产品参加各类大奖的评选，以鼓励营销团队继续努力，来年取得更好的佳绩。

小案例　蒙牛纯甄喜获香港 7-Eleven "销售杰出表现大奖"

2017年4月7日，香港7-Eleven举办年度庆典，对2016年其经营品牌进行评比和颁奖，此次参加评选的是来自世界各地的包括哈根达斯、Dreyers、Tiger beer、Red bull 等在内的100多个食品品牌。作为在香港销售的唯一的中国内地乳品品牌——蒙牛，其旗下产品纯甄脱颖而出，与荷兰的子母牛奶、瑞士的雀巢以及中国香港的本土牛奶品牌维他一起喜获"销售杰出表现大奖"。

资料来源：http://www.ceoim.com/article-86600-1.html。

（4）企业道德与社会责任评价。企业重视道德管理与社会责任道德是因为企业道德的完善能够直接或间接地给企业带来利益和发展，企业道德和社会责任不仅是企业的责任更是企业增强竞争力的武器之一。

　　企业道德责任是指企业在生产经营以及其他社会活动中所应自觉履行和承担的伦理规范和道德义务。评价企业道德责任可以从内外两个部分进行评价。内部道德责任主要有：企业应为大众提供合格的产品和服务，善待企业员工等；外部道德责任主要有：企业应该诚实守信，自觉遵守法律，懂得回馈社会，注重保护环境等。

　　企业作为市场的细胞，其直接目的是追求利润的最大化，而作为社会的一分子，企业在追求利益的同时，必须使自身的获利过程也成为有益于社会进步和促进人的全面发展，即必须注重社会责任。

　　评价企业的社会责任可以从经济责任、文化责任、教育责任、环境责任等方面进行评价。经济责任指企业主要为社会创造财富，提供物质产品；文化责任和教育责任则体现为企业要为员工提供符合人权的劳动环境，教育职工在行为上符合社会公德；环境责任需要企业在生产方式上符合环保要求。

　　从以上营销审计的方方面面可见，营销审计不是只对出了问题的地方进行审查，而是涵盖整个营销活动的各个方面。

【训练与练习】

1. 营销审计的内容是什么？
2. 营销审计在营销控制中有何作用？

学习指导

　　本任务主要是对营销计划、营销组织、营销控制理论知识的介绍。建议在讲解理论知识的同时能结合实践，可让学生设计计划书并到企业了解企业是怎样对营销的整个过程进行管理的，以加深学生对知识的掌握。

习题与练习

一、名词解释

　　市场营销计划　　市场营销组织　　市场营销实施　　市场营销控制　　营销审计

二、填空题

1. 一般说来，市场营销计划相当于（　）和（　）。
2. 按时间的跨度，市场营销计划可分为（　）、（　）和（　）三种。

3. 职能型营销组织的优点主要有（ ）、（ ）和（ ）。
4. 实施营销计划必然面对并且必须认真考虑的重要问题是（ ）、（ ）和（ ）等。
5. 市场营销的实施过程有（ ）、（ ）、（ ）、（ ）和（ ）。
6. 市场营销控制的内容主要有（ ）、（ ）、（ ）和（ ）四种类型。

三、单项选择题

1. 最古老也是最常见的市场营销组织形式是（ ）。
   A. 职能型营销组织　　　　　　　　B. 区域型营销组织
   C. 产品管理型营销组织　　　　　　D. 市场管理型营销组织
2. 职能型组织的市场营销重点是（ ）。
   A. 销售职能　　　　　　　　　　　B. 广告职能
   C. 产品管理职能　　　　　　　　　D. 研究职能
3. 设计市场营销组织结构的首要问题是（ ）。
   A. 分析外部环境因素
   B. 立足于将来，为未来的调整留下余地
   C. 把各个职位与所要建立的组织结构相适应
   D. 提高组织的效率
4. 营销控制最关键的环节是（ ）。
   A. 及时纠正偏差　　　　　　　　　B. 评估营销业绩
   C. 收集营销信息　　　　　　　　　D. 确定衡量标准

四、简答题

1. 制订市场营销计划一般遵循哪些原则？
2. 营销组织应该如何化解与企业其他部门之间的矛盾？
3. 营销计划的有效实施受哪些因素的影响？
4. 营销控制的基本内容和方法有哪些？

五、案例分析

安利在中国的两次转型

不管法规要求如何，我们都有信心调整以达到它的要求，正如我们在中国所经历的。中国是有特殊国情的一个市场，我们会加以尊重。我们不怕更多的变更和改变。

——安利公司全球总裁德·狄维士

安利公司 1959 年创立于美国，是世界知名的日用消费品生产商及销售商，业务遍及80多个国家和地区，营销人员超过300万人。2002年，安利在全美500家最大私营企业中排名第27位；在50家大家居与个人用品制造企业中排名第4位；公司总资产达380亿美元。近50年来，直销一直被安利公司看作最有效的营销方式，然而当安利公司兴冲冲地将其直销模式导入中国的时候，却遭遇了前所未有的尴尬。

  安利公司自1992年进入中国市场就开始引入"多层次直销"。当时中国市场正处于从计划经济向社会主义市场经济的转型中，随着安利直销业务的发展，各种非法传销同时混入市场，扰乱了市场秩序。1998年4月，中国国务院颁布了禁止传销经营活动的通知，安利全球统一的营销模式在中国市场受挫。其巨大的知名度甚至成为非法传销的代名词。作为一家有40年直销文化传统的公司，在"保持传统，离开中国"还是"改变自己，适应中国"的痛苦抉择中，安利做出重大决策：根据中国当时特殊的市场背景与特点对经营模式实施转型，即海外安利和中国安利采取不同的营销模式。1998年7月，安利（中国）以"店铺+推销人员"的新方式重新开业。它把原来分布在中国的20多家分公司改造为第一批店铺，并陆续进行扩充；所有产品进入店铺并实行明码标价，由消费者自行选购，杜绝推销员自行定价带来的问题；通过考试将部分推销人员变为安利的合约雇员，推销人员的收入均从公司获得，推销人员之间不再存在上下线关系。安利（中国）在传销被禁止后，销售立刻狂跌。1998年，安利（中国）的销售额只有3.2亿元；然而从1999年开始，安利（中国）的业绩开始上升，而且一路狂升，增至1999年的6.4亿元。至2001年，营业额已达48亿元，2002年更上升至60亿元，在2004年达到了历史性的170亿元，安利的转型获得了成功。

  2005年9月，中国国务院颁布《直销管理条例》和《禁止传销条例》，允许在中国市场进行直销，但在允许直销的同时禁止传销。这对安利既是好消息也是坏消息，意味着安利能回到直销，但要取得在中国的直销资格，就要放弃其海外的"多层次"模式，转而建立中国式的直销新业务模式，由此促使安利（中国）的第二次转型。安利再次选择了适应中国环境，并于2006年12月获得中国商务部颁发的直销牌照。安利（中国）因此要推出全新业务制度和全新员工制度，在奖金拨付比例、产品定价、计酬制度等方面都要做出调整。安利新业务模式的重点是：构建完善的教育培训体系、推出全新营销员工制度及广设服务网点。例如，在安利新的直销模式中，禁止团队计酬；设置了直销员、营销员工和服务网点负责人三种员工身份；妥善安排未获直销经营许可地区的直销员。

【分析讨论】

1. 安利在中国为什么要两次转变基本经营方式？
2. 跨国公司进入新市场的策略，应该是适应本土为先还是坚持全球做法为先？

六、营销链接

可口可乐撤销首席营销官：营销摆脱成本中心枷锁

实训应用

（一）实训项目

某企业市场营销计划与控制。

（二）实训目的

让学生了解企业是如何执行营销计划、组织、实施和控制的。

（三）实训指导

整个专题报告以专家讲为主。在讲座结束之际，学生可就相关内容向专家请教。

（四）实训组织

以班级为单位，邀请著名企业或公司的总经理或专业人士做专题报告。实训指导教师把全班同学分成若干个小组，每组 3~5 位同学，听完讲座后，就所听内容产生的感想写成书面报告，然后在课堂上相互交流。

（五）实训考核

以书面报告的完成质量（80%）、小组成员的团队配合状况（20%）作为考核的标准。

部分习题参考答案

二、填空题

1. 纲要　规划

2. 长期计划　中期计划　短期计划

3. 管理层次少　便于组织协调　易于管理

4. 人力资源调整　人力资源开发与管理　企业文化的营造

5. 制订行动方案　调整组织结构　建立健全科学的绩效考评制度　开发人力资源　建设企业文化

6. 年度计划控制　盈利能力控制　效率控制　战略控制

三、单项选择题

1. A　2. A　3. C　4. A

综合能力训练

【综合能力训练一】

任务书一　创建模拟公司　确立公司营销理念

任务目标	1. 理解市场营销及相关概念的含义 2. 认识企业营销部门的岗位设置 3. 掌握营销管理的流程
主要工作任务	1. 6～8人一组组建公司，说明注册资本、创建形式 2. 为公司命名，说明名称寓意，确定口号（广告语），设计LOGO 3. 确定经营的产品 4. 经过调查确定岗位，每个组进行内部分工，采取竞争上岗的方式确定各个岗位人选，画出岗位设置图 5. 明确各岗位职责 6. 明确公司营销理念
完成工作任务所需的知识与技能	1. 能正确理解相关营销概念并区别营销与推销 2. 能正确理解不同时期的营销观念 3. 熟悉各营销岗位及其职能 4. 熟悉营销管理的各个流程 5. 具备一定的创新思想及团队合作精神
具体要求	1. 每个小组实行组长负责制，小组成员积极配合 2. 小组讨论要做好记录
实施步骤	1. 收集有关企业的营销理念的信息，调查有关企业的营销岗位 2. 围绕创建怎样的公司、公司要树立什么营销观念、为什么要树立这些观念，进行小组集体讨论 3. 成果提交。每组提交创建公司计划书，并制作PPT汇报 4. 成果展示。每组派代表在班内展示汇报，由学生、教师点评
考核评价	1. 学生互评 2. 教师评定
教学资源	教材、光碟、网络资源等
教学方法	启发式教学法、任务教学法、实践教学法

【综合能力训练二】

任务书二　针对模拟公司进行市场调研与分析

班级		公司（小组）名称	
任务目标			

班级 / 公司（小组）名称	
任务目标	1. 掌握问卷的设计、数据的整理分析 2. 学会用 SWOT 分析法分析企业环境、消费者和竞争者 3. 学会撰写调研报告
主要工作任务	1. 进行市场调查，设计简单的调查问卷；对调查问卷进行分析，形成简单的调查报告 2. 根据调查报告，对模拟公司进行微观环境分析，包括企业自身分析、竞争对手分析、消费者分析等 3. 根据调查报告，对模拟公司进行宏观环境分析，包括经济环境分析、社会文化环境分析、人口环境分析、政治法律环境分析、自然环境分析。根据任务有所倾斜，并非面面俱到 4. 根据环境分析，提炼模拟公司的 SWOT 分析表
完成工作任务所需的知识与技能	1. 熟悉各环境要素及其给企业营销活动带来的影响 2. 熟悉影响消费者购买行为的因素 3. 具备能分析消费者心理及行为的相关知识 4. 掌握调查方案设计的相关知识（包括各调查方法的实施、调查问卷的设计、调查报告的写作等） 5. 具备吃苦耐劳、团队合作的精神 6. 具备一定的沟通技巧及应变能力
具体要求	1. 以第一阶段实训时成立的模拟公司为单位进行实训 2. 每个小组实行组长负责制，小组成员积极配合 3. 小组讨论要做好记录
实施步骤	1. 小组集体讨论。围绕模拟公司面临的微观和宏观环境、消费者具有的特征、竞争者的优劣势进行讨论并制订计划 2. 收集有关模拟公司行业的背景，设计问卷，进行调查 3. 成果提交。每组撰写调查报告、公司的 SWOT 分析表，制作 PPT 汇报 4. 成果展示。每组派代表在班内展示汇报，由学生、教师点评
考核评价	1. 公司（小组）互评 2. 教师评定
教学资源	教材、光碟、网络资源等
教学方法	启发式教学法、任务教学法、实践教学法、案例教学法

【综合能力训练三】

任务书三　制定模拟公司的目标市场策略

班级		公司（小组）名称	
任务目标	1. 学会针对模拟公司的市场进行市场细分，绘制细分表的结构图 2. 领会市场细分表在目标市场的决策中的实践应用价值 3. 学会选择目标市场并制定目标市场策略 4. 学会为公司及其产品进行定位		
主要工作任务	1. 根据公司实际情况进行市场细分 2. 为公司选择合适的目标市场，确定目标顾客群 3. 制定目标市场策略 4. 进行市场定位		
完成工作任务所需的知识与技能	1. 掌握市场细分的依据及方法 2. 了解目标市场选择的原则 3. 掌握三种基本的目标市场策略 4. 掌握各种市场定位策略 5. 具备一定的创新思想及独立分析能力		
具体要求	1. 以第一阶段实训时成立的模拟公司为单位进行实训 2. 每个小组实行组长负责制，小组成员积极配合 3. 小组讨论要做好记录		
实施步骤	1. 小组集体讨论。围绕模拟公司整体市场范围、市场细分标准进行讨论，绘制市场细分表 2. 在细分表上标明选择的目标市场并确定目标市场的策略 3. 建立市场结构图，描绘竞争状况，确定定位图 4. 成果提交。每组提交市场细分表、目标市场定位图，写出相关分析报告，制作PPT汇报 5. 成果展示。每组派代表在班内展示汇报，由学生、教师点评		
考核评价	1. 公司（小组）互评 2. 教师评定		
教学资源	教材、光碟、网络资源等		
教学方法	启发式教学法、任务教学法、实践教学法、案例教学法		

【综合能力训练四】

任务书四　针对模拟公司制定市场营销组合策略

班级		公司（小组）名称	
任务目标	1. 学会为公司制定产品策略 2. 学会为公司制定价格策略 3. 学会为公司选择和设计分销渠道 4. 学会为公司设计促销组合方案		
主要工作任务	1. 画出模拟公司产品组合图，为产品设计品牌、包装，制定品牌、包装策略 2. 为模拟公司某一产品选择定价方法和制定价格并设计价格策略 3. 为模拟公司某一产品选择合适的渠道 4. 为模拟公司某一产品制订促销方案		
完成工作任务所需的知识与技能	1. 理解整体产品与产品组合的含义 2. 能熟练运用产品组合策略 3. 能熟练运用各种品牌及包装策略 4. 理解产品生命周期的含义并掌握各阶段的产品策略 5. 熟悉影响企业定价的各个因素 6. 掌握三种基本的定价方法 7. 能灵活运用各种定价策略 8. 掌握各种定价及调价技巧 9. 理解分销渠道的含义 10. 理解中间商的相关理论知识（包括含义、分类、选择、管理等） 11. 掌握三种基本渠道的选择方法 12. 掌握各种渠道策略 13. 掌握促销组合的含义 14. 具备一定分析、创新能力		
具体要求	1. 以第一阶段实训时成立的模拟公司为单位进行实训 2. 每个小组实行组长负责制，小组成员积极配合 3. 小组讨论要做好记录		
实施步骤	1. 小组集体讨论。围绕模拟公司选择什么产品策略、定价策略、渠道策略、促销策略进行讨论 2. 画出模拟公司产品组合图，确定某一产品的价格策略，选择合适的渠道，设计促销组合方案 3. 成果提交。每组提交产品组合图、促销组合方案，制作PPT汇报 4. 成果展示。每组派代表在班内展示汇报，由学生、教师点评		
考核评价	1. 公司（小组）互评 2. 教师评定		
教学资源	教材、光碟、网络资源等		
教学方法	启发式教学法、任务教学法、实践教学法、案例教学法		

【综合能力训练五】

任务书五　针对模拟公司制定市场营销策划方案

班级		公司（小组）名称	
任务 目标	1. 学会分析模拟企业的营销现状 2. 学会撰写模拟企业的营销方案		
主要 工作 任务	1. 调查选择模拟企业 2. 分析企业内外营销环境、消费者、竞争者 3. 撰写营销策划方案 4. 课程总结与考评		
完成工作任务 所需的 知识与技能	1. 掌握营销策划方案的内容、格式 2. 能熟练运用产品组合策略 3. 熟悉营销活动的计划、组织、实施、控制的内容和程序 4. 具备一定分析、策划、创新能力		
具体 要求	1. 以第一阶段实训时成立的模拟公司为单位进行策划 2. 每个小组实行组长负责制，小组成员积极配合 3. 小组讨论要做好记录		
实施 步骤	1. 小组集体讨论，中心围绕模拟公司营销策划方案的内容、格式讨论 2. 撰写营销策划方案 3. 成果提交。每组提交营销策划方案，制作PPT汇报 4. 成果展示。每组派代表在班内展示汇报，由学生、教师点评		
考核评价	1. 公司（小组）互评 2. 教师评定		
教学 资源	教材、网络资源等		
教学 方法	任务教学法、实践教学法、案例教学法		

参考文献

[1] 孙肖丽. 市场营销 [M]. 北京：清华大学出版社，2006.
[2] 文腊梅，冯和平，江劲松. 市场营销实务 [M]. 长沙：湖南大学出版社，2005.
[3] 杨勇. 市场营销：理论、案例和实训 [M]. 北京：中国人民大学出版社，2006.
[4] 林祖华. 市场营销学 [M]. 北京：中国时代经济出版社，2006.
[5] 刘华，邵安兆，陈柱生. 市场营销学 [M]. 北京：北京工业大学出版社，2005.
[6] 王峰，吕彦儒. 市场营销 [M]. 上海：上海财经大学出版社，2006.
[7] 彭杰. 市场营销管理与实务 [M]. 上海：立信会计出版社，2005.
[8] 王妙. 市场营销学教程 [M]. 上海：复旦大学出版社，2006.
[9] 王妙，冯伟国. 市场营销学实训 [M]. 上海：复旦大学出版社，2006.
[10] 吴健安. 市场营销学 [M]. 2版. 北京：高等教育出版社，2004.
[11] 曾晓洋，胡维平. 市场营销学案例集 [M]. 上海：上海财经大学出版社，2005.
[12] 陈守则. 市场营销学 [M]. 北京：机械工业出版社，2002.
[13] 方光罗. 市场营销学 [M]. 大连：东北财经大学出版社，2002.
[14] 中国就业培训技术指导中心. 营销师国家职业资格培训教程：营销员国家职业资格五级 [M]. 北京：中央广播电视大学出版社，2006.
[15] 中国就业培训技术指导中心. 营销师国家职业资格培训教程：高级营销员国家职业资格四级 [M]. 北京：学苑出版社，2006.
[16] 科特勒. 营销管理（原书第11版）[M]. 梅清豪，译. 上海：上海人民出版社，2003.
[17] 吴亚红. 市场营销学 [M]. 武汉：武汉理工大学出版社，2005.
[18] 赵光忠. 市场营销管理模板与操作流程 [M]. 北京：中国经济出版社，2004.
[19] 冯丽云. 营销心理学 [M]. 2版. 北京：经济管理出版社，2004.

[20] 季辉.市场营销学[M].北京:科学出版社,2004.

[21] 王瑜.现代市场营销学[M].北京:高等教育出版社,2003.

[22] 郭国庆.市场营销学[M].2版.北京:中国人民大学出版社,2003.

[23] 何永祺.营销管理[M].2版.大连:东北财经大学出版社,2002.

[24] 王方华.市场营销[M].2版.上海:复旦大学出版社,2003.

[25] 刘军华.营销实务[M].济南:山东大学出版社,2004.

[26] 兰苓.市场营销学[M].2版.北京:科学出版社,1980.

[27] 吕一林,岳俊芳.市场营销学[M].2版.北京:中国人民大学出版社,2005.

[28] 苏兰君.现代市场营销能力培养与训练[M].北京:北京邮电大学出版社,2005.

[29] 邹树彬.分销渠道管理[M].广州:广东经济出版社,2000.

[30] 兰姆,等.营销学精要[M].杨洁,等译.大连:东北财经大学出版社,2000.

[31] 李乐群,佘高波.营销策划[M].长沙:湖南大学出版社,2005.

[32] 董丛文.营销策划原理与实务[M].北京:科学出版社,2004.

[33] 张昊民.营销策划[M].北京:电子工业出版社,2005.

[34] 王方.市场营销策划[M].北京:中国人民大学出版社,2006.

[35] 廖灿.中国经典策划案例[M].北京:中国经济出版社,2006.

[36] 纪宝成.市场营销学教程[M].6版.北京:中国人民大学出版社,2017.

普通高等院校经济管理类应用型规划教材

课程名称	书号	书名、作者及出版时间	定价
商务策划管理	978-7-111-34375-2	商务策划原理与实践（强海涛）（2011年）	34
管理学	978-7-111-35694-3	现代管理学（蒋国平）（2011年）	34
管理沟通	978-7-111-35242-6	管理沟通（刘晖）（2011年）	27
管理沟通	978-7-111-47354-1	管理沟通（王凌峰）（2014年）	30
职业规划	978-7-111-42813-8	大学生体验式生涯管理（陆丹）（2013年）	35
职业规划	978-7-111-40191-9	大学生职业生涯规划与学业指导（王哲）（2012年）	35
心理健康教育	978-7-111-39606-2	现代大学生心理健康教育（王哲）（2012年）	29
概率论和数理统计	978-7-111-26974-8	应用概率统计（彭美云）（2009年）	27
概率论和数理统计	978-7-111-28975-3	应用概率统计学习指导与习题选解（彭美云）（2009年）	18
大学生礼仪	即将出版	商务礼仪实务教程（刘砺）（2015年）	30
国际贸易英文函电	978-7-111-35441-3	国际商务函电双语教程（董金铃）（2011年）	28
国际贸易实习	978-7-111-36269-2	国际贸易实习教程（宋新刚）（2011年）	28
国际贸易实务	978-7-111-37322-3	国际贸易实务（陈启虎）（2012年）	32
国际贸易实务	978-7-111-42495-6	国际贸易实务（孟海樱）（2013年）	35
国际贸易理论与实务	978-7-111-49351-8	国际贸易理论与实务（第2版）（孙勤）（2015年）	35
国际贸易理论与实务	978-7-111-33778-2	国际贸易理论与实务（吕靖烨）（2011年）	29
国际金融理论与实务	978-7-111-39168-5	国际金融理论与实务（缪玉林 朱旭强）（2012年）	32
会计学	978-7-111-31728-9	会计学（李立新）（2010年）	36
会计学	978-7-111-42996-8	基础会计学（张献英）（2013年）	35
金融学（货币银行学）	978-7-111-38159-4	金融学（陈伟鸿）（2012年）	35
金融学（货币银行学）	978-7-111-49566-6	金融学（第2版）（董金玲）（2015年）	35
金融学（货币银行学）	978-7-111-30153-0	金融学（精品课）（董金玲）（2010年）	30
个人理财	978-7-111-47911-6	个人理财（李燕）（2014年）	39
西方经济学学习指导	978-7-111-41637-1	西方经济学概论学习指南与习题册（刘平）（2013年）	22
西方经济学（微观）	978-7-111-48165-2	微观经济学（刘平）（2014年）	25
西方经济学（微观）	978-7-111-39441-9	微观经济学（王文寅）（2012年）	32
西方经济学（宏观）	978-7-111-43987-5	宏观经济学（葛敏）（2013年）	29
西方经济学（宏观）	978-7-111-43294-4	宏观经济学（刘平）（2013年）	25
西方经济学（宏观）	978-7-111-42949-5	宏观经济学（王文寅）（2013年）	35
西方经济学	978-7-111-40480-4	西方经济学概论（刘平）（2012年）	35
统计学	978-7-111-48630-5	统计学（第2版）（张兆丰）（2014年）	35
统计学	978-7-111-45966-8	统计学原理（宫春子）（2014年）	35
经济法	978-7-111-47546-0	经济法（第2版）（葛恒云）（2014年）	35
计量经济学	978-7-111-42076-7	计量经济学基础（张兆丰）（2013年）	35
财经应用文写作	978-7-111-42715-5	财经应用文写作（刘常宝）（2013年）	30
市场营销学（营销管理）	978-7-111-46806-6	市场营销学（李海廷）（2014年）	35
市场营销学（营销管理）	978-7-111-48755-5	市场营销学（肖志雄）（2015年）	35
公共关系学	978-7-111-39032-9	公共关系理论与实务（刘晖）（2012年）	25
公共关系学	978-7-111-47017-5	公共关系学（管玉梅）（2014年）	30
管理信息系统	978-7-111-42974-6	管理信息系统（李少颖）（2013年）	30
管理信息系统	978-7-111-38400-7	管理信息系统：理论与实训（袁红清）（2012年）	35